融合型·新形态教材
复旦社云平台 fudanyun.cn

陈雅芳 颜晓燕·总主编

U0730968

婴幼儿
活动设计与指导（言语发展）

主 编　颜晓燕

副主编　何秀凤　孙 蓓　邓诚恩

编 者（按姓氏笔画排列）

丁 翎　方少萌　刘雪华　何立航　陈育芬

周 英　郑晓云　陶 玲　黄晓璐　颜晓燕

复旦大學 出版社

内容提要

本书依据《中华人民共和国学前教育法》等政策及脑科学、敏感期理论，以"为师资培养与家长育儿提供专业指导"为宗旨，按照项目和任务形式编写。全书共六个项目，围绕0~3岁婴幼儿言语发展，涵盖环境创设、观察方法、各年龄段活动指导策略及异常回应等内容，通过案例导入、育儿宝典等板块强化实用性。

全书按年龄阶段拆解任务，倡导在生活场景中渗透言语能力培养，顺应婴幼儿发展规律，融合理论与实操，既体现早教托育岗位需求，又贴近家庭育儿场景。本书适合早期教育和婴幼儿托育专业师生、托育机构从业者及0~3岁婴幼儿家长阅读参考。

本书配套了丰富的数字资源，包括拓展阅读和视频，可扫码查看；本书还为教师提供了课件和教案等辅助教学资源，可以登陆复旦社云平台（fudanyun.cn）下载。

"婴幼儿教养系列教材"编委会

总 主 编: 陈雅芳　颜晓燕

副总主编: 许琼华　洪培琼

高等院校委员:

曹桂莲　林　娜　孙　蓓　刘丽云　刘婉萍　许　颖　孙巧峰　公燕萍　林　競

邓诚恩　郭俊格　许环环　谢亚妮　练宝珍　张　洋　姚丽娇　柯　瑜　黄秋金

冯宝梅　洪安宁　林晓婷　郑丽彬　王　凤　戴巧玲　夏　佳　林淳淳

行业企业委员:

陈春梅(南安市宏翔教育投资有限公司教学顾问、泉州工程职业技术学院继续教育学院副院长)

李志英(泉州幼儿师范高等专科学校东海附属实验幼儿园党支部书记、园长)

黄阿香(泉州幼师附属幼儿园党支部书记、园长)

欧阳毅红(泉州市直丰泽幼儿园党支部书记、园长)

褚晓瑜(泉州市直刺桐幼儿园党支部书记、园长)

吴聿霖(泉州市丰泽区教师进修学校幼教教研室主任)

郑晓云(泉州市丰泽区实验幼儿园党支部书记)

李嫣红(泉州市台商区湖东实验幼儿园党支部书记、园长)

陈丽坤(晋江市实验幼儿园党支部书记、园长)

何秀凤(晋江市第二实验幼儿园党支部书记、园长)

柯丽容(晋江市灵源街道灵水中心幼儿园园长)

张珊珊(晋江市灵源街道林口中心幼儿园园长)

王迎迎(晋江市金井镇毓英中心园园长)

庄妮娜(晋江市明心爱萌托育集团教学总监)

孙小瑜(泉州市丰泽区信和托育园园长)

庄培培(泉州市海丝优贝婴幼学苑教学主管)

林文勤(泉州市博博宝贝托育服务有限公司园长)

郑晓燕(福建省海丝优贝托育服务有限公司园长)

黄巧玲(福州鼓楼国投润楼教育小茉莉托育园园长)

林远龄(厦门市实验幼儿园党支部书记、园长)

钟美玲(厦门市海沧区实验幼儿园党支部书记、园长)

黄小立(厦门市翔安教育集团副校长)

简敏玲(漳州市悦芽托育服务中心园长)

复旦社云平台
数字化教学支持说明

为提高教学服务水平，促进课程立体化建设，复旦大学出版社建设了"复旦社云平台"，为师生提供丰富的课程配套资源，可通过"电脑端"和"手机端"查看、获取。

【电脑端】

电脑端资源包括PPT课件、电子教案、习题答案、课程大纲、音频、视频等内容。可登录"复旦社云平台"（fudanyun.cn）浏览、下载。

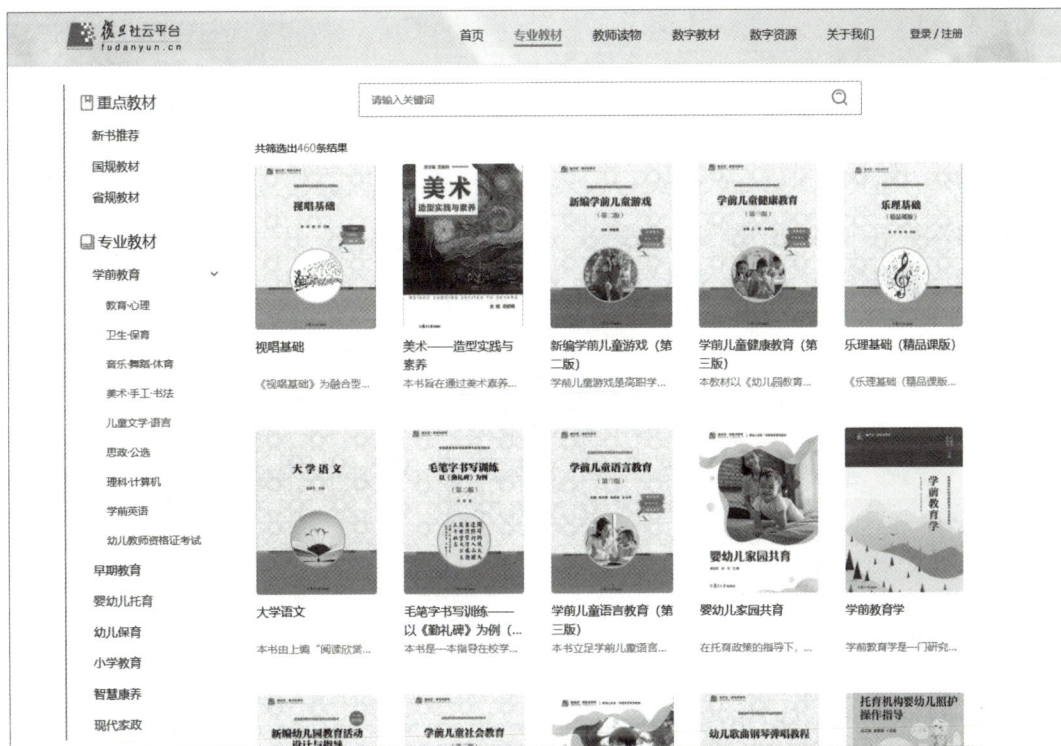

Step 1 登录网站"复旦社云平台"（fudanyun.cn），点击右上角"登录／注册"，使用手机号注册。

Step 2 在"搜索"栏输入相关书名，找到该书，点击进入。

Step 3 点击【配套资料】中的"下载"（首次使用需输入教师信息），即可下载。音频、视频内容可点击【数字资源】，搜索书名进行浏览。

📱【手机端】

PPT 课件、音视频、阅读材料：用微信扫描书中二维码即可浏览。

扫码浏览 →

📖【更多相关资源】

更多资源，如专家文章、活动设计案例、绘本阅读、环境创设、图书信息等，可关注"幼师宝"微信公众号，搜索、查阅。

平台技术支持热线：029-68518879。

"幼师宝"微信公众号

✏️【本书配套资源说明】

1. 刮开书后封底二维码的遮盖涂层。

2. 使用手机微信扫描二维码，根据提示注册登录后，完成本书配套在线资源激活。

3. 本书配套的资源可以在手机端使用，也可以在电脑端用刮码激活时绑定的手机号登录使用。

4. 如您的身份是教师，需要对学生使用本书的配套资料情况进行后台数据查看、监督学生学习情况，我们提供配套教师端服务，有需要的老师请登录"复旦社云平台"（fudanyun.cn），点击"教师监控端申请入口"提交相关资料后申请开通。

序

人生百年,立于幼学。0～3岁婴幼儿的早期教育与照护是学前教育与终身教育的开端,不仅关系着儿童的健康成长,也关系到千家万户的幸福和谐与国家未来人才的综合素质。习近平总书记指出,要大力发展普惠托育服务体系,显著减轻家庭生育、养育及教育负担。党的二十大报告指出:深入贯彻以人民为中心的发展思想,在幼有所育上持续用力。坚持以推动高质量发展为主题,建设教育强国,办好人民满意的教育。2022年7月,国家卫生健康委员会、国家发展改革委等17部门联合印发《关于进一步完善和落实积极生育支持措施的指导意见》,也明确提出提升托育服务质量。在此背景下,国家迫切需要建设一支"品德高尚、富有爱心、敬业奉献、素质优良"的婴幼儿照护服务队伍,开展托幼专业师资人才培养培训并编写相应的专业教材成为当务之急。泉州幼儿师范高等专科学校在2014年编写了"0～3岁儿童早期教育"系列教材,在此基础上,我们再次组织高校、幼儿园和托育机构的教师团队,对本套丛书进行编写和修订。

本丛书以习近平新时代中国特色社会主义思想为指导,贯彻落实党中央关于托育工作的决策部署,依据《国务院办公厅关于促进3岁以下婴幼儿照护服务发展的指导意见》(国办发〔2019〕15号)、《托育机构保育指导大纲(试行)》、《国家卫生健康委办公厅关于印发3岁以下婴幼儿健康养育照护指南(试行)的通知》(国卫办妇幼函〔2022〕409号)、《托育从业人员职业行为准则(试行)》等政策、法规的精神要求,全面落实立德树人根本任务,通过教材建设,满足专业人才培养需求。本套教材拟从以下三个方面回应当前托育发展的现状。一是破解托育服务行业快速发展与专业人才供给不足的矛盾,为婴幼儿教育提供可持续、专业化的服务和指导。二是弥补院校早期教育、托育服务专业教材系列化的缺失,助推人才培养,建立与托育服务产业链相配套的人才链,为各院校提供前沿教材参考,从人才培养的源头保障托育服务专业化水平的提升。三是助力解决公办托育一体化服务、社区配套托育服务中科学养育方案和教材内容欠缺等难题,助推"托幼一体化"模式和多形式普惠托育服务模式形成,促进托育机构多样化健康发展。

本丛书依照中华人民共和国国家标准《0～3岁婴幼儿居家照护服务规范》《家政服务母婴生活护理服务质量规范》,对照教育部《早期教育专业教学标准》《婴幼儿托育服务与管理专业教学标准》,融合思政教育,对接工作岗位,以任务驱动、问题导向的岗课赛证贯通的体系编排内容,呈现"项目导读、学习目标、知识导图、案例导入、内容阐释、育儿宝典、任务思考、实训实践、赛证链接"的编写体例,突出职业性、科学性与实用性三大特色。此外,教材还内置二维码链接视听资源、课程资源与典型案例,形成数字化教材体系,支持线上线下混合式教学。实现纸质教材与数字资源的结合,体现"互联网+"新形态一体化教材的编写理念。

本丛书组建专业编写团队,汇聚学前教育、早期教育和托育服务与管理专业的专家学者,联合高职高专院校、幼儿园、早教和托育机构等相关教师参与编写,共同打造涵盖0～3岁婴幼儿"卫生保健、心理发展、早期教育、环境创设、营养喂养、动作发展、言语发展、游戏指导、艺术启蒙、情感与社会性发展、观察评价、亲子活动、家庭教养"等14本系列教材,体现专业性、系列化和全视域特点。

本丛书中的8本教材《婴幼儿卫生与保健》《婴幼儿心理发展》《早期教育概论》《婴幼儿亲子活动设计与指导》《婴幼儿游戏指导》《婴幼儿活动设计与指导(动作发展)》《婴幼儿活动设计与指导(言语发展)》《婴幼儿活动设计与指导(艺术启蒙)》,历经十余年教学实践检验后,结合当代托育服务新理念进行全新修订；另 6 本教材《婴幼儿科学营养与喂养》《婴幼儿活动设计与指导（社会性发展）》《婴幼儿活动设计与指导（综合版）》《婴幼儿行为观察与发展评价》《婴幼儿教养环境创设与利用》《婴幼儿家庭教养指导与咨询》则是最新编写，能够较好地融合校企合作、双元育人的有效做法，体现理论与实践密切结合的特点。

本丛书由陈雅芳、颜晓燕担任总主编，许琼华、洪培琼担任副总主编，统筹全书策划与审校工作。各本教材的主编分别为：洪培琼、许环环主编《婴幼儿卫生与保健》、孙蓓主编《婴幼儿心理发展》、刘丽云主编《早期教育概论》、林娜主编《婴幼儿科学营养与喂养》、陈春梅主编《婴幼儿活动设计与指导（动作发展）》、颜晓燕主编《婴幼儿活动设计与指导（言语发展）》、公燕萍主编《婴幼儿活动设计与指导（艺术启蒙）》、许琼华主编《婴幼儿活动设计与指导（社会性发展）》、邓诚恩主编《婴幼儿活动设计与指导（综合版）》、曹桂莲主编《婴幼儿亲子活动设计与指导》、孙巧峰主编《婴幼儿游戏指导》、许颖主编《婴幼儿行为观察与发展评价》、林兢主编《婴幼儿教养环境创设与利用》、郭俊格主编《婴幼儿家庭教养指导与咨询》。

本丛书符合职前早期教育、托育服务与管理等专业课程的开设需求，符合职后相关教育工作者职业能力的发展需求，同时也为家长提供科学育儿参考，适宜中、高职院校教师和学生，早教和托育机构的教育工作者、研究者以及广大家长使用。同时，本丛书也被列入泉州市托育综合服务中心规划教材。

打造高品质的专业教材是编写组的初衷，助力广大学生、教师和家长共同守护婴幼儿的健康发展是编写组不变的初心！因编者水平有限，书中不妥之处敬请读者批评指正！

"婴幼儿教养系列教材"编委会

前 言

　　0～3 岁婴幼儿的言语发展是宝宝健康成长的重要内容和主要标志。言语是思维和交际的重要工具,也是婴幼儿社会性发展的重要载体,且言语发展与人际交往是密切联系、互融互促的。婴幼儿从感知声音开始就步入了言语发展的历程。随着婴幼儿的咿呀学语和亲子关系的日益深化,其言语发展不断取得惊人的进步。脑科学研究表明,0～3 岁是大脑结构与功能发育的敏感期,为言语的发展提供了生理基础。早期的良好环境刺激和教育培养不仅能有效促进言语的发展,还能极大增进婴幼儿的情感、认知和社会性等方面的和谐发展。为此,家长和教师应重视 0～3 岁婴幼儿发展的敏感期,为其言语发展创设良好的教育环境,讲究多样的培养方法,促进婴幼儿的健康发展。

　　为了建设师范院校的早期教育与托育专业课程,培养从事早期教育与托育专业的合格师资;同时传播科学的育儿理念,指导家长更好地促进宝宝言语发展,帮助家长解决育儿过程中的困惑问题,我们编写了本教材。本教材主要内容涉及创设婴幼儿言语交谈的良好环境、观察婴幼儿的日常言语交谈,指导 0～1 岁、1～2 岁、2～3 岁三个年龄段婴幼儿言语活动,识别与回应婴幼儿言语发展的异常表现等方面。依照岗位工作需求,以任务导向编排内容体系。

　　本教材着重体现"倡导生活教育理念、注重顺应推进结合、立足婴幼儿本位、遵循言语发展规律、提供具体实用案例、对接早教托育岗位需求、呈现早教托育教改成果"等特点。教材倡导在日常生活环境和人际交往中自然渗透言语倾听与表达能力的培养,注重顺应 0～3 岁婴幼儿言语发展规律,助推婴幼儿言语和身心全面发展。通过"学习目标、项目导学、案例导入、内容阐释、育儿宝典、任务思考、实训实践、赛证链接"等内容板块,为早教和托育专业学生、相关机构的教师及家长遵循婴幼儿自然发展规律、增强亲情关爱、实施日常养育和保教融合的言语能力培养提供科学、具体可资借鉴的专业知识和指导策略。

　　本教材由颜晓燕教授担任主编,负责全书的板块设计、提纲拟定、书稿统稿工作。晋江市第二实验幼儿园何秀凤园长、泉州幼儿师范高等专科学校孙蓓老师、邓诚恩老师担任副主编,负责实践应用和推介工作。参与编写的人员及分工如下:项目一、项目二由颜晓燕编写;项目三、项目四由郑晓云、方少萌、颜晓燕编写;项目五由丁翎、刘雪华、周英、陶玲、黄晓璐、陈育芬编写;项目六由何立航、颜晓燕编写。

　　本教材在编写过程中得到了陈雅芳教授(原泉州幼儿师范高等专科学校校长)的直接指导和复旦大学出版社的大力支持,编写过程中参考了相关的文献资料并引用了实验园的研究成果,在此一并表示感谢! 限于作者水平,疏漏之处恳请读者批评指正。

目 录

项目一 创设婴幼儿言语发展的良好环境

项目导读

　　0～3 岁婴幼儿言语发展具有重要作用,直接影响婴幼儿认知、思维、社会性等各方面的发展。同时,0～3 岁婴幼儿言语发展依赖于良好的语言环境。为了促进婴幼儿言语发展,应全面理解影响 0～3 岁婴幼儿言语交往发展的主要因素,努力为 0～3 岁婴幼儿创设言语交往的良好环境。

学习目标

知识目标:
1. 认识 0～3 岁婴幼儿言语交往发展的重要性。
2. 理解影响 0～3 岁婴幼儿言语交往发展的主要因素。
3. 初步掌握创设 0～3 岁婴幼儿言语交往良好环境的要领。

能力目标:
1. 具有理解分析 0～3 岁婴幼儿言语发展重要性和影响因素的能力。
2. 具有创设 0～3 岁婴幼儿言语发展良好环境的初步能力。

素质目标:
1. 喜欢照看和陪伴 0～3 岁婴幼儿。
2. 关注关心 0～3 岁婴幼儿言语发展特点。

知识导图

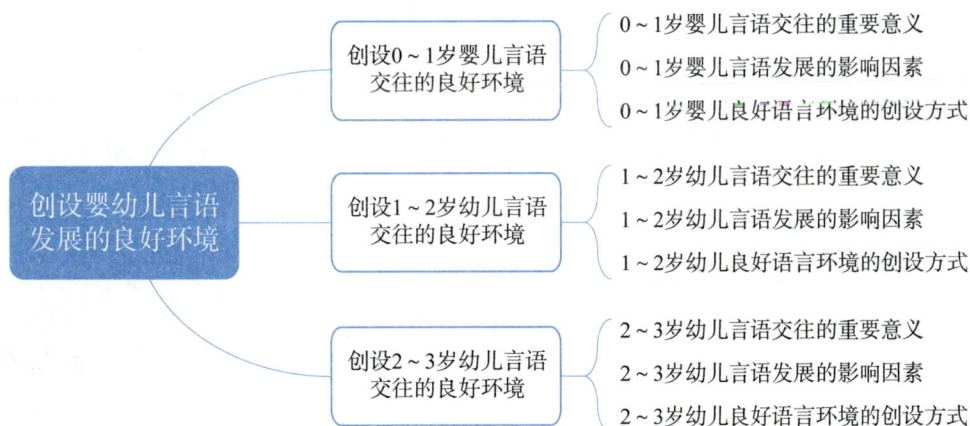

任务一　创设 0~1 岁婴儿言语交往的良好环境

案例导入

　　宝宝的出生给一家人带来了无比的喜悦！刚开始,宝宝只会哭,宝宝一哭,家人就赶紧围过来关心,是饿了要吃奶,是尿湿了要换尿布,还是哪里不舒服了……慢慢地,宝宝更熟悉周围环境与家人的声音,更具有安全感,一听到家人的脚步声和说话声,就会安静地等待。慢慢地,宝宝会注视家人的脸,会笑,还会运用喉音、嘴形、表情回应家人的问话,也开始模仿家人的发音,咿咿呀呀地学说话,与家人密切地互动着,交流着,幸福地成长着。这一切说明,0~1 岁婴儿的言语发展非常重要,同时周围各种语音、声响和亲子交往等良好环境助推婴儿言语习得与发展。

一、0~1 岁婴儿言语交往的重要意义

　　周岁之前的婴儿处于前语言发展阶段,以感知觉为主要途径认识世界。在婴儿开口说话之前,他们不断积累语言与交往经验,为语言发展奠定基础。他们从感知语音和与家人的亲密相处中获得成长乐趣,促进身体机能发展。

(一) 0~3 个月婴儿语音感知与母子交往的意义

　　立个体的生命之旅。他们虽有独立的生命机体,却需要他人的悉心照料。因此,婴儿与生俱来的感知觉条件反射,以及对语音的感知与母子交往是其生存的前提保障。[①]

1. 确保个体的生命安全

　　人生命之初的一两个月基本处于睡眠期,宝宝一天的睡眠时间约为 18~22 小时。在醒来时,他们常常啼哭,哭是宝宝此时期语言和交往中最为典型的行为。他们通过哭声召唤家人的关爱,妈妈会迫不及待地换尿布和喂奶,爸爸会着急地问候和帮忙。宝宝在此过程中,逐渐感知家人的语音,增进与妈妈的交往互动。他们在妈妈温暖的怀抱中,一边安全地吮吸着母乳,一边倾听着妈妈亲切的话语,强化着对妈妈声音的感知,逐渐强化啼哭与母乳、妈妈声音之间的条件反射,建立感知觉的联系通道,获得生理满足和心理安全,确保生命安全。因此,此时期宝宝对语音的感知和母子交往的不断强化与反应,是宝宝主动获取他人关心照料的重要渠道,也是获得生命安全的重要保障。

2. 不断扩大与外界的联系

　　0~3 个月的婴儿期基本处于封闭的狭小环境,但他们与外界有着千丝万缕的联系,需要储备面向外界的经验,孕育适应外界的机能。这是宝宝从生物人走向社会人的第一步,他们靠什么来连接与外界的联系？宝宝与外界联系的最初链接是语音感知和母子交往。宝宝一出生最早接收的声音是语音,给予宝宝第一口奶水的是妈妈,最亲近的人也是妈妈。宝宝通过语音感知和母子交往,建立与外界的最初、最重要的联系。在宝宝最为懵懂的时期,也是宝宝感知觉萌发的初期,他们通过语音感知而感知周围的生活环境,逐渐感知周围的各种人声和其他声音,慢慢打开通往外界的通道,接触外界事物,并通过与妈妈的亲密关系,产生依恋感和安全感,增强与外界、与他人的联系,逐渐扩大感知和交往范围,不断拓展与外界的联系。

3. 增进感知觉的发育

　　0~3 个月的婴儿具有觅食、吮吸、吞咽、握拳、惊跳等先天条件反射,这些反射是感知觉的原始表现。之后婴儿会形成对声响、光线、动作等方面的条件反射,发展听觉、视觉、触摸觉、运动觉等感知觉,这些感知觉的发育是婴儿心理发展的重要基础。语音感知和母子交往能够有效增进婴儿感知觉的发

---

① 颜晓燕. 学前儿童语言教育与活动指导(第四版)[M].北京:教育科学出版社,2024(6):2~3.

育。此时期的婴儿通过哭声表达各种需求,获得家人的照料。他们在此过程中感知家中不同人的声音,增加语音刺激,提升对语音的感知和辨别能力,锻炼听觉。宝宝从亲密的母子交往中感受妈妈的爱恋,接受妈妈各种语气语调的刺激,促进感知觉发育,为下一阶段的身心健康发展奠定良好基础。

(二) 4～6个月婴儿语音感知与母子交往的意义

4～6个月的婴儿会笑了,更惹人喜爱。他们可爱的脸蛋更加红润饱满,肢体更为强健了。他们对声音的感知更为敏锐,能够记住妈妈的声音,开始认生,对陌生人感到害怕会大哭,听到妈妈的呼唤会安静地倾听,情绪由急躁转为安定,母婴交往更为深入,喂奶时增加了眼神的交流、微笑、声音的回应、动作的表现等多方面的互动。由此,此阶段的语音感知与母婴交往的意义进一步扩大了,对婴儿的情感交流、动作练习及认知的发展有着显著的促进作用。

1. 增加情感的体验与交流

4～6个月的婴儿已减少了无意识啼哭的频率,取而代之的是可爱的笑容和开心的笑声。他们的情绪情感已有了初步的分化,逐渐表现出高兴、伤心、害怕、生气等情绪。他们通过对周围人声音的感知和母婴交往,增加了情感的体验和交流。在与妈妈的密切相处中,母婴间亲切地进行情感交流,宝宝经常会听到妈妈的安抚声,如:"宝宝吃饱了好高兴吧。宝宝哭,妈妈生气了。宝宝不哭不怕,让妈妈抱抱。宝宝哭得这么伤心,妈妈很心疼。"从而与各种情感交流相联系,增进对母婴情感的体验。

在生活中,宝宝从妈妈喂奶时的情绪和语言,以及妈妈在换尿布、洗澡、抚摸过程中的语言交流,不断地感知妈妈的各种情绪和态度,并将自己的情感直率地表达出来,一会儿笑一会儿哭。同时接受成人赞许或批评的各种反应,进而感知家人的各种表情和语调,不断增加各种情感的体验与交流。

2. 促进动作的发展

4个月左右的宝宝会翻身了,6个月左右的宝宝会坐了。宝宝这些显著的进步,不仅意味着动作的发展,也表明语言与交往能力的提升。在家人的语言指导、鼓励以及母子亲密交往中,宝宝动作的发展与练习取得了明显的进步。

宝宝4～6个月时,家人不仅要防范宝宝从床上翻身滚落,还要用语言指导宝宝练习翻身和坐的姿势。家人常会运用游戏帮助宝宝练习仰卧、侧卧到俯卧的连续翻身动作,也会结合枕头、靠垫让宝宝靠坐着和家人面对面交谈与玩玩具。在这个过程中,宝宝对声音的感知和母婴互动,以及动作的练习是融为一体的,并通过声音的感知和母婴互动促进动作的发展。例如,"卷花卷"游戏,家人用毛毯或浴巾包裹住宝宝,边卷毛毯边翻动宝宝,并配合儿歌:"卷花卷,卷花卷,卷个大花卷,香喷喷,乐呵呵。"其乐融融地引导宝宝翻身,一会儿从仰卧翻为俯卧,一会儿再从俯卧翻为仰卧。宝宝既感知声音的变化,体会母婴互动的快乐,又锻炼大脑前庭器官的功能和身体的平衡力,极大促进动作的发展。

3. 扩大认知的对象与范围

4～6个月婴儿语言感知敏感性增强,亲子互动愈发深入。他们开始出现微笑、情感分化以及认生表现,同时伴随着翻身、坐等动作的发展,这些变化打破了宝宝仅从仰卧姿势感知世界的局限,使他们能够从多个视角更广泛地接触家人和周围环境,从而扩大了认知的对象、范围。

此时期的宝宝更加可爱,他们表现出明显的发音愿望,能够与家人进行相互模仿的发音游戏,还能和家人一起"啊啊""呜呜"地聊天。这使得他们能更主动地配合家人的语言和交往,交流时间也更长。家人会经常与躺着、侧卧着、俯卧着或坐着的宝宝说话、玩游戏、看图书,让宝宝积累从不同角度观看家人并与家人交谈的经验。此外,家人还会经常抱着宝宝四处走动,指指点点,边看边说,让宝宝感知各种不同的物品和变化的场景,引导宝宝关注更多的事物,交谈更多内容,认识更多生活物品,进一步扩大认知的对象与范围。

视频

视频1-1:
姐姐与宝宝
看图书

(三) 7～9个月婴儿语音萌发与亲子交往的意义

7～9个月的婴儿又有了许多令家人惊喜的进步。他们情绪更加愉快,能够独立直坐,还会在地板上随意爬行,已经长出了两至三颗乳牙。随着辅食的添加,他们的身体变得更加结实。在语言和交往方面,宝宝也有了更为明显的进步:他们能听懂成人对自己的召唤,尝试模仿成人的声音,发音也越来越接近真正的语言。宝宝开始能发出"ba-ba""ma-ma"等音节,能够重复发出某些元音和辅音,还懂得一些常用词语的意思,并会用简单的动作来表示。这些进步使得宝宝的语音萌发和亲子交往进一步促进了他们探究欲及社会性情感的发展。

1. 激发探究物品的欲望

随着7~9个月婴儿对语音理解力的增强以及与家人的密切交往,他们已经熟悉了生活环境,并形成了稳定的安全感。他们开始关注周围环境中的各种事物,并尝试运用手、脚以及全身各部位去探究。伴随语言和交往的互动,能够进一步激发宝宝探究周围物品的欲望,帮助宝宝进一步认识事物,增长生活经验。

当宝宝理解了"奶瓶、杯子、娃娃、小床、枕头、毛巾"等词汇所代表的物品,并熟悉其放置的位置后,每当听到这些词语,他们就会用手指向该物品,并将眼神聚焦于这些物品上。随着爬行动作的逐渐成熟,宝宝还会直接爬过去触摸或拿到这些物品。这些举动表明,宝宝不仅认识了这些物品,还开始积极展开探究行动。

与此同时,亲子间的语言交流和交往能够有效激发宝宝探究物品的欲望。比如,当妈妈说:"宝宝,布娃娃在哪呀?"宝宝就会先用眼睛四处寻找,待基本确定后会爬过去找到娃娃,然后抱起娃娃开心地笑起来。在家人语言的指引下,宝宝会在整个房间中寻找各种物品,探究它们的位置。他们还喜欢在窗帘下、桌子底下、橱柜里探寻各种物品,乐此不疲地寻找和探究。

通过语言和亲子交往的引导,能够帮助婴儿开展有益的探究活动,激发他们的探究欲望,满足他们的认知需求。

2. 增强动作发展的协调

7~9个月是婴儿手指灵活性提高和爬行动作发展的重要阶段。他们开始会用拇指和食指配合取物,能拨弄桌上的小东西,摇晃有声响的小件物品,还能换手接物,双手各拿一物对敲。在动作发展方面,宝宝能够独坐自如,自己翻身、坐起和躺下,并开始学会爬行。

在这个阶段,婴儿的语音萌发与亲子交往能够进一步增强动作发展的协调性,促进精细动作和爬行动作能力的提高。家人应通过语言引导宝宝进行模仿和玩游戏,边玩边与宝宝对话。例如,指导宝宝用拇指和食指取饼干、取积木,拨弄玩具小猫的胡须、桌上的小扣子,摇晃拨浪鼓、小铃铛,将一手上的小汽车换到另一只手,再接住塑料小鸭,或将双手的塑料玩具对敲等。这些活动都离不开家人语言的引导,离不开宝宝的语言模仿和语音呼应,同时也不断促使宝宝进行手指动作的练习,提高手指的灵活性和协调性。

同时,在指导宝宝爬行时,家人也需要配合语言和亲子互动。比如可以说:"宝宝,爬到爸爸这边来,来来来,好棒哦!""宝宝,妈妈在这儿呢,赶快爬过来,快快快,爬到了,亲一下!"正是在语音萌发和亲子交往的过程中,宝宝的手指动作和爬行动作得到了发展,动作的协调性也得到了提高。

3. 增进愉快情绪的体验

7~9个月的婴儿对家人表示肯定或否定的面部表情会有不同的反应。当听到表扬时,他们会高兴地重复刚才的动作,心情也会变得更加愉悦和快乐,与家人的依恋关系也更为紧密。随着婴儿语言与交往能力的发展,他们对愉快情绪的体验也更加深入,这为婴儿活泼开朗性格的形成奠定了良好的基础。

当婴儿的行为得到家人的肯定或否定时,家人会运用语言并配合相应的表情给予反馈。例如,当宝宝一口一口慢慢地喝水时,妈妈会满脸笑容地夸奖他:"宝宝真乖! 宝宝真能干,会一口一口地喝水!"而当宝宝用力将积木从桌上推到地上,洒落一地时,妈妈会生气地板起脸,不高兴地说:"不对,宝宝! 这样积木会坏的!"接着严肃地说:"我们把积木捡起来放好。"等和宝宝一起收拾完后,妈妈又会面露笑容地说:"对了,宝宝真懂事,妈妈爱你!"

通过这些互动,婴儿能够真切地体会他人的情绪,更倾向于愉悦情绪的体验。他们会喜欢受到表扬,并朝着正确的方向重复动作。在家人的关爱和赞扬中,婴儿能够获得更多积极情绪的体验。

(四) 10～12个月婴儿语言理解与亲子交往的意义

10～12个月的婴儿爬行更为敏捷,他们能够站立、扶物行走,探究周围事物的能力更强,与家人交往也更为主动。这一阶段,宝宝的语言理解能力发展迅速,能够听懂与自己有关的日常生活指示语言,并会用动作表示意愿。他们能说出几个词,会模仿叫"爸爸""妈妈"等,还会自创一些词语来指称事物。这些进步,有效地促进了宝宝思维和辨别力的发展。

1. 促进直觉行动思维的发展

10～12个月的婴儿更为懂事、聪明了。他们能理解家人的语言,会结合动作进行回应,还会主动运用动作表达自己的想法,并具备了解决问题的初步能力。此时,婴儿的语言理解与亲子交往的发展极大地促进了直觉行动思维的发展。

此时期的宝宝,看到喜爱的家人会展开双臂要求抱抱;看到陌生人要抱他,他会不停地摇头摆手表示拒绝。这表明他们已经有了自己的想法,并且能够用动作表达出来。当妈妈说:"宝宝,把玩具放在妈妈的手上。"宝宝会按照妈妈的话去做;妈妈又说:"宝宝,很晚了,快快睡觉!"宝宝会躺在床铺上闭上眼睛假装睡觉。这些都表明,宝宝能够理解语言,有自己的想法,并且会付诸行动,思维有了进一步的发展。

随着语言与交往的发展,宝宝还能解决一些简单的问题。例如,看着妈妈将糖果装进糖罐里,桌上没有了,宝宝会摊开双手配合语音"mei—"表示没有,然后抓住妈妈的手往糖罐里伸,表示要妈妈帮他拿糖。当发现妈妈的手太大伸不进去时,妈妈摇摇头说:"伸不进去。"宝宝就尝试把自己的小手往罐里伸,但还是伸不进去。妈妈说:"罐子的口太小了。"宝宝就开始用力地摇晃糖罐,接着倾斜着摇晃。妈妈鼓励说:"用力摇。"宝宝最后用力一摇,糖果出来了,他高兴得拍手大叫。可见,婴儿的语言与交往的发展会促进直觉行动思维的发展,使婴儿更加聪明能干。

2. 提高身体站立的耐力

10～12个月的婴儿能够自己扶栏杆站立,坐下及蹲下取物,独自能站稳片刻,扶物会走,甚至能独走几步。他们的直立行走动作基本具备。在家人语言指导和亲子交往中,婴儿身体站立的力度进一步增加,耐力得到了提高,为独立行走打好了基础。

此时期,家人经常会继续鼓励宝宝在地上爬行玩乐,也会经常扶住宝宝的腰部引导宝宝注视远处的景象,边绘声绘色地介绍景象,边锻炼宝宝的站立动作。或者经常扶宝宝站立着,结合语言"宝宝,把气球拿下来。"指引宝宝去抓取高处的东西。或者扶住宝宝让他站立着低头玩手中的玩具。还会经常扶着宝宝的双臂,让宝宝迈步行走,边走边说:"走走走,看看奶奶煮什么好吃的给宝宝吃。"或指导宝宝扶着椅子、坐学步车学走路,边做边说:"宝宝大步走,去看看爸爸在干什么。"由此,配合语言和亲子交往,能够促进宝宝爬行、站立和行走等动作的发展,提高身体站立的耐力。

3. 帮助辨别初步的对与错

随着10～12个月婴儿语言的发展和活动范围的扩大,婴儿的探究行为更加频繁,但他们不知行为的对与错,缺乏生活经验和辨别能力,常常容易出现破坏和冒险行为。此时,利用语言和亲子交往的影响,能够帮助婴儿辨别初步的对错。

10～12个月的婴儿与家人的依恋更加密切,他们会更大胆、更放心地在家中四处爬行,在床铺、沙发爬上爬下,或坐着学步车到处溜达。家人稍不留神,他们就会摔破茶具,或把自己摔个大跟头。因此,此时宝宝的行为需要家人的密切跟踪和有意指导,需要家人结合语言运用正面的方式进行引导。例如,面对宝宝用脏手抓东西吃、将杯子扔到地上、用力拍打气球等不宜行为时,家人要结合语言及时阻止,手把手地指导宝宝洗手,把杯子放在盘子里,把气球挂好,并告知宝宝:"手脏不能吃东西,要洗干净了,才能用手拿东西吃。""杯子是喝水用的,要放在盘子里。""气球会破,要挂起来才好看。"这样,婴儿就慢慢具有对错的概念,能够辨别初步的对错,为下一阶段养成良好的行为习惯做好准备。

二、0～1岁婴儿言语发展的影响因素

影响0～1岁婴儿言语发展的因素包括个体、社会和环境等诸多因素,其中最重要的因素是家庭环

境和亲子交往,尤其是母子交往行为。母亲作为婴儿的主要抚养者,在婴儿的社会性交往和言语发展的过程中起着极为重要的作用,堪称婴儿生存和发展中的"第一重要他人"。通过母亲和抚养人的引导,婴儿建立起与客观世界的联系,接触外界的各种刺激和事物,不断积累言语感知经验,并在此基础上促进其言语与交往能力的发展。

1. 0～1岁婴儿的本能反应与需要

从个体因素来看,0～1岁婴儿的本能反应与需要是影响其言语与交往发展的前提条件和首要因素。新生儿拥有一种微笑反射,这种反射是由身体内部的舒适状态引发的无条件反应。当一个吃饱喝足的孩子在母亲怀中露出微笑时,母亲必定会为之动容,内心油然而生一股怜爱之情。出于本能,婴儿具备一定的交往手段,他们在亲子交往和言语产生过程中扮演着积极的发动者、维持者和促进者的角色。严格来说,这些本能反应并非真正的交往,因为新生儿并不理解自身行为的含义,也无法对成人发出的交往信息做出应答,因此尚未形成真正的交往行为。然而,这些本能反应在母子关系和言语发展过程中具有重要意义,它们是婴儿交往行为和言语发生发展的必要基础。

研究发现,0～4个月的婴儿已经表现出交际倾向。例如,在出生1周至1个月期间,婴儿能够通过不同的哭声表达他们的需求,以此吸引成人的注意,并在需求得到满足时以愉快的情绪反应作为回应。到了4个月左右,婴儿在与母亲的交往中开始出现明显的交往行为,这种行为被称为"天真活跃反应"。当母亲的脸出现在婴儿的视野中时,婴儿会立刻停止活动,与母亲进行短暂的目光交流,这种交流也被称作"眼睛对话",同时婴儿还会露出微笑,手舞足蹈。这是一种条件反射,成人的脸成为引起婴儿舒适感的刺激物。大约半岁时,婴儿已经学会了相当多的交往技巧,逐渐成为一个随机应变的"小专家"。在充满爱意的家庭环境中,宝宝能够学会如何通过微笑、咿呀学语吸引成人的注意力,激发成人对他们的兴趣。对于成人的逗弄和言语,宝宝会以声音回应,表现出与成人"轮流'说话'"的倾向,并且开始使用不同的语调来表达自己的态度。当母亲不在身边时,宝宝会主动发出各种信号呼唤成人,其中最常用的方式便是哭泣。只要母亲把脸凑过来和他讲话,哭声便会立即停止。到了10个月之后,婴儿已经能够通过语音和动作表情的组合赋予语言具体的含义,能够通过重复某个动作或表情来表达自己的意愿,并开始创造相对固定的"交际信号"。

因此,婴儿在获得语言之前,会用语音及伴随的表情或动作代替语言进行交往,这种交往方式被称为前语言交际。随着他们的语言感知和发音经验不断丰富和扩大,言语与交往能力也不断增强和发展。

2. 0～1岁婴儿的情感交流与应答

从环境和社会因素来看,0～1岁婴儿的情感交流与应答是影响其言语与交往发展的重要因素。0～1岁婴儿的言语发展依赖于母子交往所获得的积极情感体验和互动应答。母子交往是婴儿心理发展和言语发生的先决条件。母婴之间的交往具有紧密情感联系的先天基础。如果剥夺婴儿与母亲的交往,使其失去形成亲子关系的可能,将对婴儿造成心理发展上的重大损害,直接影响婴儿正常的身心健康发展,也会对言语与交往的有效发展产生阻碍。

婴儿在母子交往中获得被爱与爱的权利,这种体验成为促进其心理发展的一种内在动力。在爱与被爱的情感体验中,婴儿获得安全感,从而能够充分感知周围的声音和事物的特征。这不仅有助于其健康地成长,也能促进言语、认知和交往能力的发展。反之,如果在母子交往中缺失爱的情感体验,婴儿则会变得焦虑、烦躁、神经质,对这个世界产生恐惧感,进而给言语与交往发展带来阻碍。

同时,母亲和家人对婴儿的亲密陪伴和积极应答将极大促进言语交往的发展。在母子、亲子交往中形成积极的"应答性"环境至关重要。家人对婴儿行为的反应和及时应答起到强化作用,能够促进婴儿与家人的情感交流和互动。婴儿的自发行为,如微笑、发声、手舞足蹈等,因得到家人的及时应答而逐渐增多,从而增进宝宝的语言行为交流,提升宝宝交往的社会化能力。

3. 0～1岁婴儿的母婴依恋与亲情

从社会和环境因素来看,0～1岁婴儿的母婴依恋与亲情关系是影响其言语与交往发展的核心因素。婴儿在与母亲较长时间的相互作用中逐渐建立起母婴依恋与亲情,这成为促进婴儿言语与交往良好发展的重要因素。从6～7个月起,婴儿普遍能和母亲形成一种特殊的依恋情感,这不仅是婴儿情感社会化的标志,也是其身心健康发展的标志,直接推动了言语交往的快速发展。

一般来说,从出生至 3 个月,婴儿尚未表现出明显的对母亲的依恋。他们对任何人的拥抱、微笑、说话都能表现出愉快的情绪,尚未形成对母亲的偏爱。到了 3~6 个月,婴儿开始对母亲产生偏爱的感情,在母亲面前会表现出更多的微笑、咿呀学语和身体动作,而对陌生人则不会有这么多反应。到了 6~7 个月,婴儿普遍对母亲的存在特别关注,特别喜欢和母亲在一起,母亲离开时会哭闹不止,而其他人无法替代母亲的位置。母亲回来时,婴儿手舞足蹈,十分高兴。同时,只要母亲在身边,婴儿就能安心地玩耍。这个年龄段的婴儿对母亲产生了明显的依恋,形成了对母亲的特殊情感联结,这种关系也对言语的感知和发展发挥着积极的作用。

婴幼儿心理学研究认为,婴儿与母亲的依恋存在三种不同的类型,即安全型、回避型和反抗型。

安全型依恋表现为:婴儿与母亲在一起时,如果母亲给他讲故事、念儿歌,他能依偎在母亲的怀抱里,安静地倾听。当母亲让他自己玩玩具时,他能在母亲身旁安心地玩耍,不会总是依偎在母亲的怀抱里。在陌生的环境中,只要母亲在场,他就能积极地去探索和操作,遇到困难时会向母亲求助。当母亲离开时,他会表现出痛苦、不安,并寻找母亲;当母亲回来时,他会对母亲表现出亲热和依恋,情绪能在母亲的安慰下迅速平静下来,继续自己的活动。此类婴儿约占 65%~70%,这是一种良好且积极的依恋关系,对言语和交往发展具有积极的推动作用。

回避型依恋表现为:婴儿对母亲在不在场都表现得较为冷漠,母亲离开时,没有明显的反抗,很少表现出紧张或不安;母亲回来时,也往往不予理睬,仍然是自己玩自己的。有时也会对母亲的回来表示欢迎,但这种欢迎是短暂的,接近一下之后又会走开。这类婴儿实际上并未与母亲形成特别密切的感情联结,有人也将其称为"无依恋婴儿",他们约占 20%。这种依恋类型对言语和交往发展存在消极影响。

反抗型依恋表现为:婴儿对母亲离开表现出高度的警惕,母亲离开时会非常苦恼,极度反抗,任何一次短暂的分离都会引起大哭大闹。然而,当母亲回来时,婴儿对母亲的态度却很矛盾,既渴望与母亲接触,同时又反抗与母亲的接触。例如,当母亲靠近他想要抱他时,他会生气地拒绝,推开母亲。但当母亲要求他重新回到游戏中时,他又不太愿意,会不时地朝母亲这边看。此外,在操作玩具或进行其他活动时,他情绪烦躁,似乎需要母亲的帮助,但当母亲真的去帮助他时,他又会将物品推开,不让母亲动手。这种类型也常被称为"矛盾型依恋",此类婴儿约占 10%~15%,对言语和交往发展存在不良影响。

因此,在 0~1 岁婴儿的发展过程中,婴儿所赖以生存和成长的母婴之间的感情纽带是无可取代的。母婴安全型依恋是婴儿言语交往发展的重要表现,良好母婴依恋关系的建立对婴儿的言语交往发展有着重要且积极的影响作用。

三、0~1 岁婴儿良好语言环境的创设方式

心理学指出,在发音器官健全的前提下,言语的习得与发展主要依赖于后天良好的语言环境。0~1 岁婴儿的言语交往处于初期萌芽阶段。在这个过程中,婴儿的言语从感知不同声音、发出单音、双音,产生不同语调变化逐步发展到说出单词,呈现出感知—分辨—模仿—理解的一般发展规律。这一过程为口语表达的发展积累了充分的经验,并做好了积极的准备。同时,伴随着前语言的发展,婴儿与母亲、家人之间亲密地互动交往,不断形成良好的亲子关系,奠定了交往方式的雏形。因此,我们需要顺应 0~1 岁婴儿言语交往发展的特点,创设良好的语言环境,助推婴儿言语与交往能力的发展。[①]

(一)创设亲子关系密切、母婴安全型依恋的环境

良好的母婴依恋关系是婴儿健康成长的基础,也是促进婴儿语音感知和理解、交往行为萌发的重要基础。

1. 建立安全型母婴依恋关系

安全型、回避型和反抗型这三种母婴依恋关系,各自有产生的原因,且会随着环境和教养方式的变化而相互转换。作为父母,特别是母亲,一定要学习安全型依恋的母亲的教养方式,避免回避型和反抗

---

① 颜晓燕.学前儿童语言教育与活动指导(第四版)[M].北京:教育科学出版社,2024:29~30.

型依恋的教养态度，帮助婴儿建立安全型依恋。一旦建立了良好的母婴依恋关系，婴儿就会欢笑多、哭闹少，情绪欢快、活跃，乐于探索新事物、新情景，甚至对陌生人也表现出积极的态度。这将形成一个温馨和谐、幸福快乐的家庭环境，有助于婴儿形成积极、快乐的情绪情感，从而更好地感知和理解语言，促进他乐于与人交往。

2. 利用好安全型母婴依恋关系

婴儿依恋妈妈是他们获得安全感的重要途径，但这种现象会随着宝宝年龄的增长逐渐减少。在母婴依恋阶段，母亲一方面要满足宝宝的心理需求，不要人为地躲避他；另一方面，要充分利用婴儿依恋妈妈的心理，多与他一起玩耍、交流，将语音感知和亲子交往融入日常生活的每一个环节中。通过良好的母婴依恋关系影响和感染宝宝，让宝宝时刻感受到家人的关爱，积极主动地与环境互动，与家人密切交流，从而促进宝宝语言和交往能力的发展。

（二）创设关注婴儿需求、积极给予应答的环境

婴儿最初来到这个世界时，还不会使用语言，主要依靠哭声来表达需求和与人交往。宝宝的每一声呼唤都期待着妈妈的回答，能得到妈妈的回应，他会感到非常兴奋。家长要细心判断宝宝哭声的含义，尽可能地回应他的情感需求。在与宝宝的接触中，妈妈要多与他拥抱、抚摸、亲吻、对视，并抓住每一次机会和他说话、玩游戏。通常情况下，母亲的态度会影响宝宝的情绪。如果妈妈对宝宝的体态语言很敏感，能够正确理解并积极给予回应，宝宝在妈妈的积极回应下就会越来越多地使用体态语言，从而变得更加聪明活泼。相反，如果母亲对宝宝的体态语言视而不见，宝宝会对妈妈的冷漠感到失望，失去"说话"的兴趣，变得沉默寡言，长大后容易变得内向、孤僻。因此，母亲要细心观察宝宝的需求，并给予积极正确的应答，这样才能有效促进宝宝语言和交往能力的发展。

（三）创设多种感官刺激、增进听音发声练习的环境

婴儿感受语言的最初能力是听力，而发音是学习说话的基础。从语言发展的规律来看，声音的训练包括听音和发音两个方面。1岁前，宝宝的听音、发声练习至关重要，因为这是婴儿接收和传递信息的重要条件之一。他们在听到别人和自己的声音后，会不断对比和调整自己的发音，从而学习说话。除了帮助婴儿建立言语听觉和言语动觉之间的关系外，这种练习还能给婴儿安全感，消除他们刚来到人世间时的陌生不安情绪，尽快建立起亲子关系。

1. 提供自然、丰富的有声环境

要让婴儿有机会经常听到现实生活中的各种声音，学习适应外界环境。除非是过于嘈杂的声音，否则不要刻意隔离婴儿。除了自然的声音外，父母还要注意营造和提供多种声响的环境，让婴儿生活在温馨、舒适且充满信息的自然有声环境中，多接触、多感知，从而丰富听觉感知经验。例如，可以让婴儿聆听自然界的风声、雨声，家中各成员的说话声，家中电器的声响，各种玩具和自然物品发出的声音，以及优美的故事、儿歌和歌曲等。

2. 有意识进行发声刺激和练习

当婴儿发出一些无意义的声音时，家长应及时用"宝宝语"与他交流，刺激和训练他的发音并培养他对语言的兴趣。家长可以经常在宝宝的不同侧耳说话或摇铃，也可以让宝宝看着自己的口型，用轻柔、舒缓的语调和宝宝说话，告诉他家长在做什么，宝宝在做什么，从而刺激他发音的主动性。但需要注意的是，避免使用"喝水水""吃饭饭"等不规范的叠词用语与宝宝交流，以免对宝宝今后正确学习和运用语法产生不良影响。为了使宝宝发音自如，在日常生活中，家长要有意识地对宝宝进行口腔方面的练习，例如，让宝宝嚼较硬的食物，用嘴吹东西，让宝宝看家长的口型模仿发音，或者进行其他口腔发音练习，为今后的语言学习打下坚实的基础。

（四）创设密切生活体验、建立语音、事物与语义联系的环境

在宝宝的言语发展过程中，如果他发出近似音，家长要有意识地将这些音与具体事物之间建立联系，并用手指向具体的事物或人，让宝宝的大脑在具体事物与具体声音之间建立条件反射。在日常生活中，家长可以随时随地对宝宝进行听说的全面渗透。例如，用小手试试一杯水的温度，然后告诉他是

"烫"还是"不烫",以训练他建立语音和感受之间的联系。家长还应选择宝宝吃饱、睡足、精神状态良好的时机,对他进行逗引和语言刺激。也可以借助构图简单、色彩鲜艳、情节简单的图书和画册进行语音、语义的学习。家长应使用准确、简洁、易懂的语言与宝宝对话,并给他模仿正确发音的机会。当宝宝对词义有所表示时,家长一定要及时表扬宝宝的每一个小小进步。

视频

视频1-2:
妈妈与宝宝
看图书

育儿宝典

助推0~1岁宝宝语言与交往发展的有效方式

1. 创设有声的环境,用讲话声、玩具声逗引宝宝,让宝宝感知声音。每当宝宝醒来时,应让宝宝经常倾听轻柔的讲话声、音乐声或玩具声。家人要面带微笑,轻声说话,用亲切、温柔的声音逗引宝宝,如:"宝宝,你醒了。""宝宝饿了,要吃奶了。"同时,可以经常播放轻音乐,或家人自编小儿歌、自哼曲调给宝宝听,让宝宝感知各种悦耳动听的声音及不同人说话的语调。此外,还可以在宝宝周围轻轻摇晃有声玩具,引导宝宝转头寻找声源,让宝宝频繁感知各种声响。

2. 结合具体场景,向宝宝介绍日常活动内容,让宝宝理解语言。家人要结合具体的生活场景,经常与宝宝亲切交谈,保持与宝宝的视线接触,称呼宝宝的名字,多和宝宝说话。还可以借助实物、动作和图片,引导宝宝听简单的词并作出相应反应,理解简单词语的意思。

3. 给予积极回应,引导宝宝有意识地叫身边的人,让宝宝模仿发音。当宝宝能发出类似"a""o""ba""ma"等单音或音节时,家人要表现出惊喜和兴奋,给予宝宝积极的回应,重复宝宝的发音,鼓励他再次发声。并结合具体的人、事、物,帮助宝宝说出想要表达的内容,引导宝宝模仿正确的发音。还可以用简单的曲调,哼唱歌曲或有节奏地朗诵的方式重复宝宝的发音,以有趣的形式引发宝宝的注意,增强宝宝对语音的模仿和有意识的练习。

4. 多与周围人接触,鼓励宝宝用"咿呀"声与人交流,让宝宝体验交流的乐趣。家人在宝宝3个月后,应经常带他到户外活动,引导宝宝多与周围人接触,倾听模仿周围人的说话。要经常引导宝宝模仿用表情、语音、动作、简单的词等多种方式回应他人的讲话,让宝宝与周围生活中更多的人接触和交谈。可以引导宝宝用拍手表示"欢迎",招手表示"再见",点头表示"听明白了",微笑表示"高兴"等,同时家人配合相应的词语帮助表达。在每次宝宝与人交流的过程中,注意及时赞扬、夸奖宝宝,以增强宝宝与他人交流的乐趣体验,逐步提高与他人交谈的意愿。

(摘自:0~3岁婴幼儿早期教育家长指导手册[M].福州:福建人民教育出版社,2010:36~38.)

为宝宝营造安静的环境好,还是有声的环境好呢?

建议:

1. 0~3个月的宝宝比较适宜较为安静的环境。此时宝宝各方面的发育刚刚开始,尤其听觉还较微弱,不宜接受高音刺耳的声响。但在宝宝醒来时,应积极营造有声的环境,让宝宝能够经常倾听轻柔的讲话声、音乐声或玩具声,不断感知声音。

2. 3个月以后的宝宝,生活环境可与家人一样,在日常生活中自然地接触各种声响和刺激。除了睡觉休息需要安静的环境之外,应为宝宝创设丰富的语言环境,积极引导宝宝感知生活中的各种声响,并到户外去感知各种声音。家人要运用规范的语言积极与宝宝交流,让宝宝感受语言,理解语言,并积极地模仿发音。

任务思考

1. 结合实例阐释0~1岁婴儿各年龄段言语与交往发展的意义及影响因素。
2. 结合实例阐释0~1岁婴儿言语与交往良好环境创设的主要做法。
3. 收集家长在0~1岁婴儿语言与交往发展中存在的困惑问题,并提出教育指导建议。

任务二　创设1~2岁幼儿言语交往的良好环境

案例导入

　　1岁左右的时候,欢欢开始说话了,她陆续会说出自己所认识的物品名称,家人的名字和自己的名字,常常会把"杯子"说成"杯几""喝水"说成"可随""苹果"说成"苹狗"……每次她一开口说话,家人就会被她奶声奶气的话惹得开怀大笑,而她却在这笑声中更加开心地重复说话,还喜欢模仿家人说话。这样,欢欢的说话水平越来越高,亲子交往也越来越密切,她的性格日益开朗,智力发展和行为习惯也越来越好。

　　在良好的生活环境和教育环境中,1~2岁幼儿的口语发展进入了一个新阶段。此时,在亲子关系和同伴关系等因素的积极影响下,他们的口语发展迅速,从一岁前的沉默期转为说话期,喜欢重复和模仿他人的语言,能听懂和理解的语言越来越多,能掌握的词汇也明显增多,且以名词为主,说话的积极性日益增强。因此,成人应注重为幼儿创设良好的语言环境。

一、1~2岁幼儿言语交往的重要意义

　　幼儿口语的发展和亲子交往的深入,与幼儿的理解能力、行为习惯、独立意识以及同伴交往等方面的发展相互联动、相互促进。下面从1岁~1岁半、1岁半~2岁这两个阶段分别阐释言语与交往的意义。

(一) 1岁~1岁半幼儿说话与亲子交往的意义

　　1岁~1岁半的幼儿开始开口说话,他们能够说出自己的名字、熟悉的人名和物品的名字,会使用日常生活常见的动词,会模仿常见动物的叫声,能听懂家人的简单指令,有时还会用表情、手势代替语言进行交流。对语言的理解能力超过语言的表达能力,也开始知道书的概念,喜欢模仿翻书页,边翻书边自言自语。由此可以看出,幼儿的说话与亲子交往能够促进幼儿对简单规则的理解,促进幼儿养成良好的生活习惯以及促进幼儿注意力的发展。

1. 有助于理解简单规则

　　1岁~1岁半的幼儿在学习说话的过程中,不仅词汇越来越丰富,掌握较多的名词和动词,而且他们语言的理解能力也在不断提高,能够理解家人的话语,听懂他人说话的内容,也能听懂家人的简单指令,并按照指令行动。随着幼儿语言理解能力的发展和亲子交往的深化,幼儿更易理解简单的规则,从而推动亲社会行为的发展。

　　幼儿是在与家人交往的具体情境中理解语言、学习说话的。在不同的情境中有不同的活动规则,此时,伴随亲子交往和语言交流,能更好地帮助幼儿理解活动的规则,学习说话和遵守规则。例如,家人指导宝宝按照简单的玩法和规则玩玩具,学说玩具的名称和叫声,待玩完后,家人还要指导宝宝把玩具放回盒子里,引导幼儿说:"玩具要回家咯,我们把它送回盒子里。"到公园玩时,家人要指导宝宝将吃完的果皮、擦手的手巾纸扔到垃圾箱里,告知宝宝,果皮纸屑不能乱扔,要统一扔到垃圾箱里,公园里的草地才会干净,从而帮助宝宝理解规则和执行规则。

　　1岁~1岁半的幼儿语言理解能力强于表达能力,他们能理解的内容多于能表达的内容。因此,此时期通过语言与交往有助于幼儿理解简单的规则,为良好社会性行为的发展奠定基础。

2. 有助于养成良好习惯

　　1岁~1岁半的幼儿逐渐会说话,他们在理解家人说话内容的同时也在模仿家人说话,并在行为上按照说话的内容去做,逐渐形成一定的生活和行为习惯。此时,家人结合语言与亲子交往,将能有效帮

助幼儿养成良好的生活和行为习惯。

例如,盥洗时,宝宝爱模仿家人刷牙、洗脸,家人就要满足宝宝这一需要,为宝宝准备小牙杯、小牙刷和小毛巾,运用语言引导宝宝模仿:"一手拿杯子,一手拿牙刷,漱漱口,上上下下刷一刷,里里外外刷一刷。"吃饭时,为宝宝准备一套小餐具,引导宝宝一手扶碗,一手拿勺,学着家人的样子,一口一口地吃饭,同时不断地鼓励和表扬他们。这样,宝宝就会慢慢养成好的生活和行为习惯,增进宝宝的自理能力,让宝宝受益终身。

1岁～1岁半的幼儿不仅是学说话的关键期,同时也是生活和行为习惯养成的重要期。伴随语言与交往的发展,有助于幼儿养成良好的生活和行为习惯。

3. 有助于发展注意力

1岁～1岁半的幼儿对周围事物的兴趣更广泛,随着接触外界范围的扩大,他们的好奇心也更强。然而,这一时期幼儿对事物的关注时间较短,注意力持久性较差。随着口语和交往能力的发展,幼儿的注意力能够得到显著提升,从而促进其整体认知能力的发展。

此阶段,幼儿认识的事物增多,能够理解和运用的词汇也日益丰富,词汇量增长迅速。针对这一特点,在引导幼儿认识新鲜事物时,结合语言和亲子互动能够有效延长幼儿对某一事物的关注时间,增强其对事物的兴趣和注意力。例如,宝宝对小汽车充满兴趣,但独自玩耍时,往往很快就会失去兴趣。如果家人陪伴宝宝一起玩,并结合语言进行引导:"看,小汽车有轮子,摸一摸,轮子是圆溜溜的。小汽车还有车门呢,在哪儿呢? 宝宝,把车门打开。车门打开了,里面有方向盘,也是圆溜溜的。按下喇叭,嘀嘀嘀,宝宝也学一学,嘀嘀嘀,真好听……"通过这样的语言和互动引导,幼儿对事物的关注时间得以延长,注意力的持久性得到提高,进而促进其智力发展。

(二)1岁半～2岁幼儿表达与亲子交往的意义

1岁半～2岁的幼儿口语发展发生了质的飞跃,能够说出3～5个字的简单短句,表达一定的意思和个人需求。他们开始用名字称呼自己,学会使用"我",自我意识显著增强,喜欢独立完成各种动作,表现出明显的独立行为倾向,同时也进入了第一个"反抗期"。这一阶段,语言与交往的发展能够有效增强宝宝的独立意识、手脑协调能力以及同伴交往能力。

1. 增强独立意识

1岁半～2岁的幼儿开始频繁使用"我"来表达自己的需求和意愿,例如"我的汽车""我要喝水""我要吃苹果"。自我意识的增强使他们更倾向于自己做事,而不喜欢他人过多干预。因此,通过语言和交往的引导,能够有效增强幼儿的独立意识,培养其良好的行为习惯和自理能力。

例如,宝宝常常拒绝他人的帮助,坚持自己完成任务。家人可以利用这一特点,引导宝宝自己做事情,如自己收拾玩具、自己吃饭、自己刷牙洗脸、自己入睡,并学习自己穿脱衣服和鞋袜。同时,家人要及时对宝宝的独立行为给予肯定和表扬,这样不仅能满足宝宝的独立意识,还能进一步增强其主动性,促进动作发展和独立自主能力的提升。

这一时期,幼儿的独立意识极为重要。如果能够顺应幼儿的独立愿望,将极大地鼓励其独立性,促进自主行为的发展。反之,如果压抑宝宝的独立愿望,可能会挫伤其积极性,导致依赖、被动和消极的行为,对未来独立能力和自理能力的发展产生阻碍。因此,家人应重视通过语言和交往促进1岁半～2岁幼儿独立意识的发展。

2. 增进手脑协调

1岁半～2岁的幼儿手部精细动作进一步发展,小手更加灵巧,能够完成串珠子、搭积木、用勺子吃饭等动作。如果在这一阶段结合语言和交往进行引导,能够有效促进幼儿手脑协调能力的发展,提高大脑的指挥功能和双手的灵活性。

例如,家人可以与宝宝密切互动,结合语言示范指导宝宝串木珠:"先拿一根绳子,打结的一边朝下,一手拿绳子,一手拿一粒木珠,把绳子从木珠的洞里穿过去,再拿一粒木珠,一粒一粒慢慢穿,看,串出了一条漂亮的项链!"在家人的语言指引和直观动作示范下,宝宝会耐心地练习串珠子的动作,锻炼手脑并用的协调性。

随着独立意识的增强，幼儿更喜欢自己动手做事。在这一阶段，家人的陪伴和语言指导为幼儿提供了更多动手动脑的机会，从而进一步增进手脑协调能力，使幼儿更加聪明，小手更加灵巧。

3. 促进同伴交往

1岁半～2岁的幼儿喜欢模仿家人说话，特别爱重复他人简单的语句，与人交流的持续时间也更长。随着活动范围和认知范围的不断扩大，他们开始与其他小伙伴共同游戏，交际范围逐渐扩大，同伴交往能力也逐步发展。

在家人的陪伴和语言引导下，幼儿更愿意接近小伙伴并一起玩耍。例如，家里来小客人时，家人可以鼓励宝宝与客人打招呼、问好，分享点心、水果和玩具，学习待客之道，促进与小伙伴的交往。在公园时，可以引导宝宝主动与其他小伙伴交流，邀请他们一起滚球、唱歌跳舞或玩游戏。此外，还可以经常带宝宝到小伙伴家做客，学习做客的礼节，友好地与小伙伴相处和游戏，从而更好地促进同伴之间的交往，让宝宝相互学习，学会与人相处，形成良好的交往习惯。

因此，家人通过语言和亲子交往的引导，能够促进幼儿与小伙伴友好交谈、开心游戏，帮助幼儿学习与伙伴相处的经验，懂得礼貌交往的方式，为今后的集体生活做好准备。

二、1～2岁幼儿言语发展的影响因素

1～2岁幼儿的言语发展仍然受到生活环境的显著影响，尤其是亲子交往因素。亲子交往不仅是帮助幼儿从自然人向社会人转变、完成社会化进程的重要途径，也是直接促进言语与交往能力发展的重要因素。在亲子关系中，祖辈和父母都占据着同样重要的地位，他们共同创造了一个可听、可视、可感的家庭交往情境。宝宝出生后，全家人都围绕着他转，从这一刻起，宝宝将逐渐学习适应每个家庭成员以及家庭中的各种事务，这一过程对宝宝的言语与交往能力发展起到重要的推动作用。

(一) 家庭成员的交往方式

1～2岁的幼儿已经能够行走，接触外界事物的机会增多，人际交往的机会也相应增加。对幼儿来说，学习如何与家庭成员相处变得尤为重要。家庭成员有各自的日常生活惯例、约定俗成的行为方式以及生活准则。对幼儿而言，每一件小事都值得学习和关注。通过参与家庭活动，幼儿能够明白人们每天都在做些什么，亲人之间是如何交流的。在家庭环境和家庭成员交往的影响下，幼儿逐渐学习言语交流、交往礼仪和交往举止等。父母及祖辈老人是幼儿情感需求的安慰者和支持者，幼儿通过模仿和互动，逐渐学会感知与表达情绪，获得丰富的情绪情感体验，进而形成自己的交往模式，这对其言语学习发展有重要影响。

(二) 与父亲的交往互动

除了母亲之外，父亲在幼儿言语与交往发展中的作用同样不可忽视。由于父亲性格和角色的特殊性，父子之间的言语与交往具有独特的作用，能够为幼儿带来重要的言语与交往经验，促进其快速发展。

1. 父亲是婴幼儿重要的游戏伙伴

研究表明，婴儿在出生后的头3年内与父母形成的关系类型有所不同。当婴幼儿感到痛苦时，他们更倾向于向母亲寻求安慰；而当他们想要玩耍时，则更愿意选择父亲。在散步和游戏时，婴幼儿也更喜欢与父亲在一起。进一步的研究发现，15个月大的婴儿主要与母亲互动游戏；到了20个月时，父亲成为主要游戏伙伴；而到了30个月时，父亲则成为最主要的游戏伙伴。1～2岁的幼儿通常对父亲参与的游戏更感兴趣，投入度也更高。

2. 父亲是1～2岁幼儿重要的依恋对象

由于父亲与幼儿的交往和游戏方式更加多样化、富有刺激性，能够给幼儿带来更大的兴奋感、快乐和满足感，从而以与母亲截然不同的方式满足幼儿积极情感的需求。同时，父亲在与幼儿的接触和照料过程中，同样表现出高度的敏感性和责任感，能够及时、准确地理解幼儿发出的各种信号，并适时调整自己的行为以适应幼儿的需求，展现出与母亲一样的慈爱和敏感。因此，尽管父亲与幼儿的交往和接触时

间可能比母亲少,但幼儿仍然可以与父亲形成依恋关系,产生密切而安全的情感联结,从而促进言语与交往行为的发展。父亲参与幼儿教养的行为越多,幼儿对父亲的依恋就越深,依恋安全感越强,言语与交往行为的发展也越积极。

3. 父亲是幼儿社会交往的重要帮助者

随着年龄的增长,幼儿需要在更广泛的范围内探索事物、与人交往,不再满足于以往有限的交往方式和圈子。由于母亲通常忙于家务且体能有限,难以充分满足幼儿这一需求。而父亲凭借充沛的精力和丰富的社会阅历,能够带领孩子广泛地接触社会,充分满足孩子的心理需求,从而有效促进幼儿言语与交往能力的发展。

因此,父亲应更多地参与到幼儿的生活中,投入更多的时间与幼儿互动,充分发挥父亲在性格和交往方面的优势,对幼儿的言语发展和社会交往能力的提升将产生更大的积极影响。

(三)与祖辈的交往互动

由于祖孙之间的血缘关系,祖辈家长会本能地对孙辈产生慈爱之心,这为隔代育儿的成功奠定了心理基础。与孩子的父母相比,祖辈家长在教养孩子时往往拥有更多的时间、耐心和理解,同时也积累了更丰富的养育经验,不容易出现急躁、强制和简单粗暴的教育行为。多数老人有一种类似婴幼儿的心理,特别喜欢和婴幼儿玩乐,极易与婴幼儿形成融洽的关系,这也为祖孙之间的亲子言语交流交往创造了良好的条件。1~2岁的幼儿认知、语言和运动能力尚未发育完善,需要外界给予足够的安全感。老年人对婴幼儿的保护无意中满足了婴幼儿的心理需求。通过祖辈与婴幼儿的相处和亲密交往,也在积极地影响和促进幼儿言语与交往能力的发展。

三、1~2岁幼儿良好语言环境的创设方式

1~2岁幼儿进入口语和交往发展的快速期。他们从单词、以词代句到电报句的发展,标志着口语发展的显著进步;他们与家人之外其他人的接触和交往,标志着迈入言语发展和人际交往的新阶段。因此,我们要依据此阶段幼儿语言与交往的发展特点与规律,结合影响1~2岁幼儿言语与交往发展的主要因素,创设良好的教育环境,促进幼儿语言与交往能力的发展。

(一)创设和谐家庭关系、密切交往交谈的环境

家庭是幼儿生活时间最长的场所,也是教育的第一课堂。和睦的家庭是幼儿幸福的摇篮,幼儿需要在父母恩爱、家庭成员和睦、相互尊重的环境中生活,这是确保幼儿身心健康发展和言语发展的前提条件。家人的言行对宝宝的言语与交往影响极大,平时应多与幼儿交流。为了让幼儿适应家庭生活,父母要为他创造与其他人交往的机会,尽量让幼儿多参与聚餐、出游、购物、家务、照看宠物和拜访朋友等家庭活动,让他在其中耳濡目染,从与亲人的愉快相处开始,慢慢扩展到与陌生人的交往,体验与他人交谈交往的乐趣。与人建立友谊对宝宝的交往和表达自信至关重要,善于交际的宝宝会更快乐、更自信。

(二)创设融入日常生活、开发语言交往能力的环境

家长要选取生活中熟悉的内容,用日常简单用语刺激宝宝的语言学习,并逐步引导幼儿说完整的句子。例如,多留意幼儿每天自己做的或看别人做的事,在宝宝或成人做时,说给宝宝听,教孩子说。家庭成员还可以顺应宝宝爱游戏的天性,在有限的亲子时间和空间里,就地取材开展各种亲子语言游戏,利用生活中的各种机会让宝宝多听、多说。亲子教育的内容要反映现实生活,来自日常生活的事物,也能随时用于生活中,不断提高宝宝的认知水平、语言水平和交往能力。

(三)创设正确语言示范、适宜阅读材料的环境

1~2岁幼儿发音往往不准确,家长和孩子交谈时要注意语言精练、语音清晰。不要用娃娃腔与幼儿说话,也不要觉得好玩而故意模仿幼儿的错误发音,这样会给幼儿造成负面强化。家长要根据幼儿语言发展的特点,结合具体事物、情景、动作,反复耐心地训练,发现语病及时纠正,帮助幼儿慢慢把话说完整,而不是急于代替幼儿说话。1~2岁幼儿常常出现电报句,家长可以按照幼儿的意思,帮助幼儿重新进行规范的语法排列,然后重新说一遍。针对1岁半~2岁幼儿主动学习语言和对语言感知发展的特

点，家长还应选择合适的图画书和儿童画报给幼儿阅读，引发宝宝对图像文字符号的兴趣，为幼儿创造语言和交往发展的良好环境。

育儿宝典

1～2岁亲子语言游戏"变变变"

将宝宝常玩的4～5件玩具放入盒中，用布遮盖。家人与宝宝面对面坐下，妈妈先说："变变变，变出嘀嘀嘀的玩具，是什么？"待宝宝说出"小汽车"后，将玩具拿出来，回应宝宝："太棒了！嘀嘀嘀的小汽车，开过去找宝宝。"这种游戏能有效帮助宝宝丰富词汇、扩展语句，锻炼表达和交往能力。

1～2岁宝宝语言与交往的教育重点是多与宝宝交谈，引发其开口说话并丰富词汇。家长可结合"变变变"游戏，或"我说你答""边说边做""听指令""寻寻觅觅"等亲子语言游戏，激发宝宝说话，帮助其运用词汇，增加交往机会。

宝宝只会叫爸爸、妈妈，其他什么话也不会说，怎么办？

建议：

1. 家长不仅要了解不同年龄段宝宝语言与交往发展的一般水平，还要敏锐察觉宝宝的发展状况。宝宝的语言发展既有共性，也有明显的个体差异。在意识到宝宝开口说话稍慢于一般水平时，应及时查找原因，先检查宝宝的发音器官是否正常，同时重视教育培养，帮助宝宝顺利发展语言与交往能力。

2. 家长要增加与宝宝的语言交流，并及时给予呼应和有意识的延展。家人要经常与宝宝说话，让宝宝多与同伴交往。在交流中，对于宝宝的说话愿望和表达方式要及时给予呼应，并有意识地延展宝宝说话的内容。例如，宝宝看见车，说"嘀嘀"时，家人要及时呼应："宝宝认识汽车了，小汽车嘀嘀叫。"这样，宝宝就能拥有良好的语言与交往环境，促进其语言能力的发展。

3. 家长要引导宝宝学说自己的名字、熟悉的人名、物品名称以及常用的动词、形容词。注意帮助宝宝丰富词汇，从名词入手，再逐步扩大其他词类的丰富，帮助宝宝积累各种词汇，能够由词组句，为语句的表达打好基础。

4. 家长要经常引导宝宝学念简短、有趣的儿歌，如《大苹果》："大苹果，圆又圆，甜甜味，脆脆香，小朋友，都爱吃。"《小皮球》："小皮球，圆溜溜，拍一拍，跳一跳，你一下，我一下，蹦蹦跳，真好玩！"常念儿歌可以有效帮助宝宝积累语言素材，提高表达能力。

5. 家长要经常和宝宝一起开展轻松愉悦的亲子阅读，借助生动有趣的图画书，在阅读时与宝宝愉快地交谈。这既能增进亲子情感交流，又能促进宝宝口语表达和交往能力的提升。

任务思考

1. 结合实例阐释1～2岁幼儿各年龄段言语与交往发展的意义及影响因素。
2. 结合实例阐释1～2岁幼儿言语与交往良好环境创设的主要做法。
3. 收集家长在1～2岁幼儿语言与交往发展中存在的困惑问题，并提出教育指导建议。

任务三　创设2～3岁幼儿言语交往的良好环境

案例导入

2岁多的豆豆用勺子吃着碗里的面条，一旁的妈妈说："宝宝真能干，会自己吃饭了。"豆豆高兴地跟着说："吃饭了。"妈妈又说："宝宝爱吃青菜和肉。"豆豆瞪大眼睛指着铁锅里的肉说："肉肉,吃肉肉。"还一边拉着妈妈的手,要妈妈舀肉,一边说："肉肉,吃肉肉。"妈妈给豆豆舀了些肉,豆豆吃得很香甜。妈妈又说："豆豆爱吃肉,就多吃点,快快长大。"豆豆边吃边跟着说："快快,长大,长大。"

在家人亲情陪伴和人际交流互动的良好环境中,2~3岁幼儿的口语与交往能力发展有了极大进步。他们能用电报句、以词代句等形式,并结合动作进行表达和交流。他们的口语表达变得十分活跃,大部分幼儿喜欢说个不停,喜欢模仿家人的话语,尤其是重复家人说话的尾音,语句逐渐接近成人的语言。鉴于2~3岁是幼儿言语发展的关键时期,此阶段要高度重视良好语言交往环境的创设,助推幼儿语言快速发展,促进幼儿健康成长。

一、2~3岁幼儿言语交往的重要意义

2~3岁幼儿随着认知经验的丰富和交往范围的扩大,他们的人际交往从亲子范围逐步扩大到同伴范围,口语表达能力与交往能力迅速提高,进而促进幼儿的认知潜能、社会性行为和身心健康发展。

(一) 2岁~2岁半幼儿口语与同伴交往的意义

2岁至2岁半的幼儿,咿呀学语的阶段基本结束,他们开始尝试使用完整的短句和简单的复合句进行表达。这一时期,幼儿的口语发展迅速,学会了使用日常生活中一些常用的形容词,开始理解并运用"你"等代词,能够念简单的儿歌,愿意独自阅读简单的图画书,并能区分书中的图画和文字。

在交往方面,幼儿不再局限于家庭中的亲子交往,他们开始喜欢与同伴一起游戏和相处。这一阶段的宝宝,其口语发展和同伴交往不仅促进了他们的好奇心、自信心和是非观的形成,还对他们的智力和情感发展起到了良好的推动作用。

1. 满足好奇心,开发智力潜能

2岁至2岁半的幼儿对周围事物或现象充满好奇,爱提出各种问题。他们每到一个新环境,就喜欢触摸、摆弄各种物品,并喜欢询问"这是什么?""那是什么?"对所处的生活环境充满了好奇心。针对这些特点,结合口语表达和人际交往,能够更好地满足幼儿的好奇心,进而开发幼儿的各项智力潜能,使幼儿更加聪明可爱。例如,宝宝对公园花丛中飞舞的蝴蝶充满兴致,他们一动不动地观看,并不时地发问:"喂,这是什么?"此时,家人可借助语言和交往回应宝宝,对宝宝说:"这是蝴蝶。看,蝴蝶的翅膀很美,是彩色的。它飞来飞去,飞的时候翅膀一合一开地扇动,我们学学蝴蝶飞,飞到这,飞到那……"还可让宝宝将蝴蝶的秘密告诉旁边的小伙伴,与同伴交流蝴蝶的特点等。此过程中,不仅及时满足宝宝对认识蝴蝶的好奇心,还结合引导宝宝细致观察、比较联想、思考表达、模仿动作等方式,促进宝宝智力潜能的发展。

借助语言与交往,能够增强幼儿对周围事物和现象的好奇心和探究欲望,有助于幼儿积极地与外界环境互动,开发幼儿的观察力、注意力、思考力、记忆力、想象力、创造力等各项智力潜能,使幼儿更加聪明健康。

2. 扩大交往面,培养合作意识

2岁至2岁半的幼儿的交往范围比之前更广泛,他们更喜欢参与同伴的活动,能和小伙伴一起玩简单的角色游戏,还会相互模仿,有模糊的角色扮演意识。随着语言和交往能力的发展,这有利于培养幼儿的合作意识。比如,在家人的引导下,宝宝会礼貌地招呼邻居小朋友,还会和小伙伴一起搭积木,从各自搭小房子逐渐过渡到合作建造大房子和拱桥。他们会边搭边交流:"我要用这块,你用这块吧,帮我拿一块,我们一起搭小桥……"幼儿从习惯与家人交往,逐渐扩大到与同伴交往,从中锻炼了交往和合作能力。

随着语言的发展和交往范围的扩大,2岁至2岁半的幼儿与人合作的意识逐渐增强,他们将逐渐摆脱自我中心,学会与人友好相处,愿意接受他人的意见,这有助于良好个性品质和社会性行为的发展。

3. 提高自信心,增进大胆表现

2岁至2岁半幼儿的语言和交往能力的发展,将进一步提升他们的自信心,增强他们在集体面前大胆表现的能力。语言与交往的发展是相辅相成的,口语表达能力强的幼儿更愿意与人交流,更自信地表达自己,并在交往中进一步增强自信心和表现力。例如,在家人的鼓励下,宝宝喜欢朗读和表演,能够大方地在家人或其他集体面前展示自己,大声地朗读儿歌、讲故事或唱歌,并结合动作和表情进行表演。在此过程中,宝宝的自信和勇气得到锻炼,并在表演后获得的赞扬声中得到强化和提升。

因此,家人应重视通过语言和交往来及时鼓励和赞扬宝宝的良好行为,增强幼儿的自信心,鼓励他们大胆表现,让宝宝从小充满自信,勇敢地面对各种挑战,形成积极向上的生活态度。

4. 增强是非观,促进情感发展

2岁至2岁半的幼儿模仿学习的能力更强,对生活环境有了更清晰的规则意识和是非观念,能够简单地区分对错行为。同时,他们开始有了初步的同理心,能够表达自己的情感,遇到挫折时会发脾气。这些是非观念和社会性情感的进步,与语言、交往能力的发展密不可分。

在家人的引导下,2岁至2岁半的幼儿不断认识周围的人和事,了解事情的对错,从而增强是非观,促进情感的发展。例如,宝宝从外面回家,脱掉鞋子换上拖鞋,并把鞋子摆放整齐,得到家人的表扬,会感到高兴,认识到自己的行为是正确的。相反,如果宝宝回家后随意乱扔鞋子,在客厅里乱跑,被鞋子绊倒,他们会因为疼痛而哭闹。这时,家人通过批评、指导和明确告知,宝宝会认识到自己的错误,体验到伤心、痛苦和羞愧的情绪,从而强化是非观念和情感体验,有助于良好行为和情感的形成。

因此,在这个阶段,家人要注重运用语言和交往方式,结合自身的行为示范,引导幼儿分辨对错,练习正确的行为,纠正错误的做法,正确对待自己的情绪,合理表达自己的情感和需求,增强幼儿的是非观,促进其情感的健康发展。

(二) 2岁半~3岁幼儿阅读与人际交往的意义

2岁半至3岁的幼儿在语言和交往方面发展迅速,词汇量显著增加,能够回答简单问题,准确说出物体及其图片的名称,并能说出包含五个字以上的复杂句子。他们还会"念"自己熟悉的图画书,无论是给自己听还是读给家人听。在语言培养过程中,口语表达能力得到进一步提升,阅读能力的培养也变得尤为重要。同时,他们的交往范围也从家人和同伴扩展到周围更多的人。这一时期,语言与交往能力的发展对幼儿社会性情感、集体规则意识、性别意识以及自理能力的提升具有重要意义。

1. 丰富社会情感

2岁半至3岁的幼儿情感世界更加细腻和复杂。随着语言和交往能力的提升,他们的社会性情感更加丰富和成熟。此阶段的幼儿已经能够理解并使用一些基本的简单礼貌用语,知道在适当的时候运用这些用语来表达自己的情感和需求。他们开始积极发展社会情感,初步形成同情心、自尊心和自豪感等情感认知,对成功和失败也有着鲜明的情感反应。

在日常的交往和阅读活动中,家人应密切关注宝宝的情感变化,及时给予正确的引导和疏通。通过积极的干预,帮助宝宝更多地体验积极健康的情感,学会有效地转移和排解消极不良的情感,逐步形成稳定、积极的情感态度。例如,在外面时,引导宝宝去安抚那些伤心哭泣的小朋友,一起找出他们哭泣的原因,安慰他们不要伤心,并送上小礼物让小伙伴高兴起来。在家里则引导宝宝从玩具弄坏的伤心哭闹中恢复过来,与宝宝一起整理修补玩具,交流各自的心情,体验不同的情感变化。同时,结合阅读活动,帮助宝宝更好地理解和丰富各种情感,促进宝宝形成健康积极的情感态度。

2. 适应集体规则

2岁半至3岁的幼儿对集体规则的认识更加明确,能够与同龄伙伴分享玩具,懂得等待和轮流。随着语言与交往能力的不断发展,他们能够更好地理解和遵守集体规则,这有助于幼儿顺利适应集体生活,逐步提高做事和等待的耐心。

例如,这个年龄段的宝宝在参加亲子园活动时,能够在集体中专注地倾听老师的讲话,自觉地轮流在大家面前问好、介绍自己,耐心等待玩具的分发,明白在集体活动中要保持安静,不能大声喧哗、吵闹。他们知道在集体中要自己独立完成念儿歌、表演节目、玩游戏等任务,不再需要妈妈爸爸在旁边陪着玩。

通过语言和交往的互动,宝宝可以从同龄伙伴那里学到礼貌的行为方式,学会独立地参加集体活动,从而更好地适应集体生活规则,为日后正式进入幼儿园生活打下坚实的基础。

因此,家人应当重视将幼儿的阅读与交往活动相结合,促进幼儿对集体规则的适应能力,帮助幼儿尽早养成良好的规则意识,使其能够顺利适应集体生活环境,进一步提升幼儿的独立自主性。

3. 增强性别意识

2岁半至3岁的幼儿开始出现性别分化,能够清楚地认识自己的性别及性别差异,正确使用与性别相关的短语。他们倾向于选择适合自己性别的玩具,参加与自己性别群体相关的活动。随着语言与交往能力的不断提升,他们的性别意识进一步增强,个体的社会化进程也得以进一步推进。

例如,宝宝会明确表示"这是女孩子穿的裙子,这是男孩子穿的短裤。我是女孩子,我要穿漂亮的裙子。这个布娃娃是女孩子玩的,我爱玩汽车和大恐龙。我是女孩子,我要当妈妈,你是男孩子,当爸爸吧。"在阅读活动中,图书内容能够帮助宝宝更清晰地分辨男女之间的差异,进一步增强宝宝的性别意识。阅读过程中,女孩会更加关注与女性相关的内容和细节,而男孩则对男性相关的内容更为关注。在宝宝的日常交往中,性别差异不仅客观存在,还会不断强化性别的角色意识,这有助于宝宝形成正确的性别观念,促进其健康成长。

因此,家人应注意结合语言与交往活动,引导幼儿正确认识性别差异,形成符合自身性别特征的喜好和习惯,培养幼儿良好的性别意识,促进其社会性发展。

4. 提高自理能力

2岁半至3岁的幼儿在独立生活能力方面较之前有了显著的进步。随着语言和交往能力的发展,他们能够自己整理玩具,自己上床睡觉,早晨醒来后不会影响他人。他们开始学习自己穿脱简单衣服和鞋袜,自己用肥皂洗手、用毛巾擦脸,学会主动上厕所等,生活自理能力逐渐增强。

在这一时期,家人通过结合语言与交往手段,可以有效提升幼儿的生活自理能力。通过给予语言上的鼓励和具体的指导,同时结合直观的动作示范,引导幼儿学习如何独立完成生活中的各种事务,他们将能够迅速掌握这些自理技能,提高独立生活的能力。例如,妈妈可以用语言配合动作示范,教宝宝如何穿套头衫:先伸一只手,再伸另一只手,然后将衣服套过小脑袋,最后拉平衣服的边缘。经过一段时间的练习,宝宝就能熟练地自己穿脱衣服。此外,还可以借助图书阅读,引导幼儿通过观察图示来学习自己刷牙洗脸、穿脱简单衣物、如厕等生活技能。通过直观图像的示范作用,幼儿能够更好地进行模仿学习,从而更快地掌握生活自理的方法。因此,将语言与交往相结合,能够有效地促进幼儿自理能力的提升。

二、2~3岁幼儿言语发展的影响因素

2~3岁幼儿言语发展的影响因素从家庭环境、亲子关系扩展到早期同伴交往。早期同伴交往不仅促进幼儿社交技能及策略的获得,促进幼儿社交行为向友好、积极的方向发展,同时影响幼儿情绪情感、认知能力、个性、自我意识的形成与发展,进而影响言语的学习与发展。

(一) 丰富的玩具物品

此阶段,幼儿之间的交流交往主要集中在玩具和物品上,而非针对对方个体。他们往往互不理睬,或只是偶尔注意对方,相互微笑,发出声音或出现短暂的注意。例如,在平行游戏中,幼儿们都玩同一种玩具,互相看着,但各玩各的。当有人有不同的玩具时,就会引起争抢。同伴在一起的活动,主要是各自对物体的摆弄和操作。他们对玩具或其他物体感兴趣,而不是对同伴感兴趣。他们活动的对象是各种可以接触到的物体,如玩具、各种用品、材料和小工具等。几个宝宝之所以能够在一起活动,是因为他们对共同活动的对象——某个玩具或活动材料感兴趣。在这个阶段,还没有真正意义上的同伴交往,言语的交流和应用也主要以物品为中介展开。

(二) 同伴的简单交往

幼儿开始向对方发出信号,并能迅速得到反应。他们喜欢摸一摸、拉一拉同伴,模仿对方的行为,进

行简单的"对话",如拿玩具给同伴玩等。当一个宝宝做了一个动作,或大叫一声,其他宝宝都会跟随。最初,幼儿交往的主要目的是获取玩具或寻求帮助。随着年龄的增长,幼儿交往的目的逐渐转向同伴本身,即他们是为了引起同伴的注意,或者为了使同伴与自己合作、交流而发出交往的信号。他们开始采用各种行动和语言等方式来吸引他人对自己的注意。此时,同伴交往的主要形式是游戏,在此过程中,言语的交流和发展逐渐增进。

(三)成人的态度和评价

在生活中,幼儿会通过观察成人的态度和评价来判断自己交往行为的对与错。凡是成人表示赞许并说"好""乖"的行为,幼儿便认为是好的行为;反之,凡是成人表示斥责并说"不好"的行为,幼儿便认为是坏的行为。这种影响会作用于幼儿的言语交流和道德判断的形成。在成人的态度和评价指导下,幼儿在轮流玩玩具、躲藏、追赶等活动中通过言语交流,逐渐建立早期友谊,出现共享玩具,共看图书等行为,也会对特别亲近伙伴表现出欣赏。

(四)合作的社会性交往

此阶段,2～3岁幼儿的社会性交往变得越来越复杂,言语交流也日益增多和复杂。幼儿逐渐进入合作性游戏,在同一个目标下,各人使用不同的玩具,分工合作,以达成大家共同的目的。在游戏中,他们不仅要彼此合作,互相配合,还要服从领导,恪尽职守。例如,如果有人不服从领导,或不愿意干分配好的工作,擅离职守,其他幼儿就会用"不跟你玩"来制裁。2～3岁的幼儿不仅会用体态语来表达自己的情绪,也开始用一些简单的语言来开展人际交往活动,开始与他人有真正意义上的接触和交往,极大地促进了言语与交往的发展。

三、2～3岁幼儿良好语言环境的创设方式

此阶段幼儿的言语是在与他人的互动中习得的,同时又是在与母亲、家人、同伴以及其他社会人的交往中不断丰富和完善的。需要高度重视良好语言环境的创设,以促进2～3岁幼儿言语与交往内容的丰富和水平的提高,有效推动幼儿在语音、词汇和语句等口语表达能力上的新发展。

(一)创设鼓励同伴交往的环境

随着身体运动能力和言语能力的发展,此阶段是同伴交往真正开始发展和言语快速发展的时期,特别需要家长的关注和引导,帮助幼儿在关键期选好方向。此时,父母要多创造机会,让幼儿与同伴交流。朋友家、生活小区内、儿童乐园等都是宝宝与同伴交往的理想场所,亲子班、托儿班也是一个很好的集体交往环境。年幼的宝宝与人交往时会出现特定的障碍,这时需要父母给予正确的指导,给他们更多的练习机会。对于怕生的宝宝,爸爸妈妈最好多带他到有小朋友的游戏场所,让他习惯多人交往的行为模式。在最初的交往中,一定要让宝宝自愿,不要强迫,一次和一个新朋友玩即可,玩的时间也不宜过长。父母在平时还要"以身作则",乐于和朋友交流,给宝宝树立一个好的榜样。爸爸妈妈可以和宝宝玩交朋友的游戏,告诉他一些交朋友的基本技巧,比如学会礼貌用语,有了不愉快可以寻求大人的帮助等。父母对宝宝与同伴交往应给予充分的肯定,支持幼儿与同伴多交谈多交往。

(二)创设鼓励运用词汇和完善句子的环境

2～3岁幼儿处于语言爆发阶段,成人应给他们提供良好的语言环境,丰富他们的词汇,让幼儿学会不断完善和扩充句子。在日常生活中,成人可以根据四季变化,在家里或幼儿活动场所摆放一些动植物,通过触摸、嗅闻等多感官进行体验和认知,引导幼儿说出名称、形状、颜色、味道及习性。在幼儿建立了音与义联系的基础上,不断补充和丰富与之相关的词汇,丰富和扩充句子。帮助幼儿从简单的重叠词、重复的字句扩展到丰富而复杂的字句。成人还可以引导幼儿看图书,反复给孩子讲同一个故事,和幼儿聊聊他们熟悉的事和自己的事。对于3岁的幼儿,家长要鼓励幼儿每天叙述幼儿园发生的新鲜事,认真倾听幼儿描述的细节,注意他们叙事的条理性和用词的准确性。家长还可以借助简单而有条理的问题,进一步对幼儿提出更高层次的叙述要求,以引导幼儿不断完善语句的表达。

（三）创设鼓励探索和答疑讨论的环境

2岁幼儿好奇心强，使用疑问句的频率很高。因此，成人要充分挖掘幼儿生活环境和社会信息中可利用的资源，让幼儿去探索和发现，不断满足和激发他们的探索欲望，以促进幼儿语言智能的开发。面对幼儿对新鲜事物"打破砂锅问到底"的种种问题，成人都要耐心回答，满足幼儿的好奇心和求知欲。在和幼儿讲故事时，应启发他对故事情节和内容提出疑问，并就提出的疑问进行共同的讨论交流，鼓励他说出自己的意见和看法，从而不断提高思维能力、口语表达能力和交往能力。

育儿宝典

2～3岁亲子语言游戏"开汽车"

用纸板做一个简易的方向盘（也可用旧锅盖替代）。宝宝手拿方向盘扮演司机，爸爸妈妈则扮演乘客。宝宝转动方向盘，一边说："嘀嘀嘀，我的汽车要开了。"一边停在爸爸面前问："请问你要到哪里去？"爸爸回答："我要去公园。"宝宝接着说："那请上车吧。"爸爸随后跟在宝宝后面。过了一会儿，宝宝宣布："公园到了，请下车。"接着，宝宝再次模仿开车的动作，一边说："嘀嘀嘀，我的汽车要开了。"一边停在妈妈面前，重复类似的对话和开车动作。游戏过程中可以互换角色，反复进行，以此锻炼宝宝的对话能力，促进宝宝语言与交往能力的发展。

宝宝在家说个不停，到了外面就沉默寡言，怎么办？

建议：

1. 了解宝宝的个性，尊重宝宝的特点。有些宝宝在家里和在外面表现不同，这是他们个性的体现。有些宝宝性格较为内向，在陌生环境或遇到陌生人时不爱说话。对于这样的宝宝，家人要尊重他们的特点，不要强求他们说话。

2. 鼓励宝宝的表现，放松宝宝的心情。对于这类宝宝，家人要注重鼓励宝宝的表现，一旦发现他们用表情、动作参与交流，对他人谈话表现出兴趣，就要给予表扬。宝宝得到表扬和鼓励，就能获得自信，从而参与谈话，开口讲话。同时，可以提前让宝宝熟悉陌生环境，让他们在轻松氛围中感到自在，这样宝宝一般就不会沉默。

3. 引导宝宝多交往，学习交往的方式。如果宝宝平时很少出门，也很少与周围人接触和交流，那么当他们来到外界，见到周围人时就会感到不自在，从而不敢开口说话。家人要引导宝宝多与人交往，在交往中教会宝宝使用礼貌用语，学习合作游戏和友好相处，这样宝宝就会习惯与人交谈，能够自如大方地与周围人交往和谈话。

4. 反思自身的行为，为宝宝做好榜样。家人也要反思自己的行为，看看自己是否有类似的表现。因为家人是宝宝直接模仿学习的对象，家人要注意自身的行为表现，对人要客气礼貌，主动与人交往和交谈，大方真诚地表达自己的想法，为宝宝树立良好的榜样。

任务思考

1. 结合实例阐释2～3岁幼儿各年龄段言语与交往发展的意义及影响因素。
2. 结合实例阐释2～3岁幼儿言语与交往良好环境创设的主要做法。
3. 收集家长在2～3岁幼儿语言与交往发展中存在的困惑问题，并提出教育指导建议。

实训实践

1. 任务名称：拍摄和分析有关0～3岁婴幼儿言语交往情境的照片
2. 任务内容：结合家访和见实习机会，拍摄有关0～3岁婴幼儿言语交往情境的照片，并依据所学知识，分析其中婴幼儿言语交往情境的特点，并提出环境创设的改进建议。

3. 任务要求

（1）拍摄的画面清晰、典型,突出宝宝言语交往的真实情境。尽量拍摄宝宝的侧面和背面,注意保护宝宝的肖像权。

（2）分析要依据所学的本项目知识,针对不同年龄段宝宝的特点,提出的环境创设改进建议应具体明确。

4. 任务目标:应用"0～3岁婴幼儿言语发展影响因素和环境创设方式"等有关知识,评判分析实践问题,锻炼理论联系实际、分析解决问题的能力。

5. 任务准备:智能手机、笔、记录本等。

6. 任务实施过程

（1）复习项目内容,选择拍摄场景和对象。

（2）选好与宝宝平视的角度进行拍摄和录像。

（3）选择典型的照片,进行分析和建议。

"创设0～3岁婴幼儿言语发展良好环境"实训实践任务单

时间	年 月 日 星期 午 时(分)～ 时(分)	地点	
婴幼儿年龄		性别	
任务名称			
任务内容			
拍摄照片及说明			
分析与建议			

▣ 赛证链接

1. 言语发展早期阶段的两个时期是(　　)。(高级育婴师考试练习题)

A. 0～2岁言语的发生期和2～3岁言语的初步发展期

B. 0～3岁言语的发生期和3～6岁言语的初步发展期

C. 1～2岁言语的发生期和2～3岁言语的初步发展期

在线练习1

D. 0～1岁言语的发生期和1～3岁言语的初步发展期

2. 以下适合16个月婴幼儿阅读训练的游戏是（　　）。（高级育婴师考试练习题）

A. 亲子阅读"家禽"卡片　B. 欢迎再见　　　　　C. 拨珠子　　　　　　D. 按一按

3. 2岁7个月至3岁的幼儿阅读行为属于（　　）阶段。（高级育婴师考试练习题）

A. 称名意义阶段　　　B. 含混概念阶段　　　C. 概念清晰阶段　　　D. 表达阶段

4. 从新生儿开始坚持与婴儿说话,把说话融入日常生活当中,边做边说,说说（　　）。（高级育婴师考试练习题）

A. 成人的事情　　　　　　　　　B. 别人的事情

C. 身边的事情　　　　　　　　　D. 自己正为婴儿做的事情

5. 为婴幼儿选择发展听说能力的图片,图片不提倡用卡通图,要能与实际的物品配对,并让婴幼儿（　　）。（1＋X证书—中级母婴护理练习题）

A. 容易混淆　　　　B. 不易混淆　　　　C. 容易辨认　　　　D. 不易辨认

项目二 观察0～3岁婴幼儿的日常言语交往

项目导读

观察0～3岁婴幼儿的日常言语交往情况是保教工作的基础,也是提高教育指导成效的重要环节。在观察过程中,需要全面了解0～3岁婴幼儿言语交往的发展水平,明确各年龄段婴幼儿言语交往的观察分析重点,并掌握观察分析的主要方法,从而不断提升观察分析能力。

学习目标

知识目标:

1. 把握0～3岁婴幼儿言语交往的发展水平。
2. 理解0～3岁各年龄段婴幼儿言语交往的观察分析重点。
3. 初步掌握0～3岁婴幼儿言语交往观察分析的方式。

能力目标:

1. 具有观察分析0～3岁婴幼儿日常言语交往的能力。
2. 具有初步判断0～3岁婴幼儿言语发展水平的能力。

素质目标:

1. 细致耐心跟踪和观察0～3岁婴幼儿言语交往的发展情况。
2. 热心与0～3岁婴幼儿进行交往和言语交流。

知识导图

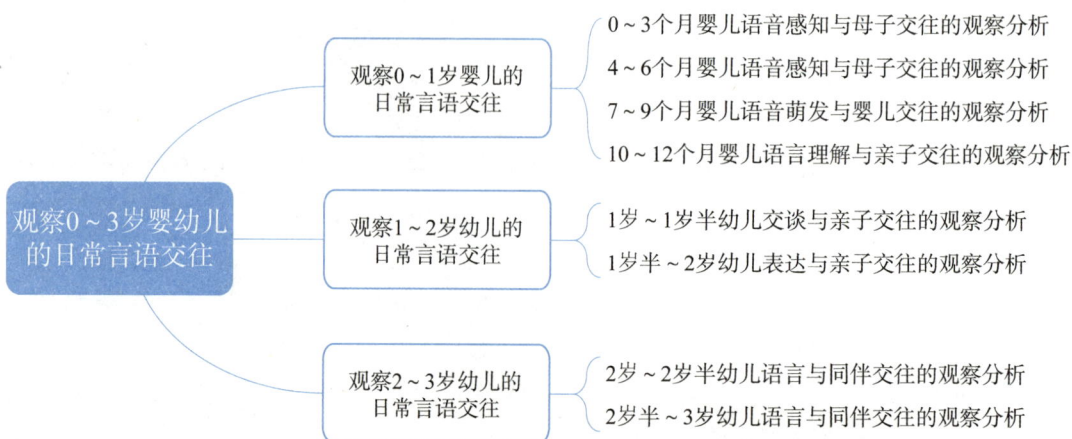

任务一　　观察 0～1 岁婴儿的日常言语交往

案例导入

在小区公园里,9 个月大的欢欢和 8 个月大的豆豆坐在婴儿车里晒太阳。欢欢不停地摇晃着小手,嘴里发出"啊——嘟——嘟——,哒、哒……"的声音,而豆豆则安静地看着周围的景色。欢欢的妈妈在一旁说:"我家宝宝最近特别爱说话,看到家人聊天,她也会跟着'啊、呜'地学。昨天还听到她叫爸爸了。"豆豆的妈妈回应道:"是啊,你家欢欢真爱说话,发音真多。我家豆豆到现在还不会发几个音,他总是睁大眼睛听别人讲话,不知道他的语言发展是不是慢了些。"

0～1 岁婴儿的语言与交往发展处于准备阶段。在语言方面,主要是感知和理解语音,以及单音的发音;在交往方面,主要是母子交往和亲子交往。家人可以根据这一阶段语言与交往发展的一般规律,结合宝宝的个体特点进行观察。为此,需要明确观察的重点内容、发展水平以及采用的观察方式和注意事项,从而全面了解和把握宝宝语言与交往的发展状况,为采取有效的教育策略和培养方法提供科学依据。

一、0～3 个月婴儿语音感知与母子交往的观察分析

0～3 个月婴儿正处于适应周围生活环境、发展感知觉的最初阶段。这一阶段,其言语与交往的发展主要体现在语音感知和母子交往方面。家人在日常生活中对其进行观察分析时,需把握以下几个方面的内容。

(一) 把握语言与交往的发展水平

婴儿的语言与交往发展具有明显的阶段性特点。

1. 0～3 个月婴儿语言发展的水平

0～3 个月婴儿语言的发展主要表现为:感知分辨声音,会发出单音。此时期的婴儿正处于适应外界环境的初期,虽然大部分时间处于睡眠状态,但随着啼哭、吃奶、排泄、盥洗等生活内容,他们积极地感知周围声响,不断感知和辨认家里人的声音,尤其是妈妈的声音,能够敏感地识别妈妈那亲切的语调,一旦听到妈妈的声音,就能感知妈妈在身边,感到安全舒适,情绪显得平静。

3 个月左右,婴儿听到声响会注意倾听,会转头寻找声源,初步能分辨经常照料他的家里人的不同声音,如奶奶、爷爷、爸爸等人的不同声音,听到他们的声音会流露出高兴、微笑的表情,听到陌生的或刺耳的声音会啼哭,显得紧张害怕。随着声音的感知和分辨,婴儿的语言也在慢慢发展。

随着婴儿发音器官的发育和功能的逐渐完善,他们在呼吸、吞咽的过程中会自然地发出微小的喉音、咕咕的声音,能无意识地发出一些单音,为语音发展做好准备,处于前语言发展的萌芽阶段。

2. 0～3 个月婴儿交往发展的水平

0～3 个月婴儿交往的发展主要表现为:以啼哭方式与外界交往,交往主要限于母子之间。婴儿常通过啼哭表达自身需求,如渴了、饿了、尿湿了、害怕了或不舒服等情形会引发啼哭,以此吸引家人的关注,展开与家人的交往。当婴儿的生理需求得到满足后,便会安静休息。此时,婴儿对外界刺激非常敏感,尤其是皮肤感觉。婴儿需要家人的爱抚、皮肤的抚触以及妈妈温柔的声音。这种交往主要体现在母亲喂奶、更换尿布、逗引亲热、洗澡换衣、皮肤抚摸等时刻,主要形式是母子之间的接触和交流,体现在母亲的悉心照料和母爱体验中。因此,宝宝在这一阶段获得了良好的母子亲密交往,为今后逐步扩大人际交往奠定了重要基础。

（二）观察分析重点

根据婴儿语言与交往发展的具体水平,家人可从以下方面进行重点观察分析。[①]

表2-1　0～3个月婴儿语言与交往观察分析

月龄	内容	观察分析重点
0～1个月	语言	能发出细小的喉音; 对说话声,尤其是高音敏感。
	交往	喜欢被爱抚、拥抱; 看到人的面部表情、听到人的声音有反应; 哭吵时听到母亲的呼唤声会安静下来; 喜欢看人脸,尤其是母亲的笑脸。
2～3个月	语言	能辨别家里人说话声音的不同语调; 哭声逐渐减少,并开始分化出不同需求的哭声; 对成人的逗引有反应,会发出"咕咕声"和类似α、o、e的单音。
	交往	能忍受短暂的喂奶间断; 见到经常接触的人会微笑、发声或挥手蹬脚,表现出快乐的神情; 对家人的逗引表现出动嘴巴、伸舌头、微笑或摆动身体等情绪反应; 表现出对母亲的偏爱,让陌生人抱时会大哭。

（三）观察分析方式

为了全面和及时了解婴儿语言与交往发展水平的实际情况,按照以上观察重点,家人可以采用以下观察分析方式进行观察。

1. 自然场景中观察分析

家人在宝宝生活环境中自然地进行观察分析,将观察重点内容与照料婴儿的生活自然结合。这是了解宝宝语言与交往发展状况的最佳方式。家人要在日常生活中有意识地观察婴儿,如在喂奶、换尿布、洗澡、抚触、做操运动和逗笑过程中,自然、随机地观察婴儿语言与交往发展情况。

在自然场景中,家人能够随时随处地观察婴儿对声音的感知、发出喉音或其他单音的情况,以及婴儿对家人的不同反应、表情、动作和哭声需求等。尤其是母亲,要特别敏感地察觉婴儿的正常和异常情况,细心观察婴儿的各种表现,把握婴儿的行为和情绪反应。这样,家人在自然场景中观察分析婴儿的发展情况,所得结果是最真实和最及时的。

2. 创设场景中观察分析

家人特意创设一些场景,在特定场景中对婴儿情况进行观察分析。这种方式通常是为了观察某一重点内容,或为了证实婴儿的某一特点而进行的观察活动。例如,为了了解宝宝对铃声的感知反应,家人可以在宝宝醒来时,在宝宝耳朵旁慢慢摇铃,改变摇铃的速度和声音大小,观察宝宝的具体反应,从而判断宝宝语言和交往发展的实际表现。

在照料宝宝的过程中,家人可以在有意识创设的场景中,集中观察宝宝的行为表现。比如在宝宝醒着时,由不同的人轻声呼唤宝宝的名字,观察宝宝是否会转头朝向声源,以及对谁的声音反应最快、表现出快乐情绪等,从中了解宝宝对声音感知和与人交往的最初倾向性。同时,在创设的场景中增进与宝宝的交流,增强宝宝对声音的感知,有利于宝宝的健康发展。

（四）观察分析的注意点

家人根据婴儿语言与交往的发展水平,按照观察重点,灵活运用多种观察方式,能够全面了解婴儿的发展情况。但婴儿的语言与交往发展与其他方面的发展密切相关,在观察分析过程中,家人需要注意

[①] 表格中的观察重点参考《福建省0～3岁婴幼儿早期教育指南(试行)》(福建省教育厅基教处2008年10月26日印发),下同。

以下问题。

1. 在日常生活中细心观察分析

此时期对婴儿语言与交往情况的观察是在日常生活中自然进行的。家人只要细心观察宝宝在醒来时对声音的感知和哭声变化情况,就能及时发现宝宝的表现。家人要注意在自然常态下,结合宝宝的日常生活内容,在宝宝醒着时吃奶、换尿布、洗澡或皮肤抚触等环节中,围绕观察重点进行细心观察分析,了解宝宝在感知声音、分辨声音、自然发出喉音以及以哭声引发母子交往等方面的情况。

2. 在宝宝醒来时留意观察分析

宝宝2～3个月时,对声音感知的敏感性增强,哭声产生明显分化,表达了不同需求和与母亲的依恋关系。此时期家人要留意观察宝宝的这些变化。宝宝在声音感知和哭声方面的变化表明其语言与交往的显著发展。家人要留意宝宝哭声变化的不同指向和需求,留意宝宝与母亲及其他人的关系差异,并在与宝宝的逗笑中留意观察宝宝的反应和回应声音,感受宝宝的进步,创设良好的亲情环境。

二、4～6个月婴儿语音感知与母子交往的观察分析

4～6个月婴儿对语音的感知更为敏感,对周围环境中的声响反应更加积极,与母亲的关系更为亲密,出现母亲依恋行为。根据此阶段宝宝语言与交往的发展特点,我们可从如下几大方面对宝宝进行观察。

(一) 把握语言与交往的发展水平

婴儿的语言与交往发展具有明显的阶段性特点。

1. 4～6个月婴儿语言发展的水平

4～6个月婴儿语言的发展主要表现为:4个月的婴儿对语音更加敏感,家人逗引他时会非常高兴,并露出甜甜的微笑,嘴里还会发出咿咿呀呀的声音,好像在跟妈妈对话。有时,宝宝会以低音调的声音改变口腔气流,发出哼哼声和咆哮声。5个月的宝宝语言能力明显变得活跃起来,发音明显增多,除了发出大量增多的声母和韵母外,偶尔会发重复的连续音节,如"ba-ba-ba""da-da-da"等。6个月的宝宝进入连续发音的阶段,喜欢重复发音,如,经常发出"pa-pa-pa—""da-da-da—""ya-ya-ya—"等音节,但这时还没有具体含义的指向。宝宝还会无意识地发出"b、p、m"等双唇音,会模仿咳嗽声、舌头咔嗒声或咂舌声等。5～6个月的宝宝学会区别几种不同的语言内容,已经意识到语言的语调和节奏。

2. 4～6个月婴儿交往发展的水平

4～6个月婴儿交往的发展主要表现为:开始对他人表现出不同的反应,对家人反应愉悦,会注意观察熟悉的人或事物,明显依恋家人,看见母亲离开身边会大哭;对亲切的语言表示愉快,对严厉的语言表现出不安或哭泣;对陌生人产生躲避行为,开始怕羞,别人拿走他的小玩具时会不高兴;会对着镜中的影像微笑、发音或伸手拍镜子中的人像;会用哭声、面部表情和姿势与人沟通。此阶段的宝宝已表现出明显的交际倾向。

(二) 观察分析重点

根据婴儿语言与交往发展的具体水平,家人可从以下方面进行重点观察分析。

表2-2　4～6个月婴儿语言与交往观察分析表

月龄	内容	观察分析重点
4～6个月	语言	有明显的发音愿望,可以和成人进行相互模仿的发音游戏; 咿呀学语,开始发辅音 d、n、m、b 等; 无意中会发出"爸"或"妈"的音; 能和成人一起"啊啊""呜呜"地聊天; 会听成人的语言信号。

(续表)

月龄	内容	观察分析重点
	交往	开始辨认生人、熟人,对生人会注视或躲避等,对熟人反应愉悦; 开始害羞; 对亲切的语言表示愉快,对严厉的语言表现出不安或哭泣等反应; 会对着镜中的影像微笑、发音或伸手拍; 独处或别人拿走他的小玩具时会表示反对; 对熟悉的人或物有观察意识; 对教养者有明显依恋; 会用哭声、面部表情和姿势与人沟通。

(三)观察分析方式

为了全面和及时了解婴儿语言与交往发展水平的实际情况,按照以上观察重点,家人可以采用以下方式进行观察分析:

1. 家庭环境中观察分析

家人在家庭环境中可以自然地观察分析婴儿的语言和交往发展情况。这种观察方式结合了婴儿的日常生活起居,家人可以在自然生活场景中,有重点地观察婴儿的发展水平。

家人应多在家庭环境中自然地观察婴儿语言与交往的发展状况。在婴儿的各项生活活动中,观察婴儿是否注意家人语音的变化,能否分辨家人的不同声音。家人还可以经常和婴儿逗笑,观察婴儿是否愿意与人交谈,是否能够用表情、声音或动作回应家人的逗引,是否能跟着家人说话的尾音咿咿呀呀地学说话。此外,家人可以适当地发出简单的指令让婴儿执行,观察分析婴儿是否理解指令的意思。当婴儿做正确时,给予亲切的语言称赞,观察婴儿是否表现出开心愉快;当婴儿违反指令或表现出错误行为时,给予严肃的语言批评,观察婴儿是否哭泣或表现不安。通过这些方式,可以观察婴儿对语言的理解情况以及与人交往的倾向。

2. 户外活动中观察分析

带婴儿到户外活动,在特定的场景中观察分析婴儿与人交往的情形、发音的情况和口语理解的水平。此年龄段的婴儿需要更多地到户外活动,到了开阔的户外场景,婴儿会有一些明显的变化,这些行为表现不同于在家中的情况,从中有助于更好地了解婴儿语言与交往的发展水平。如,到了户外见到新奇的景色,观察宝宝是否会手舞足蹈,会更积极地发音,以各种方式表达他激动的心情。遇见长辈逗引是否会咿呀回答,面带微笑;碰见陌生人是否会睁大双眼注视,且沉默不语。在草坪上,看见小朋友在玩耍是否会大叫、会招手,身体往前倾极力要靠近他们。看见同伴是否会伸手去触摸对方,是否会微笑摇手,是否会将手中的玩具拿给对方等。家人在户外可真实地观察婴儿发音和口语的表现情形,更全面地观察婴儿与周围人相处和交往的情形,有利于更好地把握婴儿语言与交往的发展水平。

3. 外出做客中观察分析

带婴儿到他人家做客,从中观察婴儿口语与交往表现的方式。婴儿喜欢到朋友家做客,经常带婴儿外出做客,能够使婴儿更好地适应外界环境,更好地与人交往。运用此种观察方式可着重观察分析婴儿的交往行为和与人对话交流行为的特点。

带婴儿外出做客需要引导婴儿注意做客的礼节,在做客的过程中能够很好地观察婴儿到陌生地方或熟悉地方的不同反应,观察婴儿与主人家的交往情形,婴儿是自在的、大方的、能自由地在沙发椅上或地毯上玩,还是黏住爸爸妈妈,一步也不愿离开爸爸妈妈的身体。在与主人家宝宝一起时又是怎样的一种情形,是主动地与伙伴接近,还是被动地、远远地对望着?通过这种方式的观察,家人能够较好地把握婴儿语言与交往发展的状况。

(四)观察分析的注意点

家人根据婴儿语言与交往的发展水平,按照观察分析的重点,灵活地运用多种观察方式,这样能够全面地了解婴儿的发展情况。在观察分析的过程中,家人需要注意以下问题。

1. 要注意婴儿的第一次

无论在何种场合进行观察,家人要特别关注婴儿的"第一次"。婴儿在语音和交往方面的进步,都是从量的积累到质的飞跃,而"第一次"的出现往往意味着质的突破。因此,"第一次"具有重要的衡量意义,是观察中需要特别把握的关键节点。

家人要留意婴儿第一次无意识和有意识的发音,第一次出门的反应,第一次到客人家的表现,第一次见到陌生人的表情,第一次与小伙伴玩耍的情形,第一次照镜子的行为等。通过观察婴儿在这些"第一次"中的表现,家人可以找到最佳的指导方式,从而引导婴儿不断获得语言与交往发展的新经验。

2. 要注意婴儿的愿望

在观察分析此阶段的婴儿时,家人需留意婴儿尚未能用语言明确表达想法和需求,因而会借助非语言方式来传递信息。此时,家人应随时关注婴儿的愿望。

具体而言,家人要仔细观察婴儿在日常生活中的各种行为表现和反应。例如,观察婴儿是否有与人交谈的意愿:当家人讲话时,婴儿是否会注视对方,是否会微动口型模仿讲话,是否会在对方讲完后微笑点头或发出语音回应;当听到妈妈说要出门玩时,婴儿是否会表现出高兴的情绪,是否会用手指门、身体前倾或指向鞋子、帽子等动作,表达外出游玩的愿望,是否会与家人摇手再见以示告别。

通过关注婴儿的这些非语言表达,家人能够及时洞察宝宝的需求并给予回应和满足。这不仅有助于了解婴儿语言与交往的具体需求,还能据此判断其发展状况。

3. 要查找行为的原因

在运用各种观察方式对婴儿进行观察分析的过程中,家人要查找婴儿行为发生的原因,以更全面地了解婴儿语言与交往发展的完整过程,为恰当的教育指导提供有益的帮助。比如婴儿每次看到穿白衣服的人就会大哭,就连妈妈穿白衣服时也会哭闹,显得极为不安。针对这一情况,家人需要查找行为的原因,观察和分析婴儿的心情为何与白色衣服联系在一起:是不是每次都是穿白衣服的护士给婴儿打预防针?或者婴儿第一次见到的陌生人是穿白衣服的,而婴儿当时感到惧怕?又或者是穿白衣服的人曾经大声地呵斥过婴儿?家人要从各种可能的原因中逐一排查,并适时调整,尽快帮助婴儿消除对某一事物或人物的不良印象,促进婴儿心情愉悦,与人友好交往。

三、7~9 个月婴儿语音萌发与婴儿交往的观察分析

7~9 个月的婴儿活动能力逐渐增强,情绪更加稳定,表现得开心快乐。这个阶段,他们大动作发展迅速,活动范围不断扩大,探索外界事物的欲望更加强烈。语音方面出现了更多接近成人语言的重复音节,交往的人群也明显扩大。在观察分析这一阶段婴儿的语音萌发与亲子交往时,我们需要关注以下几个重要方面的内容。

(一) 把握语言与交往的发展水平

婴儿的语言与交往发展具有明显的阶段性特点。

1. 7~9 个月婴儿语言发展的水平

7~9 个月婴儿语言的发展主要表现为:7 个月的婴儿已经能听懂父母对他表示赞扬或批评的语言,并能逐渐用手势表示语言。8 个月的婴儿能听懂妈妈的简单语言,能把语言和物品联系起来,逐步建立语音与具体语义的关系。9 个月的婴儿语言理解能力进一步提高,能听懂大人的问话,如问他"妈妈在哪里?"宝宝会用眼睛看着妈妈或用手指向妈妈,有时还会发出"爸爸、妈妈、大大"等简单音节,听到熟悉的音乐时会手舞足蹈,还会"啊、啊——"地跟着哼唱。

2. 7~9 个月婴儿交往发展的水平

7~9 个月婴儿交往的发展主要表现为:喜欢成人与自己逗乐,当家人与他玩躲猫猫游戏时,他会开怀大笑;喜欢与家人玩拍手游戏,对成人的肯定和否定有明显反应,得到表扬时会重复动作,受到批评时则会停止动作并安静观察,甚至委屈哭闹。此时,婴儿对家人的依恋更明显,见到陌生人或陌生事物会躲在父母怀里,有的还会表现出惧怕和大哭。不过,此阶段婴儿也喜欢与同伴相处,会主动爬到同伴身边,虽然各自玩耍,但偶尔会互相看看;同时,他们开始学会听从家人指示,向他人招手欢迎或挥手再见,

也会用点头表示"同意",摇头表示"不同意",展现出较高的交往积极性。

(二) 观察分析重点

根据婴儿语言与交往发展的具体水平,家人可从以下方面进行重点观察分析。

表2-3 7~9个月婴儿语言与交往观察分析表

月龄	内容	观察分析重点
7~9个月	语言	听懂成人对自己的召唤; 开始发"ma-ma、ba-ba"等音节,能重复发出某些元音和辅音; 试着模仿成人声音,发音越来越接近真正的语言; 会用自己的语音来表达不同的情绪; 懂得一些常用词语的意思,会用简单的动作表示。
	交往	对成人表示肯定或否定的面部表情有不同的反应; 对教养者表示出依恋和喜爱,对陌生人会有害怕、拒绝等情绪反应; 喜欢玩躲猫猫一类的交际游戏; 喜欢镜子中自己的影像; 会挥手再见、招手欢迎、玩拍手游戏; 听到表扬会高兴地重复刚才的动作。

(三) 观察分析方式

为了全面和及时了解婴儿语言与交往发展水平的实际情况,按照以上观察重点,家人可以采用以下方式进行观察分析。

1. 结合动作练习进行观察分析

此阶段婴儿处于动作发展的迅速期,尤其是大动作的发展,他们会熟练地翻身、独立坐,还会在地板上到处爬行。结合婴儿动作练习的各种时机进行观察,能够了解婴儿语音的发展和同伴交往情况。如,在宝宝躺在床上醒来时,和宝宝说悄悄话,观察宝宝是否侧耳倾听;指示宝宝从左边翻身到右边,从仰卧翻为俯卧,观察宝宝是否听懂成人的指示,是否愿意跟随成人的指示做动作。又如,请宝宝坐好,面对面和宝宝一起玩玩具,边玩边交谈,观察宝宝是否理解妈妈的话语,是否会适时地发出一些语音应答。通过这些方式,家人可真实地了解婴儿语言与交往发展的情况。

2. 结合情绪变化进行观察分析

此阶段婴儿的情绪较为稳定,经常表现出开心愉快的情绪,喜欢逗笑,惹人喜爱。抓住婴儿情绪变化的时刻进行观察分析,能够及时发现婴儿语言和交往的变化,较准确地把握婴儿情绪变化的原因,有助于及时回应婴儿,给予帮助和指导。如,宝宝在玩玩具汽车时,原本玩得很开心,忽然大哭起来,此时家人要及时观察,是宝宝不想再玩了,还是玩具被别人拿走了?是玩具汽车散架了,还是玩具汽车砸到宝宝的腿,或是宝宝的小手被夹在轮子里了?通过这些观察,家人可及时把握婴儿情绪变化的原因,处理偶发事故,了解婴儿语言与交往的发展情况。

3. 结合伙伴交往进行观察分析

此阶段婴儿的交往范围扩大,与伙伴交往的机会更多更频繁。利用此方式的观察,可以了解婴儿与伙伴交往的具体行为和语言表达方式,更真切地了解婴儿的发展情况。如婴儿见到伙伴时,是停止手中的玩具,还是放下玩具立即爬过去迎接?是"啊呜、啊呜"地大叫,还是微笑注视对方?是伸手摸对方、将玩具递给对方,还是回避对方的抚摸,把玩具藏在身后?结合婴儿与伙伴交往的时机进行观察分析,是最自然、最有效的观察方式,可以获取充分而典型的真实素材,对宝宝的语言与交往发展作出全面的衡量。

(四) 观察分析的注意点

家人根据婴儿语言与交往的发展水平,按照观察的重点,灵活地运用多种观察分析的方式,能够全面地了解婴儿的发展情况。在观察的过程中,家人需要注意以下问题。

1. 要在观察分析中回应婴儿的语音

家人对幼小婴儿的观察分析,常常与日常相处及对话回应结合在一起。因此,我们要边观察边与婴儿对话,积极交流,而不是静静地在一旁观看。在婴儿安全愉快的情况下,家人可适当延长与婴儿的互动回应时间。如观察宝宝的情绪变化,可回应宝宝:"噢,宝宝哭了,不高兴了,遇到伤心事了。宝宝难受了,玩具坏了,玩不了了,真糟糕。宝宝为什么这么伤心呢? 小手被夹疼了,下次玩可要小心了。"这样的回应,不仅可以观察婴儿的行为反应,同时也结合了语言与交往的指导,一举多得。因此,家人对婴儿的观察需与日常生活、亲密交往、交流对话等相结合,如此才能让语言与交往观察更有益有效。

2. 要注意把握婴儿的主要表现

随着婴儿的成长,他在情绪表现和行为表现方面变得越来越多样、越来越复杂。此阶段婴儿对外界反应活跃积极,各方面发展迅速。观察时应抓住语言与交往发展的主要表现,尤其是前面介绍的观察重点。我们要抓住主要的、重点的观察内容,才能有效地捕捉婴儿的行为表征,进行评价。如,宝宝与伙伴交往过程中有喝水、吃水果、小便、擦汗、玩玩具等内容,此时需要着重把握宝宝与伙伴发生实质性交往的行为,需要抓住"分享吃水果或分享玩具"的事件进行细致观察,而对于各自的喝水、擦汗等个体行为则可忽略,不纳入分析的素材中。由此,才能有针对性地进行观察和分析,更好地了解婴儿的实际发展情况。

3. 要注意观察分析中的反馈和促进

在观察过程中,要结合观察的情形,对婴儿的行为表现进行分析和反馈,思考行为背后的原因,查找问题并进行改善,从而促进婴儿更好地发展。避免将观察的情况置之脑后,要重视对观察情形的分析和判断,及时思考和促进,才能保证婴儿在敏感期内获得适宜的发展。如,带宝宝外出散步,碰到熟人朋友打招呼,宝宝显得异常开心,满面笑容,"呵、呵"回应。家人觉察到这一良好表现,如果对宝宝的表现没有任何反应,只顾自己跟熟人朋友说话,那么宝宝就失去了一次极为关键的交往指导。如果家人及时表扬宝宝懂礼貌,会跟人打招呼,亲吻宝宝的脸颊以示赞扬,还亲自拉着宝宝的小手跟熟人朋友招手问好,那么宝宝就会由此建立礼貌交往和主动交往的积极情感,极大促进宝宝语言与交往的发展。因此,家人要注意观察中的反馈与促进作用。

四、10～12 个月婴儿语言理解与亲子交往的观察分析

10～12 个月的婴儿更加活泼可爱,语言理解能力显著提升,对成人语言的理解更加迅速和准确,显得聪明机灵,与家人的亲子交往也更加密切,对家中亲人有深刻印象和积极的情感回应。在观察分析这一阶段婴儿的语言理解与亲子交往时,我们需要关注以下几个重要方面的内容。

(一) 把握语言与交往的发展水平

婴儿的语言与交往发展具有明显的阶段性特点。

1. 10～12 个月婴儿语言发展的水平

10～12 个月婴儿语言的发展主要表现为:婴儿能听懂日常生活中简单的指示语言,对成人语言的理解能力进一步提高;喜欢重复发出多音节的音,会模仿叫"爸爸""妈妈",对词义的指向和理解较为明确,会用动作表示意愿。11 个月的婴儿常常发出类似说话的声音来表达意愿。12 个月的婴儿喜欢嘟嘟囔囔地"说话",听上去像是在交谈,喜欢模仿动物的声音,并能把语言和表情结合起来,能说出几个词,但发音不够准确,还会自创一些词语来指称事物,如"铃铃"代表电话,"吃吃"代表苹果等。

2. 10～12 个月婴儿交往发展的水平

10～12 个月婴儿交往的发展主要表现为:婴儿初步有了独立做事的表现,不喜欢他人的帮忙,而喜欢自己动手操作和自己探索,如别人帮他拿来汤匙,他会放回去重新再拿;喜爱家庭成员和熟悉的人,看见家人和熟悉的人会显露热情的态度,会伸出手臂要求抱;对陌生人表现出拒绝和退缩等行为;喜欢到人多的地方去,喜欢与同伴一起玩,会注视、伸手去触摸同伴;喜欢和他人重复玩逗笑和躲猫猫的游戏;会用动作和语音向成人索取他喜欢的玩具或物品,自己的玩具被别人动了会赶紧收回,初步具有保护自己物品的意识;喜欢跟着比他大的小朋友,喜欢听从大哥哥、大姐姐的话,喜欢模仿他们的动作和语言,

交往的范围进一步扩大,交往的方式也变得多样化,从单一的被动方式变为主动、被动并存的多种方式。

(二) 观察分析重点

根据婴儿语言与交往发展的具体水平,家人可从以下方面进行重点的观察分析。

表 2-4 10~12 个月婴儿语言与交往观察分析表

月龄	内容	观察分析重点
10~12 个月	语言	听懂与自己有关的日常生活指示语言; 能说出几个词,会模仿叫"爸爸""妈妈"等; 会用动作表示意愿; 会自创一些词语来指称事物。
	交往	能理解成人的肯定或否定态度; 喜爱家庭成员和熟悉的人,会伸出手臂要求抱; 对陌生人表现出忧虑、退缩、拒绝等行为; 喜欢各种交际游戏,喜欢重复玩; 会注视、伸手去触摸同伴; 会用动作等方式向成人索取感兴趣的东西,初步具有保护自己物品的意识; 言行得到认可会高兴地重复表现; 喜爱尝试,喜欢自己探索; 喜欢与人交流,能采取表情、动作等不同方式表达情感; 会表达愤怒、害怕、焦急等不同情绪。

(三) 观察分析方式

为了全面和及时了解婴儿语言与交往发展水平的实际情况,按照以上观察重点,家人可以采用以下方式进行观察分析。

1. 在积极交谈中观察分析

通过与婴儿积极交谈进行观察分析。此阶段的婴儿喜欢与人交谈,对成人的说话内容基本能够理解,能够较好地执行成人的日常生活指示。婴儿倾听他人说话的专注时间延长,并能够积极回应他人的讲话,也会运用动作、表情和语音等方式表达自己的愿望。

家长不仅要经常与婴儿说话、交谈,还要引导婴儿积极参与对话,促进婴儿对语言的理解和运用,以及与人交往的积极性。通过这种方式,可以全面观察婴儿的语言理解能力发展和与人交往能力的发展情况。

2. 在重复游戏中观察分析

借助与婴儿重复游戏开展观察分析。此阶段婴儿喜欢重复做一件事情,尤其喜欢重复玩游戏,如重复发出语音、玩一件玩具、摆弄物品、模仿成人的动作,或者重复听音乐、听故事、听儿歌。他们在这些重复活动中感觉就像在做游戏,乐此不疲。家人在这一过程中可以仔细观察婴儿的言行表现,观察婴儿的发音情况,了解婴儿与人交往的具体情形,从而更好地把握婴儿语言与交往发展的水平。

3. 在执行指令中观察分析

在婴儿执行成人指令时进行观察分析。此阶段婴儿愿意按照成人的指示做事,能够理解日常生活中简单的指令,初步理解"能做的"和"不能做的"的含义。家人可经常对婴儿发出独立做事和正确做事的指令,如:

把玩具放到盒子里;

用双手扶住杯子喝水;

擦擦自己的小嘴巴;

指指小眼睛在哪里;

自己坐起来;

自己扶着妈妈的手站起来;

和阿姨说拜拜/再见。

从中观察婴儿的表现,观察婴儿对指令的理解和执行情况,了解婴儿与人相处交往的情况。

(四) 观察分析的注意点

家人根据婴儿语言与交往的发展水平,按照观察重点,灵活运用多种观察方式,能够全面了解婴儿的发展情况。在观察分析过程中,家人需要注意以下问题。

1. 不孤立观察,要与日常生活相结合

无论运用何种观察方式,都只是侧重于某一时机和场景,并且无法与婴儿的日常生活内容相割裂。因为婴儿的发展是在日常生活中进行的,他们每一次的语音发出、每一次的交往方式都与日常生活紧密相连。因此,不存在孤立和单一的观察分析。我们的观察分析应与婴儿的日常生活相结合,在他们日常生活中的吃、喝、拉、撒、盥洗、睡眠、玩耍等过程中进行。

例如,观察婴儿的发音情况不应仅局限在玩耍时,还应在婴儿进餐、喝水、盥洗、大小便、睡前醒后等各个环节中,观察他们的发音以及对成人语言的回应和理解情况。只有将观察与日常生活紧密结合,才能真实、全面地了解婴儿的情况,客观地观察他们的各种表现,从而真正把握婴儿的发展水平。

2. 不片面观察,要综合各方面的信息

由于家长在日常生活中观察婴儿时常运用多种观察方式,因此对婴儿的观察也应全面,避免片面。例如,观察婴儿的交往,我们不能仅局限于婴儿与家人的互动,或仅关注游戏时与同伴的交往,而应观察婴儿在家中、户外、客人家等各种场合与不同人群的交往情形。这样才能全面了解婴儿交往能力的发展情况。同时,要对观察到的信息进行综合分析,例如综合评估婴儿在不同场合与同伴的互动表现,才能得出更科学、全面的观察结论。

3. 不急于定论,要以发展的眼光看待

对婴儿观察情况综合分析后得出的结论只是初步的,还不能对婴儿的发展水平下定论。观察信息的综合分析只是提供婴儿发展情形的一种倾向性水平,指出婴儿哪些方面表现较好,哪些方面稍弱,或者还未出现某种行为。例如,婴儿的发音较好,语音清晰,能发出的音节较多,说话的积极性高,理解水平较高;或者婴儿的发音模糊,发出的音节较少,较为沉默,还未发出双音节。这些分析仅是一种发展倾向,不能直接表明婴儿语言发展好或差。

同时,我们要更重视婴儿的发展潜能。婴儿的发展是快速的,他们每天都有新的进步,昨天的观察分析到了今天可能就过时了,不再切合婴儿的实际发展情况。比如,婴儿昨天还不会发双音节"ba—ba—",可今天就会发了。因此,在对婴儿语言与交往发展进行观察和分析时,要特别注意不急于下定论,要以发展的眼光看待婴儿的表现,尤其不能将自己宝宝的表现与别家宝宝的表现进行比较。这样才能更好地促进婴儿朝着更好的方向发展。

育儿宝典

读懂 7～9 个月婴儿的身体语言

7～9 个月的婴儿有初步的模仿能力,开始用身体语言交往。宝宝在 7～9 个月身体语言期,能用体态表达意思,不但有表情、有动作,有时还发出声音。会同人打招呼,能表示要或者不要,表达谢谢、再见等,还能用食指表示"我 1 岁啦"或者"要 1 个"。

1. 咧嘴笑,表示兴奋愉快。这时父母应报以笑脸,用手轻轻地抚摸婴儿的面颊,并在他的额部亲吻一下,给予鼓励。于是,婴儿又会以微笑来对父母的行动表示满意。

2. 瘪嘴,表示要求。这时父母要细心观察婴儿的要求,适时地去满足他的需要,如喂他吃奶,逗他开心,抱他去户外玩,让他俯卧、爬行,扶他坐起来,改变长卧久睡的姿势。

3. 噘嘴、咧嘴,表示要小便。男婴通常以噘嘴来表示要小便,女婴则多以咧嘴或上唇含下唇来表示要小便。

4. 红脸横眉,表示要大便。婴儿往往先是眉筋突暴,然后脸部发红,目光发呆,有明显的"内急"反应。这是要大便的信号,父母应立即解决他的"便急"之需。

5. 玩弄舌头吐气泡。大多数婴儿在吃饱、尿布干净,而且还没睡意时,会自得其乐地玩弄自己的嘴唇、舌头、或吮手指、吐泡泡。这时,婴儿愿意独自玩耍,不愿意别人打扰。

7个月时,婴儿会张开双臂,将身体扑向亲人,要求拥抱、亲热。若陌生人想要抱他,则转头将脸避开,表示不愿意与陌生人交往;8个月时,婴儿会以拍手和笑脸表示高兴,以点头表示谢谢,对不爱吃的食物以摇头表示拒绝;9个月时,婴儿会以小手拍拍头,表示戴上帽子后出去。

(摘自:张明红.0~3岁婴幼儿语言发展与教育[M].上海:华东师范大学出版社,2013:53)

宝宝学说话慢怎么办?

跟同龄小朋友相比,我家宝宝学说话比较慢,他好像能听懂父母的话,但是都不会发出语音,怎么办?

建议:对于宝宝的这一情况,家人可不用过于担心,每个婴儿的语言发育程度各不相同,应该耐心地观察婴儿状态。首先要确认跟婴儿的非语言交流是否正常。如果跟宝宝的非语言交流正常,他会注视着说话的人,跟随说话的内容眨巴眼睛,露出微笑或伸出小手晃动等运用非语言方式参与交谈,而且能听懂别人的话,就表示思维、表达能力正常,只是语言发育较慢,因此不用担心。此外,患有孤独症等发育障碍的婴儿语言发育比较慢,这些宝宝在对视、模仿别人行为、手势、脚部活动等非语言交流方面也可能存在问题。智力障碍或耳鼻咽喉存在问题时,也可能影响语言能力的发育,因此要全面检查婴儿的认知、身体发育状态。其次要创设良好的语言环境。家人要经常和宝宝说话,和宝宝逗笑,关注宝宝的需求,引导宝宝认识各种事物,经常带宝宝到户外活动,到邻居家做客,多与人交往,多念儿歌、讲故事给宝宝听,多鼓励宝宝发音和说话。只要宝宝能听懂父母的话,理解家人说话的内容,慢慢地,宝宝听多了,认识多了,理解多了,一旦他开口说话,他的表达和交往将是非常出色的。

任务思考

1. 结合实例阐释0~1岁婴儿言语交往的发展水平。
2. 结合实例阐释0~1岁婴儿言语交往的观察分析方式。

任务二　观察1~2岁幼儿的日常言语交往

案例导入

1岁多的月月很喜欢"交朋友"。看见小伙伴在远处,她就会挥动手臂打招呼,还会屁颠屁颠地走过去靠近伙伴。她喜欢和小伙伴一起玩,常常是两人各玩各的玩具,谁也不干扰谁,玩得很开心。偶尔,她还会发出一两个词,比如"啪嗒""嘀嘀""嘟嘟",然后高兴地看着对方,相互对笑。有时,对方拿了月月的一个玩具,她会大叫起来,捂住玩具不让拿走。如果玩具被拿走了,她会着急地大哭,直到玩具重新回到她身边。尽管有时各自玩各自的,有时会争执,但玩完后与伙伴分开时,她仍会依依不舍,也会有礼貌地与对方挥手再见。

1~2岁的幼儿进入了语言与交往发展的新阶段。他们开始开口说话,出现单词句和双词句,掌握的词汇迅速增加,口语表达也越来越清楚和流利。这个阶段的幼儿与人交往的愿望更加强烈,喜欢和小伙伴一起游戏,交往范围进一步扩大,语言理解能力和交往能力也明显提高。

家人在观察幼儿时,应依据这个阶段语言与交往发展的一般规律,同时结合幼儿的个体特点。需要明确观察的发展水平、重点内容、观察方式和注意事项,这样才能全面了解和把握宝宝语言与交往的发展状况,为采取有效的教育策略和培养方法提供科学依据。

一、1 岁～1 岁半幼儿交谈与亲子交往的观察分析

1 岁至 1 岁半的幼儿进入了说话期。他们开口说话的积极性很高,发音日益频繁,与人交谈对话的愿望强烈,与人交往的主动性也越来越强。在对这一阶段幼儿的口语交谈与亲子交往进行观察时,我们需要把握以下几个重要方面的内容。

(一) 把握语言与交往的发展水平

幼儿的语言与交往发展具有明显的阶段性特点。

1. 1 岁～1 岁半幼儿语言发展的水平

1 岁至 1 岁半幼儿语言的发展主要表现为:幼儿开始开口说话,能够说出自己的名字、熟悉的人名以及物品的名字,还会模仿常见动物的叫声。此时,幼儿的口语表达处于"单词句阶段",以词代句,他们用一个个单词来表达自己的意思,比如"水"这个词,可能代表着"杯子里有水""宝宝要喝水"或者"水龙头在流水"等不同的语句含义。

此外,这个阶段的幼儿已经能够听懂并执行一些简单的指令,同时对图画书表现出浓厚的兴趣,喜欢摸摸书、翻翻书。总的来说,1 岁至 1 岁半的幼儿在语言发展上进入了一个新的阶段,标志着他们从之前的前语言阶段正式迈入了语言发展阶段。

2. 1 岁～1 岁半幼儿交往发展的水平

1 岁至 1 岁半幼儿交往的发展主要表现为:幼儿的自我意识开始萌芽,喜欢自己独立做事情,会一个人安静地玩,也喜欢观看别人的游戏活动;对小伙伴很感兴趣,乐意和伙伴一起玩游戏;见到陌生人不再害怕退缩,而是感到新奇,想了解对方是谁;开始理解并遵从成人简单的行为准则和规范。

此阶段宝宝的交往范围虽然仍以与家人的密切交往为主,但随着活动范围的扩大,交往对象逐步增多,交往能力也随着口语发展有了显著进步。

(二) 观察分析重点

根据幼儿语言与交往发展的具体水平,家人可从以下方面进行重点观察分析。

表 2-5　1 岁～1 岁半幼儿语言与交往观察分析表

月龄	内容	观察分析重点
13～18 个月	语言	能听懂教养者发出的简单指令; 开始说出自己的名字、熟悉的人名和物品的名字; 会使用日常生活常见的动词; 会模仿常见动物的叫声; 有时用表情、手势代替语言进行交流; 对语言的理解能力超过语言的表达能力; 开始知道书的概念,喜欢模仿翻书页。
	交往	对陌生人表示新奇; 在很短的时间内表现出丰富的情绪变化; 能感觉到常规的改变或环境的变迁; 认出镜子里的自己; 自我意识开始萌芽,有独立做事的愿望; 喜欢单独玩或观看别人游戏活动; 开始对别的小孩感兴趣,能共同玩一会儿; 开始理解并遵从成人简单的行为准则和规范。

(三) 观察分析方式

为了全面及时了解幼儿语言与交往的实际发展水平,除了运用上述介绍的观察方式外,家人还可以采用以下观察方法进行分析。

1. 结合物品命名观察分析

此观察分析方式是在引导幼儿给生活中常见物品命名、丰富名词的过程中进行。此阶段幼儿开始说话，以词代句，其中的词又多为名词，名词的理解、掌握和运用是幼儿口语发展的主要内容。结合物品命名对幼儿的口语和交往进行观察，能够了解幼儿对周围生活中物品的认识和称呼，了解幼儿词汇理解与运用的水平，并从中了解幼儿与物品、与家人的关系，了解幼儿对周围生活的态度和亲子交往的情况。如，指着镜子问宝宝："这叫什么？"引导宝宝说出"镜子"，帮助宝宝进一步扩展认识："照镜子，笑一个。照镜子可以看到宝宝的笑脸。宝宝爱照镜子，妈妈爱照镜子，爸爸爱照镜子，大家都爱照镜子，镜子真有用。"从中观察宝宝对镜子的认识和反应，了解宝宝的词汇学习和与家人交往的情况。

2. 结合独立做事观察分析

这种观察分析方式是在引导幼儿独立做事的过程中进行的。这一阶段的幼儿初步有了自我意识，开始能独自做事和安静地玩耍，这标志着幼儿成长的一大进步。借此机会，我们能够观察幼儿在独立做事时是否自言自语，了解其对家人的依赖程度，进而知晓幼儿在日常生活中口语表达和交往的真实情况。例如，妈妈在厨房做饭时，可以让宝宝在一旁用炊具玩具玩煮菜的游戏，同时观察宝宝独自玩的情形，看看宝宝是否会自得其乐地摆弄玩具，是否会边玩边喃喃自语，不停地发出语音或单词。观察宝宝是否会看着妈妈做事，是否会向妈妈要真的菜去煮，边煮边玩，是否会用汤匙舀东西往嘴里送等。通过这些观察，我们可以更好地了解幼儿在独立活动时的口语和交往的实际情况。

3. 结合规则变化观察分析

这种观察分析方式是在改变日常生活规则之后，对幼儿的反应进行观察。此阶段幼儿对生活中简单的规则已较为熟悉，并会理解和遵守这些简单的规则，例如玩完玩具后将其放回盒子、进门脱鞋子、出门穿鞋子、喝完水后将杯子放在盘子里等。规则的养成是幼儿形成良好生活习惯的重要标志。

结合规则变化对幼儿行为反应进行观察，能够了解幼儿对规则理解和遵守的程度，从中了解幼儿口语与交往的实际情况。例如，当宝宝喝完水后，妈妈特地在宝宝面前将杯子从桌上拿到地板上，边拿边对宝宝大声说："把宝宝的杯子放在地板上吧。"观察宝宝是否会大叫"不"，是否会自己去拿杯子，是否会拉住妈妈的手，还是没有特别的反应和举动。通过这些观察，可以了解幼儿在规则变化中的口语和交往表现情况。

（四）观察分析的注意点

家人根据幼儿语言与交往的发展水平，按照观察分析的重点，灵活运用多种观察方式，能够全面了解幼儿的发展情况。在观察分析过程中，家人需要注意以下问题。

1. 要鼓励表达

家人在观察中要注意鼓励幼儿的口语运用和交往方式，创造机会让幼儿开口说话和与人交流，锻炼其口语表达和交往能力。例如，在观察宝宝喝水时，不仅要让宝宝说出"水"，还要引导他说出"宝宝喝水"。接着，可以指引宝宝跟着妈妈去倒水，边倒边说："把水倒到宝宝的杯子里，让宝宝喝水。"或者让宝宝去找爸爸要水喝，教他说："宝宝要喝水。"这样，幼儿就需要运用语言进行交往，为了喝到水而练习说话和表达自己的需求，从而锻炼说话和交往能力。

在观察分析过程中，家人要注意避免过早满足幼儿的需求，以免剥夺幼儿运用语言和交往的机会。如果幼儿一有需求，家人都能很快明白并满足，久而久之，幼儿就会失去锻炼的机会，这将阻碍其语言与交往的发展。因此，在观察分析中，家人应注重鼓励幼儿表达和交往。

2. 要规范表达

家人在观察中要注意以规范的语句进行表达，给幼儿良好的语言表达与交往方式的示范。此阶段幼儿的口语表达是典型的"小儿语"，主要表现为以叠音词、象声词代替词语和语句。例如，"饼饼"代表"饼干"或"吃饼干"，"果果"代表"糖果"或"吃糖果"，"杯杯"代表"杯子"或"拿杯子"，"嘀嘀"代表"汽车"或"开汽车"等。对于宝宝来说，出现"小儿语"是正常的表现，是语言发展过程中的阶段性特点。但对于成人来说，我们要用规范语句引导幼儿，给幼儿规范的示范，注意少用"小儿语"直接回应宝宝的说话。

比如在结合物品命名的观察中，宝宝指着饭碗说"吃吃"，家人应顺势引导宝宝："说得真好！这是宝宝吃饭的碗。宝宝的碗是小碗,爸爸的碗是大碗。"而应避免这样回应宝宝:"对,吃吃。宝宝吃饭要用这个。"因此,我们要注意运用规范的表达引导幼儿,促进幼儿语言与交往的良好发展。

3. 要培养习惯

在观察分析中,家人要注意培养幼儿良好的生活习惯,将习惯的养成融入日常生活的观察和引导中。这一阶段是幼儿习惯养成的初始时期,他们开始理解并遵从成人简单的行为准则和规范。家人注重习惯的培养,能够帮助幼儿形成良好的生活常规,使其更好地与人相处交往,适应外界环境。

例如,此时的宝宝已有自我意识的萌芽,开始喜欢独立做事。家人可以通过简单明确的指示引导宝宝执行任务,如请宝宝把鞋子放好、排列整齐,或者请宝宝把布娃娃扶起来、靠在墙上等。从日常生活的细节入手进行观察,注重培养宝宝良好的生活习惯,能更好地促进宝宝语言与交往的发展。

二、1 岁半~2 岁幼儿表达与亲子交往的观察分析

1 岁半至 2 岁的幼儿口语表达更加流利,理解和运用词汇的能力进一步提高,与家人、伙伴的交往内容也更加丰富。在对这一阶段幼儿的口语表达与亲子交往进行观察分析时,我们需要关注以下几个方面。

(一) 把握语言与交往的发展水平

幼儿的语言与交往发展具有明显的阶段性特点。

1. 1 岁半~2 岁幼儿语言的发展水平

1 岁半至 2 岁幼儿语言的发展主要表现为:幼儿开始运用简单句进行表达,处于"电报句"阶段,掌握的词汇量显著增多,内容更为丰富;他们开始会用名字称呼自己,并学会使用"我";喜欢跟着大人学说话、念儿歌,尤其热衷于重复说出成人句子的结尾部分;能够回答生活中的简单问题;喜欢看图书,指认人物和物品,说出熟悉的事物;会说出常用物品的名称和用途。这一时期,幼儿的语言理解和口语表达能力均有所增强。

2. 1 岁半~2 岁幼儿交往的发展水平

1 岁半至 2 岁幼儿交往的发展主要表现为:幼儿的自我意识逐渐增强,会保护属于自己的东西;他们喜欢自己独立完成某一动作,喜欢帮成人做事情,会学着收拾玩具;开始意识到自己是女孩还是男孩,产生初步的性别认识;社交性增强,开始与伙伴共同参与游戏活动,在成人的指导下开始学会合作游戏,游戏时喜欢模仿成人的动作,与人交往的水平进一步提高。

(二) 观察分析重点

根据宝宝语言与交往发展的具体水平,家人可从以下方面进行重点观察分析。

表 2-6　1 岁半~2 岁婴幼儿语言与交往观察分析表

月龄	内容	观察分析重点
19~24 个月	语言	开始用名字称呼自己,开始会用"我"; 会说出常用东西的名称和用途; 词汇增加,能说 3~5 个字的简单短句,表达一定的意思和个人需要; 喜欢跟着大人学说话、念儿歌,爱重复结尾的句子; 会回答生活中的简单问题; 喜欢看图书,指认、说出熟悉的事物。
	交往	当教养者离开时会感到沮丧; 能较长地延续某种情绪状态; 需要时间适应新环境; 自我意识逐步增强,喜欢自己独立完成某一动作,出现独立行为倾向; 开始意识到自己是女孩还是男孩; 会保护属于自己的东西; 有了害怕的东西; 交际性增强,开始与其他小孩共同参与游戏活动;

月龄	内容	观察分析重点
		喜欢帮忙做事,会学着收拾玩具; 能按指示完成简单的任务; 游戏时喜欢模仿成人动作。

(三) 观察分析方式

为了全面及时了解幼儿语言与交往的实际发展水平,按照以上观察重点,家人除了运用之前介绍的观察方式外,还可以采用以下方式进行观察分析。

1. 在运用词汇中观察分析

此方式是在幼儿运用新词汇、丰富词汇的过程中进行的观察。此阶段幼儿的词汇量剧增,继续以名词的掌握和运用为主,同时人称代词、动词、形容词也在逐步增加。随着宝宝生活经验的丰富,他们对家人、朋友和周围生活中各种事物的名称基本掌握,并开始会说简单句。抓住这一机会,观察幼儿学习和运用新词汇、学说简单句的表现,能够更好地把握幼儿口语和交往发展的情况。例如,奶奶买回了一篮菜,妈妈引导宝宝到厨房帮忙择菜,并与奶奶交谈:"奶奶好辛苦,买回了这么多的菜。买这么多的菜要让宝宝吃,奶奶很疼爱宝宝。我们帮忙择菜,宝宝,这是什么菜? 对了,是青菜。有宝宝爱吃的青菜、豆腐、西红柿,还有鱼和肉。"在这个过程中,观察分析宝宝是否会自己说出菜名,或者跟着学说菜名? 是否会向奶奶询问,是否会回答简单的问题,是否会运用简单句? 是否喜欢重复成人结尾的句子? 从而了解宝宝的词汇学习和运用,以及与人交谈等方面的情况。

2. 在合作游戏中观察分析

这种观察方式着重在幼儿合作游戏的过程中展开。此阶段幼儿开始与小伙伴共同参与游戏活动,出现简单的合作方式,在此过程中进行观察,能够真实地了解幼儿口语交流和合作交往的情况,有助于家人更好地引导。例如,宝宝参与小伙伴滚球的游戏,你滚过来,我滚过去,相互滚球,来回接应,宝宝玩得十分开心。此时观察分析宝宝是否会按照成人发出的提示接、滚球,是否会有意识地接球,接到球是否会滚向对方? 还是没按照成人的指示滚球,拿到球就舍不得给对方,或者直接抱着球跑到对方那里送球? 游戏后是否会跟小伙伴说说话? 从中可以了解宝宝交往和交流的实际水平。

3. 在朗读儿歌中观察分析

这种观察分析方式是在幼儿朗读儿歌的过程中进行的。此阶段幼儿喜欢跟着成人说话,学念儿歌,喜欢看图书,指认和说出熟悉的事物。家人可选择简短有趣的儿歌引导幼儿朗读,边朗读边观察幼儿的实际表现,了解宝宝儿歌朗读和与人交流的情况。例如,天下雨了,带宝宝到窗户旁或阳台上观雨,与宝宝交谈下雨的情形,边带领宝宝念儿歌:"下雨了,下雨了,嘀嗒嘀嗒下雨了,小雨点,落下来,落到屋顶上,落到地板上。"从中观察分析幼儿是否会兴奋地与他人交谈下雨的情形,是否会专注好奇地观看下雨的场景,是否会不断重复地朗读儿歌,开心地与家人一起朗诵。此外,家人还可结合图画书阅读、倾听故事等环节进行观察和引导,从而更好地了解幼儿的口语交流和人际交往发展的情况。

(四) 观察分析的注意点

家人根据幼儿语言与交往的发展水平,按照观察的重点,灵活地运用多种观察的方式,能够全面地了解幼儿的发展情况。在观察分析的过程中,家人需要注意如下的问题。

1. 注意扩充句子

在观察中,家人要随时注意对幼儿表达的词汇或简单句进行扩充,逐渐引导幼儿将句子表达完整,让幼儿逐步明白需要把自己的想法说清楚,向他人提出要求时要表达明确,这样别人才能理解自己的意思。针对这一阶段幼儿以词为主、多用"电报句"和简单句的特点,家人在回应幼儿时,不应立刻满足其需求,而应先用语言引导幼儿把话说完整。例如,当宝宝说:"水,喝。"家人可以先回应:"宝宝是不是口渴了呀?"然后启发宝宝说:"宝宝口渴了,要喝水。"之后再拿杯子给宝宝喝水。通过这种方式,既能丰富幼儿人际交往的内容,又能锻炼其清楚、完整表达的能力。

2. 注意与人分享

观察中要注意引导幼儿与人分享食物和玩具,促进幼儿社会性交往的发展。此阶段幼儿自我意识明显增强,出现了独立行为倾向,知道自己是女孩还是男孩,知道保护属于自己的东西,而且爱说:"这是我的。我的……"此时引导他与人分享,能够及时引导他走出"自我中心",逐渐学会关注别人的行为,更好地培养他的社交能力。例如,宝宝在吃他心爱的蛋糕,吃得津津有味,有时边吃还会边说:"这是我的蛋糕。""妈妈,要给我买大蛋糕。"此时家人应引导他将蛋糕分给爸爸吃一口、给妈妈吃一口或分一小块给小伙伴吃。从而从小培养与人分享的习惯,增进与人的交流和交往。

3. 注意遵守规则

观察中要注意引导幼儿遵守活动的规则。此阶段幼儿已有初步的规则认识,能按指示完成简单的任务,对活动中可以做什么、不能做什么有初步的认识。家人要结合观察,引导幼儿在活动中遵守基本的行为规则,促进他们语言与交往的发展。例如,在合作游戏中观察,需要注意引导宝宝按照游戏的简单规则开展活动,按照规则的要求进行滚球或搭积木,在游戏中能遵守规则,与小伙伴来回地滚接球,不能违背规则,自己将球藏起来或拿给妈妈玩,也不能自己占着积木,不让小伙伴拿,而要按照规则、相互合作地开展游戏,这样和小伙伴玩游戏,大家才会开心愉快。如果自己有什么想法,要跟小伙伴说,经得伙伴的同意才可以改变游戏的规则等,从而才能更好地发展幼儿的口语表达和与人交往的能力。

育儿宝典

多运用语言与宝宝交流作用大

医学研究认为,人的聪明程度主要取决于人脑神经网络的发育程度。人出生后,家庭生活环境中的景物、气味、声音,尤其是语言交流,对人脑的发育起着至关重要的作用。有一个科研实验,对不同家庭文化背景的宝宝从出生至2岁半进行跟踪,每月用1小时记录宝宝听到的词汇及与父母的交流。结果显示,单位时间平均听到词汇最多的宝宝得分最高。

由此可见,父母不仅要对宝宝的生活精心呵护,更要营造良好的家庭语言交流环境。即使宝宝在这一环境中不能全部理解丰富多彩的语言含义,但大脑的神经细胞发育会因此变得更强大,这能使宝宝更加聪明健康。

让宝宝听故事录音好,还是听家人讲故事好呢?

建议:让宝宝听家人讲故事比听故事录音好。

1. 播放故事录音,对宝宝来说并不合适。从理解故事内容的角度来看,宝宝对语言的理解能力还很差,听故事时要借助图画来增加对情节的理解,同时也需要通过讲者的表情和手势来捕捉其所讲的意思。

2. 宝宝听故事,可以享受与家人在一起的温馨感觉和感情的交流和沟通,这是十分宝贵的体验。听录音讲故事并不能满足这方面的需要。此外,没有美丽的插图,宝宝也少了视觉上的享受。

任务思考

1. 结合实例阐释1～2岁幼儿言语交往的发展水平。
2. 结合实例阐释1～2岁幼儿言语交往的观察分析重点。
3. 结合实例阐释1～2岁幼儿言语交往的观察分析方式。

任务三　观察 2～3 岁幼儿的日常言语交往

案例导入

2岁半的豆豆每天晚上都喜欢和妈妈一起看图画书,听妈妈讲故事。一天晚上,他看的是一本叫《我自己来》的图画书,书里的宝宝在自己脱袜子、翻图书、脱衣服、睡觉。豆豆盯着这些画面看了很久,看完后拉着妈妈的手说:"妈妈,你看,这是袜子,我也有穿袜子。这是图书,宝宝在看书。这是衣服,宝宝在睡觉觉。"妈妈表扬了豆豆,说他真棒,会自己看图书了。豆豆很开心,大声地把刚才说的内容又重复了一遍。

当豆豆要合上书时,他问妈妈:"妈妈,这本图书叫什么呢?"妈妈边指着书名边回答:"图书的名字叫《我自己来》。"豆豆若有所悟地说:"噢,叫这名字呀。妈妈你再讲一遍给我听吧。"妈妈让豆豆翻书,然后生动地讲了一遍图书的内容,讲到其中的对话时特意放慢速度,让豆豆跟着说。听完后,豆豆很满足,高兴地对妈妈说:"妈妈,我也要自己睡觉,自己做很多很多的事情。你和爸爸要表扬我。"

一、2 岁～2 岁半幼儿语言与同伴交往的观察分析

2岁至2岁半的幼儿口语表达更加流畅和完整,说话能力显著提高,对儿歌、故事和图画书表现出喜爱。在对这一阶段幼儿的口语发展与同伴交往进行观察分析时,我们需要关注以下几个重要方面的内容。

(一) 把握语言与交往的发展水平

宝宝的语言与交往发展具有明显的阶段性特点。

1. 2 岁～2 岁半幼儿语言发展的水平

2岁至2岁半宝宝语言的发展主要表现为:会运用形容词,词汇更为丰富,表达更为完整,说话更为流畅、连贯;开始会用"你"等人称代词进行表达,会说完整的短句和简单的复合句;应答他人问话的速度更快、内容更为完整和恰当;会念简短的儿歌,喜欢倾听故事,会模仿故事里的角色对话,喜欢看图画书,会边看书边自言自语。

2. 2 岁～2 岁半幼儿交往发展的水平

2岁至2岁半幼儿交往的发展主要表现为:交往方式更为熟练,对如何进行有效沟通越来越敏感,在与人交往中初步产生同情心;会对自己的需要提出非常具体的要求,开始会表达自己的情感;初步能从对方的角度进行思考,开始考虑对方知道什么,或不知道什么,开始意识到他人的情感;喜欢参与同伴的活动,能和同伴一起玩简单的角色游戏,会相互模仿,有模糊的角色装扮意识,初步产生简单的是非观念,受到挫折会感到很伤心,有时会大发脾气。

(二) 观察分析重点

根据幼儿语言与交往发展的具体水平,家人可从以下方面进行重点观察分析。

表 2-7　2 岁～2 岁半幼儿语言与交往观察分析表

月龄	内容	观察分析重点
25～30 个月	语言	咿呀学语声基本消失,说话变得流畅; 会用日常生活中一些常用形容词; 开始用"你"等代名词; 会念简单的儿歌; 会说完整的短句和简单的复合句; 能区分书中的图画和文字;

（续表）

月龄	内容	观察分析重点
		愿意独自看简单的图画书。
	交往	出现初步的同情感； 有简单的是非观念； 喜欢参与同伴的活动，能和同伴一起玩简单的角色游戏，会相互模仿，有模糊的角色装扮意识； 开始能表达自己的情感； 开始意识到他人的情感； 受到挫折会发脾气。

（三）观察分析方式

为了全面及时了解幼儿语言与交往的实际发展水平，按照以上观察重点，家人除了运用之前介绍的观察方式外，还可以采用以下方式进行观察分析。

1. 在对话游戏中观察分析

此方式是在与幼儿开展对话游戏的过程中进行的观察分析。此阶段幼儿的对话能力进一步提高，词汇运用较为准确且范围扩大，除了名词、动词之外，开始运用形容词、人称代词等，语句表达更为完整。家人可结合与幼儿玩对话游戏的时机进行观察。例如，词语开花游戏：妈妈说："菊花。"宝宝要答："黄黄的菊花"或"红红的菊花"或"白白的菊花"。一次说出一至两种即可。又如，你问我答游戏：问："什么飞？"答："小鸟飞、蝴蝶飞、鸽子飞、飞机飞。"问："什么爬？"答："小虫爬、乌龟爬、宝宝爬。"问："什么跳？"答："小兔跳、袋鼠跳、宝宝跳"等。从中观察分析幼儿运用词汇进行表达的情况，观察分析幼儿掌握词汇的数量，句子表达的完整性，问答的灵活性和准确性等方面的情况。

2. 在表演活动中观察分析

这种观察分析方式是在带领幼儿开展表演活动的过程中进行的。此阶段的幼儿喜欢玩角色扮演的游戏，在家人的引导下进行表演活动时，幼儿已初步具备角色意识，知道自己的角色身份以及相应的言谈举止。并且在游戏中能够与同伴进行简单的合作。在此过程中，我们可以结合观察幼儿的语言表达和交往情况。

例如，家人可以引导宝宝与伙伴扮演小鸡和小鸭进行表演活动：小鸡一边叽叽叽地叫着，一边对小鸭说："鸭哥哥，我们到草地上玩吧。"小鸭回答："嘎嘎嘎，好吧。"两人手拉手来到草地上，发现草地上有皮球和小虫。小鸭说："小鸡妹妹，我捉小虫给你吃。"小鸡回应："谢谢你！真好吃，你也吃一条。"吃完后，小鸡抱起皮球说："鸭哥哥，我们玩皮球吧。"两人便高高兴兴地玩起了皮球。

通过这一过程，我们可以观察幼儿与伙伴合作表演时的表情、对话、动作，以及口语表达能力和交往合作的发展水平。

3. 在亲子阅读中观察分析

这种观察分析方式是在幼儿与家人进行亲子阅读的过程中进行的。此阶段幼儿喜欢翻阅图画书，对图书中的图像感兴趣，会注意画面，喜欢边翻看图书边听家人讲故事或念儿歌，尤其喜欢家人陪伴他们看图画书。结合亲子阅读观察幼儿的口语表达和交往情况的发展，能够了解幼儿运用词汇、运用语句表达的水平和与人交谈回答问题的实际水平。例如，家人和宝宝一起阅读图画书《工具车本领大》，可从中观察宝宝对画面的关注与理解、画面与自身经验的联系、对画面符号的思考与提问，以及阅读兴趣和与家人交流的内容，从而了解宝宝的语言理解、表达和与人交流的实际情况。

视频

视频2-1：宝宝边看书边交谈

（四）观察分析的注意点

家人根据幼儿语言与交往的发展水平，按照观察重点，灵活运用多种观察方式，能够全面了解幼儿的发展情况。在观察分析过程中，家人需要注意以下问题。

1. 要完整生动表达

在观察分析中，要注意引导幼儿完整且生动地进行表达。家人在与幼儿交谈时，要有意识地运用完整的句子和生动的词语进行描述与表达。在观察幼儿语言与交往发展时，也需注重这方面的引导，以促进幼儿语言的完整性、连贯性，提升其与人深入交谈、交往能力。

例如，在对话游戏中，妈妈问："什么花?"宝宝答："菊花。"此时，妈妈要进一步引导："什么颜色的花? 谁看见了? 在哪里看见的? 花美不美? 宝宝喜欢不喜欢?"从而引导宝宝完整、生动地表达："宝宝在阳台上看见黄色的菊花，好美的花，宝宝很喜欢。"通过这样的引导，不断促进幼儿语言与交往的发展。

2. 要增强角色意识

在观察分析中，要注意增强幼儿的角色意识。生活中要有意识地引导幼儿认识自己的性别身份，不断加深对自身性别、特征以及生活和行为习惯的认识，让幼儿从小树立良好的性别意识，接受科学的性教育。同时，结合故事、儿歌和游戏中的角色表演活动，拓宽幼儿对生活中各种角色的认知，逐步形成清晰的角色意识，了解不同角色的特征和职责；并注重引导宝宝从他人角度思考问题，初步体验他人的情绪，学会表达自己的心情，认识乱发脾气的不良影响。让幼儿在生活和游戏中形成角色意识和任务意识，这不仅有助于促进角色的社会化，推动个体行为的社会化，也有利于幼儿的口语发展和社交活动的顺利进行。

3. 要激发阅读兴趣

在观察分析中，要注意激发幼儿的阅读兴趣。鉴于幼儿喜欢阅读、听故事、朗读儿歌和表演的特点，家人应重视与幼儿一起开展亲子阅读活动，经常一同看图书、讲故事、念儿歌和进行表演。在此过程中，家人要注意与幼儿共同体验图画书中角色的愉快情绪，感受画面和语言之美。要充满激情地带领幼儿阅读，绘声绘色地描述图书内容，并经常与幼儿分角色进行对话和动作表演，陪伴幼儿享受阅读的快乐。这样既能激发幼儿的阅读兴趣，又能促进其口语和人际交往的发展。

二、2 岁半～3 岁幼儿语言与同伴交往的观察分析

2 岁半至 3 岁的幼儿在语言和交往方面发展迅速，阅读兴趣也日益浓厚，与同伴的交往更加深入。在对这一阶段幼儿的语言发展与同伴交往进行观察分析时，我们需要关注以下几个重要方面的内容：

（一）把握语言与交往的发展水平

幼儿的语言与交往发展具有明显的阶段性特点。

1. 2 岁半～3 岁幼儿表达发展的水平

2 岁半至 3 岁幼儿表达能力的发展主要表现为：口语表达能力显著提高，喜欢问"为什么"，开始出现复杂句的表达，说话方式逐渐接近成人，表达的完整性和流畅性有了明显进步，能够主动说出礼貌用语，能理解图画书的主要内容，并能描述其中的简单情节，回答他人问题时表达也更加完整。那些较迟开口说话的幼儿，在这一阶段口语表达进步迅速，语言表达水平逐渐与同龄幼儿相当。

2. 2 岁半～3 岁幼儿交往发展的水平

2 岁半至 3 岁幼儿交往的发展主要表现为：交往范围逐渐扩大，交往技能显著提高，能够在交往中与同伴分享，懂得等待和轮流，会收拾整理玩具，初步掌握简单的交往规则。在交往过程中，情绪表现更加稳定，能够进一步理解他人的情感。此阶段幼儿已有明确的性别意识，会初步表现出性别倾向性的活动，比如喜欢玩属于自己性别的玩具，更愿意参加属于自己性别群体的活动。同时，幼儿开始初步表现出"骄傲、羞愧、嫉妒"等复杂的自我意识，有了成功和失败的体验及相应表现，情绪情感的社会化特征更为明显，个体的独立性也日益增强。

（二）观察分析重点

根据幼儿语言与交往发展的具体水平，家人可从以下方面进行重点观察分析。

表 2-8　2 岁半~3 岁幼儿语言与交往观察分析表

月龄	内容	观察分析重点
31~36 个月	语言	能回答简单问题,会问"这(那)是什么?"等问句; 能说出物体及其图片的名称; 词汇量增多,能说出 5 个字以上的复杂句子; 知道一些礼貌用语,并知道何时使用这些礼貌用语; 理解简单故事的主要情节; 会"念"熟悉的图画书给自己或家人听。
	交往	能较好地调节情绪,发脾气时间减少; 会用"快乐、生气"等词来谈论自己和他人的情感; 有时会隐瞒自己的感情; 对成功表现出积极的情感,对失败表现出消极的情感; 会表现出"骄傲、羞愧、嫉妒"等复杂的自我意识; 知道自己的性别及性的差异,能正确使用性别短语,倾向于玩属于自己性别的玩具和参加属于自己性别群体的活动; 能和同龄小朋友分享玩具等; 知道等待、轮流,有时表现出不耐心; 会整理玩具; 能自己上床睡觉。

(三) 观察分析方式

为了全面及时了解幼儿语言与交往的实际发展水平,按照以上观察重点,家人除了运用之前介绍的观察方式外,还可以采用以下方式进行观察分析。

1. 集体观察分析

这种观察分析方式是在幼儿参加集体活动的过程中进行的,是对幼儿在群体中活动的观察。此阶段幼儿的交往范围不断扩大,喜欢与其他伙伴一起游戏,参与群体活动,感受其中的热闹、兴奋和快乐。通过观察分析幼儿的集体活动,可以了解其在集体中如何与伙伴接触、交谈和交往,包括观察幼儿在交流中使用的词汇和语句,是否能与伙伴合作游戏、遵守规则、具有角色意识,以及情绪变化和表现,是否有明显的独立性或从众性等。这有助于更好地了解幼儿语言与交往的发展情况,为家人提供有效指导依据。

2. 个别观察分析

这种观察方式是家人对幼儿在特定情境下的表现进行的个别观察。它是一种针对具体内容的局部观察,可以是对某一对话内容、某一个游戏活动,或是某一个场景中的交往行为的观察。家人对幼儿语言与交往发展的观察,很多时候都是通过这种个别观察分析来进行的,目的是深入了解幼儿在特定情境下的表现。

例如,家人可以观察宝宝在家中独自玩玩具时的情况。通过观察,了解宝宝如何摆弄玩具,对玩具的态度,玩耍过程中的心情,以及宝宝在玩玩具时自言自语的内容;了解宝宝在遇到困难时如何处理,是否会向家人求助;以及宝宝在玩完玩具后如何处理,是否会与家人交流玩耍的心情和感受等。

这种观察分析有助于家人更深入地了解幼儿在词汇运用、语句表达、口语完整流畅性、问答能力、交谈内容、交往方式以及交往体验等方面的发展情况。

3. 对比观察分析

这种观察分析方式是家人将幼儿不同时期的行为进行对比观察。每个阶段的幼儿都有新的变化,将幼儿当前阶段与上一阶段的表现进行对比,能够发现幼儿的进步和发展情况,更全面地了解幼儿口语表达和人际交往的具体情形。

比如,观察宝宝对话语言运用的变化,可以发现:在前一阶段,宝宝更多是理解家人的问话和执行指示,当妈妈说:"宝宝,洗手了吗? 宝宝,先去洗手再吃苹果。"宝宝能够理解并执行。到了这一阶段,当妈妈这样说,宝宝可能会发问:"妈妈,为什么每次吃苹果都要洗手呀? 爸爸吃苹果有没有洗手呀?"通过对比观察,我们可以了解宝宝口语表达和思维能力的进步,以及宝宝与人交往方式的变化,从而更好地把握此阶段宝宝语言与交往发展的实际水平。

（四）观察分析的注意点

家人根据幼儿语言与交往的发展水平,按照观察重点,灵活运用多种观察分析方式,能够全面了解幼儿的发展情况。在观察过程中,家人需要注意以下问题。

1. 要激励独立性

在观察过程中,家人要注意激励宝宝的独立性,将幼儿独立性的培养贯穿于各项活动的观察之中。此阶段幼儿的自我意识更强,独立性更明显,喜欢自己做事情,会表现出"骄傲、羞愧、嫉妒"等复杂的自我意识,对成功和失败的体验也更为深刻。无论运用何种方式的观察,都需要注意激励幼儿的独立性,让幼儿在自己做事的过程中体验成功,为语言表达积累经验,并在帮助他人做事的过程中与家人、伙伴紧密接触和交谈,促进语言与交往的发展。例如,在观察宝宝与伙伴玩机器人游戏的过程中,发现宝宝都是将机器人的零件拿给伙伴,待伙伴拼装好了再递给他玩,每拿一次就说:"你拼。"有一次,小伙伴也不会拼了,宝宝赶紧拿过来找爸爸拼,此时爸爸应鼓励宝宝自己试着拼,引导宝宝观察零件的特点,比较拼好和未拼好的不同,发现拼接的方法,学着自己拼。如此就能更好地培养幼儿的独立性,促进幼儿语言与交往的发展。

2. 要学习守规则

在观察过程中,家人要注意引导幼儿学习遵守规则。随着宝宝的成长,他们对规则的理解和执行能力不断增强。只要家人注重引导,幼儿就能够遵守日常生活中简单的活动规则,例如吃饭、喝水、如厕、洗漱、睡眠等环节的基本要求。渐渐地,宝宝也能意识到在集体活动和游戏活动中规则的重要性,并能够较好地理解和逐步遵守,比如礼貌做客、友好分享、合作玩玩具等。相反,如果家人不注意规则意识的培养,听之任之,任由幼儿随意而为,那么幼儿的生活习惯和行为习惯就会出现问题,比如边吃饭边到处跑,到了户外随处小便,不能按照正常的作息时间起床和睡觉等。这些问题会给幼儿的语言发展和交往带来负面影响。例如,宝宝可能会因为争抢玩具而影响与同伴的交往,看到喜欢的玩具就动手抢,而不会用语言表达或使用礼貌用语,这样其他小朋友就不喜欢和他交往,不爱和他一起玩。因此,在观察中要注意引导幼儿遵守规则,促进幼儿语言与交往的良好发展。

3. 要培养好性情

在观察过程中,要注意培养幼儿的良好性情。尽管这一阶段的幼儿已经能够较好地调节自己的情绪,发脾气的频率也有所降低,但家人仍需密切关注幼儿的情绪变化,积极培养其拥有一个好性情,让幼儿经常感受到愉悦的情绪,在心情舒畅的状态下与他人进行交流和互动。一旦幼儿遇到令其不开心的事情,家人能够及时察觉并恰当地帮助幼儿调节情绪,引导幼儿把不开心的事情表达出来,学会向他人倾诉,从而使自己的心情恢复平静。此外,家人还应在日常观察中注重引导幼儿多去体验成功的喜悦,让幼儿逐渐明白只要自己付出努力就一定会收获成功;同时,也要引导幼儿正确面对失败,更多地鼓励幼儿从自身寻找失败的原因,进行合理的归因,尤其要避免将每一次失败都简单地归咎于他人或者外部因素。例如,当宝宝在搭建积木时房子倒塌了,宝宝感到非常伤心,这时家人应该和宝宝一起重新搭建,引导宝宝发现搭建过程中的问题,而不是将失败归咎于妈妈没有陪伴在身边或积木不好搭等原因。另外,家人还应结合日常生活内容和各种活动,引导幼儿去感受诸如"骄傲、羞愧、嫉妒"等不同的情感体验,学习用正确的方式调整自己的心理状态,进而培养一个稳定而积极的好性情,促进幼儿的语言能力与社会交往能力的更好发展。

育儿宝典

家长讲故事的用语和态度

如果家长喜欢讲故事,并且熟悉故事内容,就能更好地把握讲故事时的用语和态度。讲故事的语调要温柔且富有变化,但不要过于做作。脸上的表情要亲切,并根据故事的情节做出相应的变化。讲故事时,所用的词语要简明易懂,句子要简短。因为听故事是婴儿学习语言的重要途径之一,他们不仅关注故事情节的发展,还会模仿你的语言表达。学步期是口语迅速发展的阶段,因此,你所用的词语和句子具有重要的示范作用。讲故事时要营造亲切、和睦和愉快的氛围,因为这会对婴儿产生深远的影响。例如,当你给婴儿讲故事后,他们在日后翻阅同一本图书时,可能会回想起你讲解故事时的温馨场景。因此,你就是引导婴儿爱上书籍和阅读的引路人。

宝宝注意力维持时间短怎么办?

向婴儿讲故事时,他们的注意力只维持了两三分钟,便开始转向别的地方,不专心听了怎么办?

建议:婴儿的注意力短暂,这与他们心理上还不成熟有关,是不能勉强的。实验证明,婴儿看一幅图画的平均时间约为三秒钟,即使用一些方法重新吸引他们的注意力,也只能维持极短的时间。因此,如果幼儿表现出不安定、不留心时,表示他们的注意力已经不能集中。在这种情形下,就要在愉快的气氛中结束讲故事活动,转换其他活动。要使幼儿有较长久的注意力,主要是靠图书的内容和图画,还有讲故事的人的亲切语调,以及与讲故事的人在一起的那种温馨感受。如果幼儿觉得在这些方面已享受够了,就不用太在意时间的长短。要是勉强他们听,他们会心不在焉的,并会感到不愉快,这样就抵消了他们刚享受到的乐趣。更有甚者,以后他们可能因此而对故事活动产生抗拒情绪。

任务思考

1. 结合实例阐释2~3岁幼儿言语交往的发展水平。
2. 结合实例阐释2~3岁幼儿言语交往的观察分析重点。
3. 结合实例阐释2~3岁幼儿言语交往的观察分析方式。

实训实践

1. 任务名称:观察分析幼儿的言语交往
2. 任务内容:结合家访和见实习机会,观察记录某一年龄段宝宝言语与交往发展的具体表现,并作出分析。
3. 任务要求
(1) 观察对象要典型,记录要真实、具体、客观。
(2) 分析要依据所学的本项目知识,针对相对应的年龄段特点,分析有理有据,并提出教育建议。
4. 任务目标:应用"观察0~3岁婴幼儿日常言语交往"等有关知识,观察和分析宝宝言语特点,锻炼理论联系实际、观察分析能力。
5. 任务准备:智能手机、笔、记录本等。
6. 任务实施过程:
(1) 复习项目内容,选择观察场景和角度。
(2) 在真实的活动现场,选择一位婴幼儿作为观察对象,做好拍摄和记录。
(3) 从婴幼儿的活动内容、交往伙伴、交谈内容和具体言语、动作、情绪等方面进行分析,并提出教育建议。

"观察0～3岁婴幼儿日常言语交往"实训实践任务单

时间	年　月　日　星期　午　时(分)～　时(分)		地点	
婴幼儿年龄			性别	
任务名称				
任务内容				
观察记录				
分析与建议				

赛证链接

1. 亲子阅读时常用的方法(　　)。(高级育婴师考试练习题)

A. 挑选婴儿喜欢的图书或连环画,带婴儿大声朗读,让他体验阅读的快乐

B. 挑选的图书应是家长喜欢的

C. 毫无目的地讲几个故事

D. 阅读后不要问婴儿问题

2. 指导1～2岁婴幼儿示范发音时,作出示范要用(　　)。(高级育婴师考试练习题)

A. 夸张的语言　　　B. 儿语　　　C. 叠音　　　D. 规范的语言

3. 选择与改编2～3岁婴幼儿听和说游戏,可以带婴幼儿到动物园,边看边提问,让婴幼儿回答问题时用(　　)。(高级育婴师考试练习题)

A. 表情　　　B. 动作　　　C. 儿语　　　D. 语言

4. 随着婴幼儿手的动作的发展,婴幼儿会用手指出听到名称的物和卡片是在(　　)。(高级育婴

师考试练习题）

  A. 0~6 个月   B. 7 个月至 1 岁

  C. 1 岁 1 个月至 1 岁 6 个月   D. 1 岁 7 个月至 2 岁

  5. 0~1 岁为言语的发生期,包括( )三个阶段。（高级育婴师考试练习题）

  A. 发音、认字、学单词   B. 咿呀学语、开始听懂别人说的话和自己说话

  C. 模仿发音、说单词、说句子   D. 模仿说话、说单词、说句子

项目三 指导0~1岁婴儿言语活动

项目导读

指导0~1岁婴儿的言语活动应遵循该年龄段婴幼儿言语发展的基本规律,在此基础上探讨促进其言语发展的有效策略。应依据0~1岁婴幼儿的语言发展规律和特点设计言语游戏,实施活动并评析其成效。

学习目标

知识目标:

1. 掌握0~1岁婴儿言语发展的基本规律。
2. 理解0~1岁婴儿言语发展的培养策略。
3. 初步掌握0~1岁婴儿言语游戏设计、实施与评析的要点。

能力目标:

1. 具有理解和运用0~1岁婴儿言语培养策略的能力。
2. 具有设计、实施与评析0~1岁婴儿言语游戏的基本能力。

素质目标:

1. 理解与尊重0~1岁婴儿的言语发展规律。
2. 乐于与0~1岁婴儿游戏,善于指导言语游戏。

知识导图

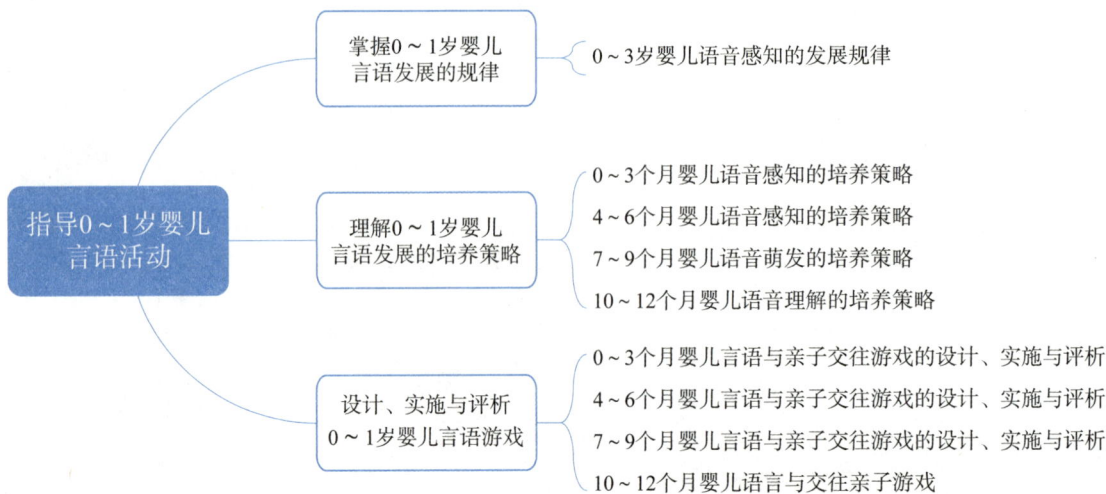

任务一 掌握 0～1 岁婴儿言语发展的规律

案例导入

　　宝宝出生时的哇哇大哭,标志着他第一次进入开口"说话"的预备期。出生后的头一两个月,宝宝会发出"哦"和"啊"的声音,不久之后,就能咿咿呀呀地喃喃自语或发音了。宝宝用舌头、嘴唇、上颚和新长的牙齿来发出声音。当宝宝偶然蹦出第一声"妈妈"或"爸爸"时,家人会无比激动,但宝宝真正把这些词和实际意义联系起来,要到 1 岁左右才能做到。随着宝宝一天天长大,和家人交往中,宝宝逐渐能使用一两个词,并且知道它们的含义。他甚至会练习变换声调,比如宝宝想要人抱的时候说:"抱不?"他开始意识到说话的重要性,以及语言在表达需求方面的强大力量。1 岁半之后,宝宝的词汇量飞速增长,他变得越来越爱说话,交往范围也日益扩大。

　　0～3 岁婴幼儿正处于发展的关键期,其语言能力和交往能力的发展是一个连续的、有次序、有规律的过程,也是由量变到质变的过程。虽然婴幼儿语言发展速度因人而异,但发展规律大致相同。婴幼儿口语发展具体表现在掌握语音、词汇、语法以及语言表达能力等方面,是一个循序渐进的过程,每个阶段都有其独立的发展特点。一般认为,婴幼儿语言发展要经历三个阶段:语言准备阶段、理解语言阶段和表达语言阶段。

0～1 岁婴儿语音感知的发展规律

　　0～1 岁是婴儿语言发展的准备期,也称前语言期或语音感知期。语音感知能力的发展先于发音能力,婴儿需先具备对语音的感知和理解能力,才有可能逐步发展出语言表达能力。语音感知作为语言学习的最初阶段,对婴儿日后语言发展有着重要影响。

　　早在母体内,婴儿就开始了对语言的学习,新生儿会对出生前听到过的母亲的声音、故事以及歌曲产生偏好,这表明出生前的听觉经验对婴儿的语音感知产生了影响。出生后两周后婴儿就会出现对语音的偏爱,语音比其他声音更容易引起宝宝的反应。

(一) 0～3 个月:感知分辨语音

　　0～3 个月的婴儿主要以感知分辨语音为主,他们在生活中感知各种声响,尤其是家人的说话声,不断积累对声音感知的经验。由于舌部、唇部等运动不发达,无法发需要舌唇部多运动的音,没有牙齿,也发不出齿音。婴儿从 2～3 个月起进入自发声阶段。2 个月的婴儿能分辨两音之间的差异及节奏,并对家长的逗引、说话、表情发出声音、做出反应。3 个月时,婴儿开始学会辨认妈妈的声音,并会对新奇的声音转头注视。随着时间推移,此阶段宝宝感知声音的敏感性提高,追随发声方向的反应越来越灵敏。

(二) 4～6 个月:寻找应和语音

　　4～6 个月时,婴儿会寻找声源,能较准确地寻找声音来源,并懂得和成人进行语音交往。家长和宝宝说话时,宝宝有明显的发音愿望,会发出咿呀学语的声音以应和,能和成人一起"啊啊""呜呜"地聊天。在反复观看和倾听家长说话的基础上,通过家长的强化引导,婴儿能逐渐在具体声音和具体事物间建立初步联系,产生音与物之间的条件反射,形成词的最初萌芽,并会听成人语言信号,追随家人语音,配合语音做出相应动作、发音及表情反应。

(三) 7～9 个月:发出双音节

　　7～9 个月的婴儿已经能发连续的音节,发音频率越来越高,喜欢重复发出相同音节,并开始发近似词的音,如"ma-ma、ba-ba"等,能重复发出某些元音和辅音,听懂成人对自己的召唤,会用自己的语音表达情绪,发音越来越像真正的语言。婴儿懂得一些常用词语的意思,会用简单动作、语调和表情表示,发音与实际事物联系更密切,语音含义指向性明确,家人能较快理解宝宝发音所表达的意思,从而更好地回应需求。

(四) 10～12个月:发出不同语调

10～12个月的婴儿处于学话萌芽期,随着发音器官不断完善,能发出更多、更复杂的音节,并将不同音节连起来发,声调从单调变得抑扬顿挫,形成语调,发音更接近成人。他们逐渐建立语音、具体事物和语义之间的联系,虽还不会说话,但已能初步理解话语含义,开始主动参与语言交际活动,将言语、动作、表情结合表示意见。一周岁左右的婴儿对直观形象的图书感兴趣,喜欢观看,会边看边指指点点,同时发出不同语调的声音。

育儿宝典

婴幼儿语言学习指导中的提问技巧

为提高婴幼儿语言学习与思维能力,提问是帮助婴幼儿理解语言、与人交流、思考问题的有效方法。不同类型的提问对婴幼儿语言和思维影响不同。

1. 描述性提问:如"有谁、有什么、是什么、是什么样的、在做什么、有什么表情"等。这属于感性认识提问,可帮助婴幼儿初步了解所学内容,积累经验,储存大量表象和信息,有助于细致观察和清楚表述事物。

2. 判断性提问:如"在什么地方、什么时间、是什么天气、什么是一样"等。孩子需根据情景作出综合判断,有助于思维的准确性、精细性和周密性。

3. 推想性提问:如"他在说什么、在想什么、将会怎么样"等。孩子需分析判断推理,有助于思维的逻辑性。

4. 想象性提问:如"你会想到什么、之前有什么、后来怎么样、像什么"等。孩子回答多由一事物联想到其他事物,有助于思维的流畅性和发散性。

5. 追究性提问:如"为什么、是什么道理、怎么知道的"等。孩子需说出依据,深入思考,使思维更具可行性和指向性。

怎样知道宝宝的说话晚不晚?

建议:通常,孩子2～3岁能较好表达自己意图,4岁基本掌握本民族语口语,5岁后能清楚复述故事大意、看图说话或编简单故事。正常情况下,发育晚与早的孩子有4～6个月差异,超过需注意。

宝宝说话晚的迹象:

4个月:不会模仿父母声音。

6个月:不会笑或大声叫。

8～9个月:不会用声音吸引注意,未开始咿呀学语。

10个月:对名字无反应,不懂表达情绪。

12个月:无肢体语言,不会发一两个声母。

15个月:不明白"不行""再见",肢体语言少于6种,会说的词不足1～3个。

18个月:不会说6～10个词,不会用手指感兴趣的东西。

20个月:会说的声母不足6个。

21个月:不会回应简单指令,不会pretend play。

24个月:不会把两个词连在一起,不知道常见家庭用具功能,不会模仿动作或学说话,不会按要求指出身体部位。

30个月:家人听不懂想法,不会说简单句子,不会问问题,陌生人听不懂。

3岁:不会说短语,听不懂简短指令,对交流不感兴趣,与父母分离困难。

3 岁半：经常不能完整说话。

4 岁：说话结巴，别人听不懂。

任务思考

1. 结合实例阐释 0～3 个月婴儿语音感知发展的基本规律。
2. 结合实例阐释 4～6 个月婴儿语音感知发展的基本规律。
3. 结合实例阐释 7～9 个月婴儿语音萌发的基本规律。
4. 结合实例阐释 10～12 个月婴儿语言理解发展的基本规律。

任务二　理解 0～1 岁婴儿言语发展的培养策略

案例导入

　　一天，妈妈正在收拾屋子，10 个多月的天天在自己的小床里专注地摆弄着一个玩具，边摆弄，边咿咿呀呀地发出各种声音。

　　突然，天天大喊一声："妈妈！"

　　妈妈以为儿子在叫她，就马上跑过来："唉！妈妈在！怎么了？"

　　天天只是笑着看了妈妈一眼，自顾自地玩着玩具。看到儿子没有什么需要，妈妈继续手边的工作。

　　谁知，没过两分钟，儿子又大叫"妈妈！"

　　妈妈再次冲过来，天天依然自顾自地玩着玩具，只是看着妈妈笑一笑……就这样，一会儿的工夫，天天竟然反反复复地让妈妈白白地跑了好几趟。看着儿子兴奋的表情，妈妈困惑了：这个小东西，还不会走路，就会折腾人？

　　宝宝为什么喜欢反复说一个词？专家解读：婴儿从出生后，就"沉浸"在丰富的语言环境中，如海绵吸水一样，吸收着大量的语言信息。突然有一天，宝宝发现，有一个词能够和一个物品配对后，这个结果让他们欣喜不已，于是，宝宝开始喜欢有意识、无意识地重复这种配对行为。这一现象说明：宝宝已经进入语言理解阶段，正在为开口说话做着积极的准备。①

内容阐释

　　人类的语言学习遵循先接收、再理解、然后表达的规律，婴幼儿的言语学习也呈现这一规律——"先学听，再学说；先会读，再会写"。在婴幼儿还没有开口说第一句话之前，并不是远离语言，而是处在前语言理解阶段和语言理解阶段。心理学研究表明：0～6 个月为前语言理解阶段：婴儿处在语音感知时期，为理解语言而积累信息。7～12 个月为语言理解阶段：婴儿通过理解语音、语调、语义，为正式学习使用语言做好充分的准备。

一、0～3 个月婴儿语音感知的培养策略

　　0～3 个月的婴儿不会与成人对话，不能理解成人的语言，更不具备语言表达能力，他们的语言活动

---

① 李利. 蒙台梭利解读儿童敏感期 [M]. 北京：化学工业出版社，2011：10.

是接收性的。但这个月龄段的婴儿也在为语言的感知和理解做着最初的准备。首先,婴儿在新生儿期就学会分辨语音与其他声音;其次,婴儿在2~3个月期间,会发出一些简单的音节等,这些表现无疑为婴儿的语言学习带来了极大的便利。那么,成人应如何根据这些特点,在婴儿的学听、学说、学读方面进行启蒙训练呢?

(一) 学听——帮助婴儿收集周围世界的声音信息

婴儿的听觉从胎儿期开始发育,孕20周的胎儿已经有了听力;婴儿出生时就拥有听觉。能清晰地辨别子宫里听到的各种声音,如语音和音乐。这一点从新生的婴儿特别偏爱妈妈的声音得以证实。由于婴儿是用听觉收集周围世界的信息,来刺激大脑发育,为日后学习语言、发展能力做好准备。在此,成人需要做的就是及早地帮助婴儿保护和训练他的听觉。

1. 倾听和分辨父母恬静温和的嗓音

为新生婴儿创造更多机会倾听父母的声音。例如,宝宝睡醒时,妈妈可用轻柔的声音说:"宝宝睡醒啦!梦见妈妈了吗?"爸爸抱起宝宝时,可用温和的语调说:"宝宝,我是你的爸-爸-,你是我的宝-宝-。"父母应注意发音,因为婴儿易被父母声音中的语音、语调、语韵吸引,这饱含了父母的爱与情感。

宝宝2~3个月大时,父母和抚养者可继续用这种方法吸引宝宝。可以宝宝为中心,站在不同角度和位置,轮流用亲切温和的声音轻声呼唤宝宝,与宝宝说话,训练宝宝追寻声源的敏感性及感知分辨父母嗓音的能力。

2. 用柔美的音乐培养敏感性

有规律的、低沉的音乐,能够唤起新生婴儿对母亲心跳的甜蜜回忆;睡前听旋律优美、曲调柔和的摇篮曲等,可让烦躁的婴儿安静入睡。父母是婴儿听力的启蒙老师。虽然满月后的婴儿已拥有成熟的听力,但他们还不知道如何利用听力来辨别不同的声音,需要父母给予适当的指导,让他们不断地倾听各种声音。例如,给宝宝播放优美的音乐,或是将自己温柔的声音录下来放给宝宝听,或是边朗诵短小有趣的歌谣边有节奏地敲击自制乐器等。这些活动不仅能稳定宝宝的情绪,还能训练他们的有意倾听能力,培养对声音的敏感性。

(二) 学看——开启婴儿视觉发展的机会之窗

婴儿的视觉发育是一个循序渐进的过程。早在胚胎期,眼睛的结构、视神经以及负责视觉的中枢神经系统就已经初步形成,但需要在出生后通过外界刺激来进一步完善神经回路,从而形成完整的视力功能。因此,关注孕期卫生保健以及重视出生后的视觉训练,都有助于婴儿视觉的正常发育。

1. 从注视静止物体到追视移动物体

新生儿最初的视力几乎为零,仅有光感,因此这一时期的宝宝对黑白对比最为敏感。妈妈可以在距离宝宝眼睛25厘米的地方,展示黑白相间的复杂图案,刺激宝宝的视神经,同时用语言引导:"宝宝看,这白白的、亮亮的是什么呢?""这黑黑的、暗暗的又是什么?"当宝宝能够短暂地将注意力集中在某个物体上时,妈妈可以用黑白色调为主的玩具在宝宝眼前左右轻微移动,边移动边说:"宝宝看,球球过来了,球球过去了",以此引导宝宝练习追视。通过第一个月的练习,宝宝逐渐积累了注视黑白图案和追视移动物体的经验。

到了第二至三个月,宝宝开始对色彩鲜艳的物体产生兴趣。此时,妈妈可以拿着带有红、绿、蓝三种颜色的图案或玩具(适当拉长距离),引导宝宝进一步练习注视和追视,训练宝宝左右移动眼球、促进左右眼协同活动的能力。

2. 从阅读人脸到阅读各种变换的表情

宝宝的成长遵循着独特的生命法则,每个宝宝都天生具备阅读的潜能。新生儿在出生后不久就喜欢注视人的脸,到了两个月大时,对人脸的兴趣更是显著增加,喜欢与脸部对称、比例均衡的人对视、交流,这表明宝宝已经开始"阅读"人脸了!因此,宝宝的阅读训练可以从阅读人脸开始。首先,父母可以经常和宝宝面对面玩"对视"游戏,并用和蔼可亲的表情和亲切温和的声音与宝宝说话;随后,再和宝宝玩"变脸"游戏,比如睁眼、闭眼、张大嘴巴、嘟嘴、表现出高兴或生气、哭泣等表情,并配合相应的嗓音,吸引宝宝的注意,引导宝宝初步感知人的声音、声调与说话的嘴形、表情之间的同步关系。

(三) 学发声——拉开婴儿语言训练的序幕

在婴儿前语言理解阶段,成人是否频繁与其讲话、讲话水平的高低,以及是否通过有目的、有计划、有步骤地引导婴儿倾听、模仿、发出与行为有关的声音等一系列活动,都对语言训练至关重要。

1. 珍视婴儿的啼哭

婴儿练习发声和运用气息是从啼哭开始的。如果婴儿的语言能力发展得不是很理想,原因可能要从婴儿降生的那一天说起。其实,婴儿最初的啼哭没有什么特别的社会性意义,主要与生理性需要相关,而随着月龄的递增,婴儿的啼哭才逐渐被赋予社会性意义。因此,如果婴儿一哭便抱、一哭便逗、一哭便喂,这实际上剥夺了婴儿练习发声和练习呼吸的机会。婴儿在吃好、喝好、睡好的状态下哭两声也无妨,这可以视为宝宝语言训练的开始。

婴儿啼哭时,吸气短,呼气长,这与成人说话时的呼吸状态和频率相似。成人说话和表达时,往往是连续发问或说上一段话(呼气长),中间迅速地换上一口气(吸气短),再继续说。许多婴儿在会说话之后不懂得在语句中间换气,正是因为未能掌握好语言的频率与呼吸状况的结合。

2. 引逗婴儿发出单音节

婴儿从 2～3 个月大时起便进入了"自发声阶段"。此时,婴儿开始表现出想要"说话"的迹象。成人可以听到他们在感到舒服和高兴时发出的音节,如"啊""哦""噢"等。这表明宝宝越高兴,发音的频率就越高。因此,为了给婴儿创造更多的练习发音机会,成人一方面应为婴儿营造一个舒适的环境,鼓励他们不断练习发音;另一方面,可以通过诸如"对视"和"变脸"等有趣的互动游戏,引导婴儿发出单音,如"a""o""u"或"i""e"等。一旦成人发现婴儿有这些发音表现,应立即给予回应,并与他们玩"发音游戏"。例如,通过模仿并延长婴儿的发音来强化他们正在形成的语音,刺激婴儿不断模仿,这标志着语言训练的开始。

二、4～6 个月婴儿语音感知的培养策略

4～6 个月的婴儿还处在前语言理解阶段,这个月龄段的婴儿大多没有产生真正意义上的语言理解和表达能力,其语言活动也大多是接收性的。但他们在为语言发展做准备:一方面通过自发的咿呀学语继续"自我训练发音";另一方面对"理解"语言有懵懂进步,尝试通过成人的话语、动作、表情和眼前物品等理解语音意义。因此,成人应继续在学听、学说、学读方面对婴儿进行培养。

(一) 学听——用丰富的声音启发婴儿的听觉智慧

4～6 个月的婴儿听觉器官进一步发育,关注周围声响的时间增长。家人需要创设良好的有声环境,让宝宝充分感知生活中的声音。

1. 日常护理中反复倾听成人的语音

成人应充分利用日常护理环节,轮流与婴儿面对面交流,传递爱的同时,让婴儿近距离观察成人讲话时的口舌运动,便于模仿练习。成人讲话时,尽量使用亲切柔和的语音、富于变化的语调、适中或稍慢的语速和适当夸张的口型,使说出的词和语调与肢体动作及面部表情一致,便于婴儿理解和记忆。如宝宝睡醒后,成人微笑说"宝宝,早上好!";吃奶时说"宝宝,肚子饿了吧,准备吃奶了!";发现宝宝大便了说"宝宝,拉臭臭了,妈妈帮你换尿布",并配合相应表情和动作。

2. 创设丰富的声音环境训练听觉

为训练婴儿听觉感受性,成人应精心创设丰富的声音环境,刺激听觉器官,促进大脑发育。如睡前提供舒缓的器乐曲或配乐故事安抚情绪;醒后播放明快的音乐调动愉悦情绪;在宝宝状态良好时,欣赏成人击打自制乐器或玩适合的声响玩具,或玩"躲猫猫",轻唤宝宝名字,用轻快的语调说:"宝宝,妈妈在哪?噢——,找到了,真棒!"这既能促进视、听觉发展,又发挥无意注意和记忆的优势,提高有意倾听能力,增进感情。

(二) 学看——让婴儿用稚嫩的双眼观察世界

4～6 个月婴儿视觉发展敏感,对周围事物充满好奇,常睁大眼睛注视周围,家人要引导宝宝观察。

1. 从阅读人脸到阅读单幅大图片

婴儿不仅具有天生的阅读能力,而且已逐渐发展起记忆能力,这一点从 2 个月后的婴儿会阅读人脸,4 个月的婴儿会阅读图像,6 个月左右的婴儿会"认生"可以得到说明。因此,对于 4～6 个月的宝宝,家长可以一方面和宝宝玩"摸脸"或"照镜子"之类的游戏,另一方面为宝宝提供单幅大图片供宝宝观赏。例如,在和宝宝面对面交谈时,可以边告诉宝宝自己的五官,边拉着宝宝的小手抚摸相应的位置;或者抱着宝宝在大镜子前按同样的方法玩"五官"游戏。又如,在宝宝面前展示颜色鲜艳、印有人物或动物、日常用品或食品的大 16 开单幅大图片给宝宝阅读时,应边展示边讲解,注意表情要丰富,声音要抑扬顿挫,这有助于引逗宝宝练习发音、分辨颜色、感知物品,有利于激活宝宝的视、听通道,并将言语信息通过耳朵传入大脑储存起来,同时训练其专注力。开始训练时,时间控制在 3～5 分钟,随着月龄的增长,可以适当延长至 10 分钟。①

2. 从"够静止的物品"到"够转动的物品"

继 3 个月的"够物行为"发生后,4 个月的婴儿能双手同时舞动,能有意抓握物品,并能注视手中的玩具。这时父母可以在宝宝手脚够得着的小床上挂些可供拍打的、色彩鲜艳的、运动着的物体来吸引宝宝,并结合语言鼓励宝宝抓握和拍打;接着在小床上空悬挂一串颜色各异、形态逼真的动物"床铃"让宝宝练习。当电钮开动时,优美动听的乐曲悄然响起,小动物们在宝宝的头上方错落有致地旋转着,父母在一旁不失时机地配上音韵和谐的自编儿歌引导宝宝,如"小鱼游呀游,小马跑呀跑,小松鼠跳呀跳,小宝宝抓啊抓,抓啊抓……哦—! 抓到了,真棒!"随即在宝宝的额头上轻轻一吻以示鼓励。在"够取"的活动中,婴儿表现出极大的专注,大脑对手的控制能力越来越灵活准确,储存的语音、语调、语词的信息也越来越丰富,父母应为婴儿的进步感到由衷的高兴。

(三) 学发声——开启婴儿语言训练的计划

4～6 个月婴儿自然发出喉音的次数更为频繁,他们常常在吃奶之后、吞咽时候、高兴之时自然发出一些单音。家人可根据婴儿的这些表现,有意识地给予呼应和强化,帮助婴儿进行语音练习以及建立语音与语义的联系。

1. 引逗婴儿发出咯咯笑声

4 个月后的婴儿,不但学会辨认父母的语音,还学会区别熟悉和陌生的声音;不但对新奇的声音转头注视,也会对家人说话、表情、动作等做出反应,并在家人的逗引中发出咯咯的笑声。对幼小婴儿来说,笑和哭一样,都是练习发声和呼吸的重要方式。此时,家长可以通过各种有趣活动引逗宝宝笑出声来,如继续和宝宝玩"变脸""躲猫猫"游戏,或抱着宝宝玩"抚摸""颠弹"游戏,引逗宝宝发笑。此外,在大动作训练时,可学习"左翻右翻",父母将宝宝横放在大浴巾上,各自抓住浴巾的两个角,轮流拉高或放低,让宝宝在浴巾里滚过来与妈妈对视并碰头,滚过去与爸爸对视并碰头,在体验"翻过来滚过去"的翻身活动中,发出咯咯笑声。

2. 回应婴儿的咿呀作语

该月龄的婴儿开始有积极"说"的表现,常常会咿咿呀呀说个不停,开始时多为单音节,6 个月前后出现较多重叠性双音节,如 ma-ma、da-da、ai-ai 等。4 个月后的婴儿在与成人交往中初步出现学习"交际规则"的雏形,似乎与成人进行"对话"。家长要珍惜宝宝的"咿呀作语",每当此时,应立即放下手里的活,面带微笑地靠近宝宝,先呼唤宝宝的名字,再重复宝宝的发音,一来一往,宝宝再次听到呼唤名字并看到面对面说话时,也会咿呀作语来应和。久而久之,婴儿逐渐学会"交际规则",懂得如何与成人进行语音交往。

三、7～9 个月婴儿语音萌发的培养策略

7～9 个月的婴儿已从连续音节阶段进入"小儿语"阶段,开始说着只有自己才能听得懂的语言。虽然该月龄段的婴儿尚不会与成人进行真正意义上的对话,但对成人语言的理解已有飞速进步,开始借助

---

① 周兢.汉语儿童早期阅读与读写活动的教育指导[M].上海:华东师范大学出版社,2023(10):28—29.

情境理解成人的语言,并通过辨别成人的语音、语气和音色变化,为正式学习使用语言做准备。

那么,成人应如何根据该月龄段婴儿的这些进步,在听话、说话、阅读等方面进行有效培养呢?

(一)学听话——让婴儿获得丰富而规范的话语资源储备

听话是 7～12 个月婴儿重要的语言学习内容。婴儿需获得丰富、规范的话语刺激,经大脑加工处理,形成语言信息并储存,为日后的语言学习做好资源储备。

1. 感知和理解成人的各种话语

8 个月左右,婴儿在反复观看和倾听成人说话的基础上,逐渐能听懂简单的字、词、句,逐步形成词的最初萌芽。成人通过交谈、介绍、解释等方法,能有效引导婴儿感知语音、语调并理解语义。每天与婴儿面对面交谈,无论给婴儿喂奶、洗澡还是换尿片,都用温柔亲切、富于变化的语调反复交谈,把正在做的事情用简短语言告诉他,如"妈妈正在为你洗澡,你要乖乖的"。当婴儿关注某些事物时,要尽可能地向他介绍、解释这个事物,如在街道边或公园里看见小猫小狗,耐心和他一起观看,并告诉他"小猫和你一样,都是小宝宝,它的名字叫咪咪""小狗汪汪很可爱是吧!它跟宝宝一样,穿上衣服很暖和,很好看"。

2. 初步建立语音与实体间的联系

在日常情境中,成人可随时随地捕捉教育契机,通过玩"配对游戏",促使婴儿将语音、语词和常用动作或物品建立联系。联系生活情境"起床、穿衣服、刷牙、洗脸、吃饭、喝水、小便、拉臭臭、睡觉",或动作情境"站起来、坐下去、爬过来、躺下来;拿、扔、敲、给"等和婴儿玩游戏。当成人说出简单词句"躺下来",婴儿就躺下来。反复几次后,这一动作便和语音联系起来,理解了"躺"这个词。同样,成人可用此方法指点实物,帮助婴儿有效建立词与物的联系,如手指宝宝的玩具说"这是小羊咩咩""那是小兔乖乖",每天重复几次,连续几天后再问他"小羊咩咩在哪里",他就会把头转向小羊,或用小手指向小羊,同时可能发出相似声音。可见,配对游戏是训练该月龄宝宝听懂词义的有效方法。

(二)学阅读——让婴儿拥有一双明亮和会发现的眼睛

婴儿通过观察获得外部世界丰富信息,然后通过模仿、思考,逐步发展起向外探索的行为。若父母有目的、有计划让婴儿多观察生活中常见的人、事、物,并加以科学引导,必定会激发婴儿内在的阅读潜能,促进其语言、社会、认知等多方面综合提升。

1. 观察感兴趣的人、事、物

研究人员发现:婴儿最初的学习通过模仿获得,而模仿的前提是仔细观察被模仿者。为训练婴儿观察力,鼓励婴儿从模仿做起,从感兴趣的人与物入手。如宝宝 6～7 个月时,家长可和宝宝玩"找人找物"游戏,爸爸问宝宝"妈妈呢",让宝宝看妈妈,接着问"妈妈在做什么呢",让宝宝观察妈妈正在做的事。也可问宝宝"红灯笼在哪",让宝宝看灯笼,再问"哪里还有一盏一样的红灯笼",让宝宝寻找另一盏灯笼。在与成人互动中,婴儿逐渐学会观察"人与物,人与事",在观察和模仿中逐步建立语言与相应动作及事物的联系,扩展语言交际功能。

2. 观看直观的图片

大多数父母发现,几个月的婴儿就喜欢看画报,尤其喜欢看单一图片或画册。图片和画册上的画面色彩鲜明、形象直观,具有强烈视觉效果,配合短小精悍、节奏押韵、朗朗上口的儿歌朗读,能吸引婴儿注意。此阶段,家人可与婴儿一起观看单一画面的图片、画报或画册,一边指着画面图像一边朗读小儿歌或描述简短小故事,引导婴儿眼睛跟随手指在画面停留观察,如边指画面边讲:"这是小猫咪,它在喵喵叫。我们跟它一起叫:喵喵喵——""小猫咪眼睛圆圆,胡须细细,尾巴长长,全身毛茸茸。""看,这是宝宝的照片,穿着红衣服、蓝裤子、戴着白帽子,多帅气!"经常和婴儿一起观看形象图片和画报,能增进亲子交流,扩展婴儿的认知经验。

(三)学说话——为婴儿将来说出流利又清晰的语言做准备

华盛顿大学的科尔认为:婴儿脑内"听觉地图"大概 1 岁左右完成。在此期间,给婴儿输送越多有意义声音,越能促进其听觉神经元敏感性。同时发现,大脑对未进入听觉地图的声音难以分辨。

1. 成人用形象的语言和婴儿说话

"儿语"是婴儿最喜爱、最能接受的语言形式,指成人和婴儿说话时音频、音调、语速、表情、动作等最易于婴儿接受理解的语言。婴幼儿节目主持人多用这种语言,她们说话时音频音调较高,表情生动活泼,语气形象夸张,语句简短,语言多重复,并辅以丰富肢体动作。生活中常听到的"宝宝来,穿衣衣,穿裤裤",不能称之为"儿语",这种不规范语言会导致婴儿语言发展障碍。在婴儿语言敏感期,家长说出的每一句话都应力求规范,对于启蒙阶段的婴儿,语言学习只有正误之别。家长与婴儿交流时,应放慢语速,复杂的语句要拆分成简单的短句和单词,同时配合夸张身体动作和手势,这样婴儿更容易理解词句意义,从而加快语言学习速度。

2. 在辅食的添加中促进口腔运动

你可能不曾想到,辅食的添加也会影响到婴儿语言的发展吧?现在的婴儿,被家人照顾得太周到了,再加上当今社会科技高度发达,无论多么坚硬的食品都可以用榨汁机打得粉碎。殊不知,总是让婴儿吃太过精细的食品对宝宝的发展是百害而无一利的。婴儿辅食添加是有一定原则的,由少到多、由稀到稠、由细到粗。当婴儿咀嚼固体食物时,他要调动口腔内很多块肌肉进行动作,同时配合舌、咽、喉等呼吸系统的协调,这和婴儿开口说话时运用到的口腔及呼吸系统的配合是紧密联系的。7~9个月婴儿已逐渐长出乳牙,即使还没有长牙,其牙龈也有一定的咀嚼食物能力。所以家人应给婴儿准备有一定质地的食物让其学习咀嚼,这不仅能提供营养支持,又可以丰富认知经验,最重要的是能促进口腔运动,为将来说出流利、清晰、连贯的语言做出应有的准备。作为家长,何乐不为呢!

四、10~12个月婴儿语言理解的培养策略

10~12个月婴儿已进入"学话萌芽"阶段。发出的连续音节明显增多,语调也开始有变化,语言的交际功能明显地扩展。虽然该月龄段的婴儿还不会与成人进行真正意义上的对话,但已经开始真正理解成人的语言,大部分婴儿在本月龄段开始开口,能说出第一个有意义的单词。因此,成人应抓准这一教育契机,对婴儿的听话、说话、阅读等方面进行培养与训练。

(一) 学听话——让婴儿感受语音世界的多姿多彩

10~12个月婴儿已经熟悉家人的语音,对于语音所代表的实际含义也有较为具体和直接的生活经验,语音感知的敏感性进一步增强,此时家人要引导婴儿充分感知语音的丰富性。

1. 倾听周围环境中的各种音响

语言源自生活。没有生活,语言就成了无源之水。只有丰富的生活才能为多彩的语言提供取之不尽的素材。在我们周围的环境中,无论是自然界,还是社会生活,都充满了各种各样的音响。成人应该多带该月龄段的婴儿外出活动,一方面扩大婴儿的视野,提高婴儿机体的抵抗力;另一方面,尽可能引导婴儿倾听、模仿环境中的各种音响。如自然界中风儿"呼呼"作响,蛙儿"咕呱"鸣叫,雨水"嘀嗒"落下;马路上汽车"嘀嘀"鸣号,球场上响起"哔哔"哨声,工地里机器"隆隆"运转;此外,还有庭院中小朋友的玩耍声,左邻右舍小狗小猫的欢叫声,以及自家厨房中锅碗瓢盆碰击声、盥洗室里抽水马桶进水声、客厅中电视机播放节目声、父母手机发出的铃声等。如果我们能从小培养婴儿倾听、模仿各种声音的兴趣和能力,就能丰富他们对各种声音的感性经验,从而为他们听觉的发育和听力的发展打下良好的基础。

2. 倾听优秀的文学艺术作品

优秀、短小、富有节奏的文学作品,是语言艺术的结晶,是婴幼儿的精神食粮,它能为婴幼儿提供规范化、多样化的语言样本,供婴幼儿倾听、模仿、学习和记忆,也是婴儿语言学习不可或缺的重要内容。10个月后的婴幼儿,开始能真正理解成人的语言,并竭力模仿成人的发音。这时,父母可以抱着宝宝,尝试着一边为宝宝讲述《拔萝卜》故事,一边拉着宝宝小手比画着"嗨哟,嗨哟,拔不动";或是边朗诵儿歌《小老鼠上灯台》,边有节奏地晃动身体移动脚步,念到"叽里咕噜滚下来"时突然停住脚步并稍微屈膝下蹲;或是变换不同的音色、声调,边模仿小兔、兔妈妈、大灰狼哼唱《小兔乖乖》,边拉着宝宝的小手,有节奏地轻击房门等,这些情趣盎然、韵味十足的说唱不仅能给宝宝带来快乐的情绪体验和美的感受,还会在大脑中留下深刻印记,进而提高语言输入的质量。值得一提的是:这种倾听文学作品的活动,最好能

在每天的某一固定时间段进行，有利于培养婴儿良好的倾听习惯，提升其有意倾听的能力。

（二）学阅读——挖掘婴儿与生俱来的阅读潜能

10～12 个月的婴儿随着爬行动作的发展，他们的视野日益开阔，观察的事物也日益丰富多样，对周围事物充满了无穷的好奇和探索欲望。此时，家人要引导婴儿多观察、多阅读，为开口说话积累丰富的生活经验。

1. 学习观赏、翻阅图书

1 岁之前是婴儿的前阅读预备期和语言萌芽期，父母的任务是培养宝宝对“图书”的喜爱。即使宝宝出现撕书、咬书、玩书等行为，父母也不必过多干涉。父母必须完成的工作包括：一是提供适宜的图书。适宜的图书是指以单幅图片、图形、脸谱等为呈现形式，具有形象鲜明、色彩鲜艳、内容简单的特点，且突出认知物的读物。比如宝宝能感知到的家人、房子、家具、电器，吃过用过的水果、蔬菜、奶瓶、澡盆，看过玩过的汽车、动物、娃娃、铃铛等。随着月龄的增加，可以接触一些听赏过的、简短的连环故事书，其中所附的儿歌、童谣力求句子简短，节奏明快。让宝宝感受到那些有着鲜艳色彩的图片、被妈妈称为书的东西里面，有很好听的故事和很好玩的游戏；二是设计开展亲子共读活动。父母可以把宝宝抱在怀里进行“平行式阅读”，让宝宝自然接近阅读内容，学习翻阅图书，必要时“手把手”教一教，或采取手指“点读”的方法，训练其手眼协调能力和有意注意能力。让宝宝知道书是一种能打开合上、能学说话的玩具，并通过倾听父母韵味十足的读书声和声情并茂的讲解，萌发对“书”的喜爱。

视频

视频 3-1：妈妈和宝宝快乐阅读

2. 读懂身边的人、事、物

在上一月龄段的“找人找物”游戏基础上，婴儿通过观察与模仿，初步建立了“人与物，人与事”的联系。当宝宝 10 个月大时，观察和模仿能力进一步提升，开始真正理解成人语言，逐渐学会执行简单指令。家人可以经常和宝宝玩这一游戏，引导宝宝进一步观察并模仿养育者的动作和神情。例如：妈妈如何哄宝宝睡觉？爸爸怎么打呼噜？奶奶怎么炒菜？阿姨如何给宝宝洗澡？客人来时，如何拍手、晃身体表示欢迎？如何眯眼、噘嘴逗客人笑？客人离开时，如何挥手、飞吻表示再见？此外，父母可以从每天的电视广告或动画片中寻找合适话题，引导宝宝观察和模仿，让婴儿在与环境互动中，理解“人与物，人与事”之间的关系，进而扩展语言的交际功能。

（三）学说话——婴儿语言发展中最重要的一个里程碑

10～12 个月的婴儿发出的语音越来越积极和丰富，能够有意识地发出一些语音，指向具体实物，将语音与相应事物联系起来。此时，我们要让宝宝更多地感知语音与实际事物的联想，理解语音的具体含义，并积极开口说话。

1. 鼓励婴儿学习新语音、语调和语句

10～12 个月的婴儿处于学话的萌芽期，随着发音器官的不断完善，能发出更多、更复杂的音节，音调也更加多样化，有时会模仿成人的简单肢体语言或新语音。当婴儿尝试模仿时，成人应及时给予肯定，通过鼓掌、点头、微笑、亲吻等鼓励方式增强他们的信心。当然，婴儿第一次尝试发出的新语音可能并不标准，成人不应嘲笑或一味模仿，而是通过正确的示范来引导，如让婴儿观察成人夸张的表情和口型进行模仿，以此调整语调、练习语音。当婴儿说出简单的语句片段时，成人的回答可以进一步扩展和完整，例如将“球”扩充为“宝宝想玩球，对吗？”将“拜”扩充为“宝宝会和叔叔说拜拜了。”由于周岁前宝宝注意力集中时间短暂，往往容易转移注意力，家长要顺着宝宝的思路灵活改变话题，维持其说话的兴趣。例如：“小木马很可爱，我们去玩吧！”“宝宝看到跷跷板了，是不是想玩呀？”

2. 通过“延迟满足”促使婴儿开口

实践证明，家人过于细心呵护可能阻碍婴儿语言发展。生活中，有些妈妈似乎能洞察宝宝的所有需求，不等宝宝开口就提前满足。然而，这种做法可能削弱婴儿通过语言寻求帮助的愿望，形成依赖心理。因此，专家建议：在宝宝学话敏感期内，家人应适当采用“延迟满足”策略，促使宝宝发出语音、做出动作、开口表达。例如，当宝宝想被抱起时，家长可以假装没看见，做出准备离开的样子，引导宝宝通过尖叫声或急促上扬的语调，配合肢体动作来表达被抱的需求；当宝宝想喝水时，先给他一个空水瓶，当他拿着空

瓶无法喝水时,便会努力说出"水"字。家长通过"延迟满足"宝宝的某些愿望和需求,可以有效训练其开口说话的能力。

育儿宝典

孕期注意倾听乐音并远离噪声

为确保宝宝出生后身体健康、耳聪目明,孕期需注意营养均衡,粗细搭配、荤素结合;保持愉快心情,多去公园等空气清新的地方;注重修身养性,闲暇时可听音乐、看画展。对于音乐胎教、语言胎教等要谨慎选择,避免盲目跟风,尤其是音乐胎教。应拒绝用传声器直接向宫内传送声压强、频率高的"胎教音乐",因为这些声音经母体传递后可能变成有害噪声,影响胎儿听觉器官的正常发育。

对0~1岁的宝宝,采用一种语言刺激好,还是两种以上语言刺激好?

建议:目前对此问题存在争议,观点和理由各有不同。

1. 赞同一种语言刺激比较好。认为环境中单一的语言刺激有利于宝宝感知和模仿,能够使这种语言刺激得到不断的强化和巩固,有助于宝宝自始至终地感知、理解和运用,从而有利于宝宝更快地习得语言,促进语言的发展。因此,不建议让宝宝置身于语言复杂的环境中。有些家庭中,父母、爷爷奶奶、保姆各有各的方言,语言环境复杂,多种方言并存,这会使正处于模仿成人学习语言的小宝宝产生困惑,其结果可能导致说话晚。因此,在1岁半到2岁这个学习语言的关键期,家人应着重教宝宝正确的语言,最好都说普通话,避免语言环境过于混乱。

2. 赞同两种以上语言刺激比较好。婴儿听觉专家科尔的发现表明,双语家庭的宝宝是幸运的。如果宝宝从出生后就开始同时接受两种或两种以上的语言刺激,当他学会说话的时候,就会同时开始几种语言的交流。因为双语家庭的宝宝同时接受两种语言的刺激,而每种语言都要经历接收——理解——表达的过程,并且都需要有充分的内化时间,所以他们的语言表达会比只用一种语言交流的宝宝慢一些。然而,一旦宝宝将吸收到的语言内化、理解并分门别类整理好后,就会同时开始几种语言的交流。由此可见,有条件的家庭可以同时为宝宝提供两种或两种以上的语言刺激。例如,每日在相对固定的时间,由相对固定的人,运用标准的语音(如普通话、英语或家乡话等)与宝宝交流,以此来强化宝宝对多种语音的处理能力。因为无论是哪种语言,对于周岁内的小宝宝来说,难度都是一样的。

任务思考

1. 结合实例阐释0~3个月婴儿言语发展的培养策略。
2. 结合实例阐释4~6个月婴儿言语发展的培养策略。
3. 结合实例阐释7~9个月婴儿言语发展的培养策略。
4. 结合实例阐释10~12个月婴儿言语发展的培养策略。

⟳ 任务三　设计、实施与评析0~1岁婴儿言语游戏

案例导入

宝宝仰卧在床上,妈妈面带微笑地注视着宝宝,边按节奏说着歌谣边做以下动作:

"五只胖胖的小白猪"——妈妈用一只手握住宝宝的一只手,另一只手从宝宝的肩部开始,向下抚摸胳膊一直到手,按节奏共做四次;

"白天黑夜睡呼呼"——妈妈双手对换,动作同前,重复一次;

"Lu、lu、lu、lu、lu"——妈妈仍然一手握住宝宝的这只手,另一只手轻轻地滑动宝宝的每个手指;

"快快醒来吃饭喽!"——妈妈的手通过食指和中指的快速交替爬动,从宝宝的肚子上爬到脖子下挠痒痒。

重复一遍,触摸宝宝的另一只手。

这是"五只小白猪"的游戏。该游戏把宝宝的手指比作五只胖胖的小白猪,通过妈妈一边有节奏地说着歌谣,一边做轻柔的抚摸动作,对宝宝进行综合感官的刺激。这既促进了宝宝肌肤及大脑的发育,又培养了宝宝的语感和节奏感,同时增进了亲子之间的感情。[①]

从生命开始,宝宝就开启学习之旅,用独特的方式接收信息、整理数据、输送信号,发展语言和交往行为。这一神奇的学习过程始于生命之初,主要以游戏形式展开,通过亲子游戏有效促进宝宝言语与交往发展。

一、0～3 个月婴儿言语与交往亲子游戏的设计、实施与评析

根据 0～3 个月婴儿言语与交往发展的规律和特点,亲子游戏可以从感知声音、阅读人脸、学习发音三种类型进行指导。

(一) 0～3 个月婴儿言语与交往亲子游戏的类型

0～3 个月婴儿以感知声音和母子交往为主,亲子游戏主要有以下类型。

1. 感知声音的游戏

这类游戏针对 0～3 个月婴儿听觉发展特点,旨在抓住听力发展的敏感期,通过人声、乐声等刺激,促进听觉能力发展。特点如下。

(1) 真实、自然:宝宝出生后,传统的方法是把新生儿和母亲安置在绝对安静的房间里,认为这样的环境有利于婴儿和产妇的休息。但事实证明,绝对安静的环境对新生儿并非好事,不利于宝宝满月后适应自然环境。现代科学发现,真实、自然的环境更有利于刺激新生宝宝的听觉,因为听觉系统需要合适的刺激才能获得最佳发展。

(2) 频繁、丰富:除自然存在的声音外,父母还可以人为地给宝宝提供丰富的有声环境,并对其频繁地进行声音刺激。如家人的说话声、播放的音乐声、操作玩具的声音等,这些声音能给宝宝带来听觉上的刺激和心理上的安慰,进而让宝宝产生安全感。

2. 阅读人脸的游戏

此类游戏主要是针对婴儿视觉和听觉发展特点,以调动其感知器官感知成人的脸部特征及说话的口型而开展的游戏。该游戏以综合调动婴幼儿的视、听器官进行观察为手段,以感知成人的五官、表情与说话口型、语音之间的关系为目的,刺激婴儿模仿的欲望,为开口发出单音做准备。特点如下。

(1) 适当夸张:为使婴儿能近距离观察成人讲话时的口舌运动,以便模仿和学习,要求成人讲话时尽量运用适当夸张的口型、丰富的脸部表情、缓慢的语速及富于变化的语调等与婴儿说话,且说出的词义和口型应同步,便于婴幼儿理解、记忆和模仿。

(2) 面对面交流:由于口型游戏以调动婴儿视、听器官为手段,以感知和模仿成人说话的口型为目的,因此成人与婴儿进行近距离、面对面的交流十分必要。况且,能和妈妈肌肤相亲对小婴儿来说是一件非常愉悦的事情。

3. 学习发音的游戏

此类游戏主要是针对 2～3 月起进入"自发声阶段"的婴儿,为引逗其发出单音并露出笑容而开展的

---

① 注释:根据陈淑宜.陈淑宜奥尔夫音乐亲子教学实用课例精选[M],北京东方影音公司,2011.相关内容整理。

游戏。该游戏通过成人模仿并延长婴儿的发音,来强化婴儿正在形成的语音,刺激婴儿不断模仿,发出单音"ɑ""o""u"等。此游戏特点如下。

(1) 自主、自发:由于进入"自发声阶段"的婴儿开始有了要"说"的表示。当他吃饱睡足时,常常会自主地发出"啊""哦""噢"等单元音,这一现象说明婴儿越高兴,发音的频率就越高。

(2) 随机、灵活:正因为有了自主、自发的特点,所以要求成人一旦发现应立即给予回应,和婴儿玩"发音游戏"。因此,该月龄段的发音游戏具有很强的随机性和灵活性。

(二) 0~3个月婴儿言语与交往亲子游戏的设计

在设计与实施亲子游戏前,首先要深入了解0~3个月婴儿言语发展的基本水平,并全面把握0~3个月婴儿在学听、学看、学发声、学吃、学哭、学笑等方面的教育状况;其次要分析个别婴儿的实际发展水平及需求,再选定适宜的游戏内容,确定科学的游戏目标,并制定游戏的组织要领。

1. 选定游戏内容

根据以上三大类型选择游戏内容。

(1) 感知声音的游戏:感知、分辨父母语音;感知、分辨人声、乐声及环境中各种声音。

(2) 阅读人脸的游戏:注视人脸或图案(黑白、彩色);追视移动的人或物。

(3) 学习发音的游戏:发出单音。

2. 确定游戏目标

根据婴儿的实际发展水平和个体差异,结合游戏类型特点确定游戏目标。

(1) 喜欢听妈妈说话,能听辨父母的声音。

(2) 乐意倾听和谐、优美的乐声和人声。

(3) 对人脸、图案感兴趣,能注视和追视。

(4) 会用不同的哭声表达自己的需要。

(5) 在情绪良好状态下,能发出单音"ɑ、o、u"。

3. 制定实施要领

(1) 游戏的开展应在婴儿觉醒的状态,或在宝宝学吃、学哭、学笑中进行。

(2) 游戏的语言亲切、温和,语速缓慢,语音恬静,音量有所控制,内容简单多重复。

(3) 游戏的动作尽量轻柔,以抚触为主,并与游戏语言相伴相随。

(4) 游戏的时间灵活多变,视婴儿精神状态而定,短则1~2分钟,长则10来分钟。

(三) 0~3个月婴儿言语与交往亲子游戏的实施与评析

0~3个月婴儿语言与交往的亲子游戏丰富多样。下面结合几个典型游戏进行实施与评析说明,以便家长可依据这些游戏的玩法进行改编和创新。

1. 游戏实施:开展0~3个月婴儿言语与交往亲子游戏,一般需根据游戏实施要领和游戏玩法进行。此月龄段宝宝的游戏与生活融为一体,需在宝宝觉醒、情绪平稳时开展,随时可以开始,也随时可以停止,以简短为宜,具体以宝宝的实际情况为准。

2. 游戏评析:评判是否融合婴儿日常生活自然进行,既是生活照料,又是愉悦逗趣;评判是否配合朗朗上口的语句增添游戏乐趣,边照料婴儿生活,边配合语言交流;评判游戏带动者是否情绪饱满、充满亲情,语速缓慢、柔和,动作轻缓;评判是否营造温馨舒适的氛围,让婴儿感觉愉快舒服,获得亲情呵护和体验,同时感知亲人陪伴和言语交流;评判游戏中是否注意尽量与婴儿眼睛对视、保持眼神交流,声音亲切、抑扬顿挫,富有美感等。

[游戏一]

名称:悄悄话

类型:感知声音、阅读人脸

目标:在日常护理中,听妈妈说悄悄话,促进对妈妈语音的感知,传递母子之情。

准备:宝宝觉醒的状态。

实施:

1. 问候宝宝:宝宝睡醒时,妈妈用柔和、亲切的语音、语调和宝宝讲悄悄话,如,"醒来了,小宝宝,梦见妈妈了吗?……"

2. 为宝宝按摩:妈妈边说着悄悄话边轻轻抚摸宝宝的头部、脸部、手部、脚部,如,"妈妈帮你按摩了,让宝宝舒舒服服地。先按眉毛、鼻子、嘴巴——再按头皮、耳朵、肩膀——最后按小手和小脚。"

3. 帮宝宝换尿布:妈妈边说着悄悄话边帮宝宝换尿布,如,"宝宝,拉便便了吗? 妈妈帮你换尿布……好了,小屁屁干净喽!"

4. 喂宝宝吃奶:妈妈抱起宝宝,在固定的地方喂宝宝奶,边说着悄悄话:"吃奶的时间到了,宝宝吃奶了……"

温馨提示:

每天至少2～3次,每次不必从第一环节到第四环节一一进行,可根据宝宝的实际情况灵活进行。

[游戏二]

名称:看爸妈的脸

类型:阅读人脸、感知声音

目标:在爸爸、妈妈的引导下,能一边注视爸妈的脸,一边倾听爸妈的声音,促进对语音的感知,体验亲子感情。

准备:在宝宝吃饱、睡足,情绪愉快的状态下。

玩法:

1. 学看人脸:在宝宝情绪愉快的状态下,父母可轮流来到婴儿床边,与宝宝面对面,引导其看着父母的眼睛,并用轻柔的语调对宝宝说:"宝宝乖,看着妈妈(爸爸)啊,妈妈(爸爸)爱你!"说到"妈妈"或"爸爸"时,可放慢语速、张大口型,吸引宝宝注意。

2. 观察五官:妈妈可先抱起宝宝,与宝宝面对面,逐一介绍自身五官的名称(如"这是妈妈的鼻子"),同时轻轻拉起宝宝的手碰触对应的部位,重复2～3次。

3. 观赏鬼脸:爸爸可接过宝宝,和宝宝玩"变脸"游戏,如睁眼、闭眼、张大嘴巴、伸出舌头、翘起嘴巴、高兴、生气、哭泣等,并伴以相应的噪音吸引宝宝注意,引导宝宝初步感知口唇运动,感知语音、声调与说话的嘴形、表情的同步关系。

温馨提示:

该游戏可以经常玩,但不必每次都从第一环节玩到第三环节,可根据宝宝的实际情况灵活选择其中某一个或两个环节进行。

[游戏三]

名称:啊、哦、呃

类型:发音练习

目标:在成人引逗下,能发出"啊、哦、呃"的单音,并露出回应性微笑。

准备:为宝宝创造舒适的环境,营造愉快的气氛。

玩法:

1. 引逗宝宝露出微笑:成人抱起宝宝,近距离温柔地看着他,反复地说"宝宝,笑一个",同时尝试用手指轻轻地碰碰他的小脸,或抱着他摇一摇,或用干净小毛巾遮住宝宝的脸再突然拿开,玩捉迷藏等,逗宝宝开心,让宝宝脸上绽放笑容。

2. 引逗宝宝发出单音:宝宝在成人的引逗下,一旦发出"啊、哦、呃"的单音,成人应立即给予回应,通过模仿他的表情并延长宝宝的发音,来强化宝宝正在形成的语音,刺激宝宝不断模仿。

3. 更换不同的训练者:让宝宝感受到不同的语音、音色、声调等,利于宝宝多元化地吸收。

温馨提示:

该游戏适合6～8周后的宝宝,游戏时间、地点、训练者可根据宝宝的实际情况,随机、灵活地进行。

(本案例由颜晓燕设计)

二、4～6个月婴儿言语与交往亲子游戏的设计、实施与评析

依据4～6个月婴儿语言与交往发展的规律和特点,4～6个月婴儿语言与交往的亲子游戏可以从感知语音、阅读图物、练习发声等游戏类型入手进行指导。

(一) 4～6个月婴儿言语与交往亲子游戏的类型

4～6个月婴儿以感知语音、自然发音为主,以母子交往为主,亲子游戏有如下主要类型。

1. 感知语音的游戏

此类游戏主要是针对婴儿感知人声的特点开展,以训练其感知语音及语义为目的。旨在抓住4～6个月婴儿语音感知的敏感期,给予良好的刺激,促进婴儿感知成人语音、理解成人语义能力的发展和提高。它具有如下两大特点。

(1) 亲切柔美:事实上,自婴儿出生至一周岁,成人对其说话的语音都应力求亲切、柔美,婴儿所倾听的音乐同样应以优美、抒情为主调。这不但与婴儿的听觉感受器发育特点有关,也与婴儿的心理需求有直接关系。

(2) 情景交融:4～6个月的婴儿在语言"理解"方面有了懵懂的进步。他们通过成人的话语,结合成人的肢体动作、表情,以及成人在其眼前来回摆弄的各种物品,尝试"理解"某些语音的意义。因此,成人应根据这些特点组织相应的游戏活动。

2. 阅读图物的游戏

此类游戏是针对婴儿视觉、听觉、动觉发展特点,以调动其感知觉去感知静止或移动的图、物与成人的语音之间的关系而开展的游戏。该类游戏以综合调动婴儿的感知觉进行观察为手段,以感知静止或移动的图、物和语音的关系为目的,激发婴儿活动的欲望,为下一阶段的语言学习打好基础。它具有如下两大特点。

(1) 认知物突出:为使宝宝能集中注意观察静止或移动的图、物,以便模仿和学习,要求提供的认知物应尽量突出、明朗,背景力求简单,色彩对比强烈,以免分散宝宝的视线,较好吸引婴儿的注意。

(2) 动静交替:由于视力发展的关键期在1岁以前,视觉皮质的脑神经网络联系在婴儿出生的3个月时达到最高峰。因此,对4～6个月的婴儿进行视觉训练,已有一定的生理基础,而动静交替就是针对注视和追视训练提出来的,两者对视力的促进都有着不可替代的作用,必须交错进行。

3. 练习发声的游戏

此类游戏主要针对进入"咿呀学语"阶段的4～6个月婴儿,为引逗其发声而开展的游戏。该游戏旨在通过成人的引逗促使婴儿练习发声,如发出辅音 b、m 等,双叠音 ba-ba、ma-ma、ai-ai,或略略笑声等;强化正在形成的语音,让婴儿练习发声和运用气息的方法,逐渐学习与成人进行语音交往的规则。它具有如下两大特点:

(1) 自发性:进入"连续音节"阶段的婴儿,"说"的欲望和能力都有进一步发展。当婴儿情绪愉快时,会自主发出"咿咿呀呀"的声音,这一现象说明婴儿越高兴,自主进行发声练习的频率就越高。

(2) 交往性:该月龄的婴儿明显变得活跃起来。如果有人引逗,他们会发出长而尖的"略略"笑声。在与成人的交往中,婴儿开始出现学习交际"规则"的雏形。因此,成人一旦发现这种情况,应立即给予回应,和宝宝玩"发声游戏"。

(二) 4～6个月婴儿言语与交往亲子游戏的设计

设计和编制亲子游戏,首先要深入了解4～6个月婴儿言语发展的基本水平,全面把握婴儿在学听、学看、学发声、学动、学浴、学便等方面的教育状况;其次要分析个别婴儿的实际发展水平及需求;最后选定适宜的游戏内容,确定科学的游戏目标,组织合理的游戏过程。

1. 选定游戏内容

依据婴儿的个体发展情况和实际水平,从以上三大类型中进行选择。

(1) 感知语音:感知、分辨父母、养育者的语音;欣赏摇篮曲、童谣、歌谣、故事,聆听成人摆弄声响玩

具、自制乐器发出的声音。

（2）阅读图物：注视脸谱（如摸脸、变脸游戏）、大图片、家居环境；追视距离45厘米以上移动的人或物。

（3）练习发声：发出连续的音节，发出咯咯的笑声。

2. 确定游戏目标

依据婴儿的个体发展情况和实际水平，结合游戏的类型特点预设游戏目标。

（1）喜欢听、辨父母的语音，乐意倾听和谐、悦耳的人声和乐声。

（2）听到别人叫自己名字时，能停止肢体动作并扭头转身注意倾听。

（3）能借助成人的日常生活护理，尝试"理解"某些语音的意义。

（4）对颜色鲜艳、形象可爱的图、物有阅读的兴趣。

（5）有"说"的表示，能发出连续的音节和咯咯笑声。

3. 制定游戏要领

（1）游戏通常在婴儿精神状态良好时，或在婴儿学动、学浴、学便的过程中进行。

（2）游戏的语言要亲切、生动，语速适中，语音清晰、规范，内容相对简单且多重复。

（3）游戏的动作以轻柔为主，适当辅以力度，且应与游戏语言相配合。

（4）游戏的时间灵活多变，视婴儿精神状态而定，短则2~3分钟，长则10多分钟。

（三）4~6个月婴儿言语与交往亲子游戏的实施与评析

4~6个月婴儿语言与交往的亲子游戏丰富多样，现结合几个典型游戏说明实施与评价要点，家长可根据这些游戏的玩法进行改编和创新。

1. 游戏实施

实施4~6个月婴儿言语与交往亲子游戏一般根据游戏实施要领和游戏玩法进行。此月龄段婴儿的游戏与婴儿的生活融为一体，并逐步扩大认知范围。游戏应在婴儿觉醒、情绪愉悦、吃饱且稍作休息后开展，可随时停止，也可重复进行，一切以婴儿为主体，依据婴儿的实际情况开展。

2. 游戏评析

评判是否营造了温馨舒适的氛围，让婴儿感觉愉快舒服，获得亲情呵护和体验，同时感知亲人陪伴和言语交流；评判游戏中是否注意尽量与婴儿眼睛对视、保持眼神交流，声音是否亲切、抑扬顿挫且富有美感；评判是否配合了朗朗上口的语句增添游戏乐趣，做到边照料婴儿生活边配合语言交流；评判游戏带动者是否情绪饱满、充满亲情，语速是否缓慢、柔和，动作是否轻缓等。

［游戏一］

名称：小白兔

类型：感知语音

目标：感知成人的语音，尝试理解语义，增进与父母及带养者的感情。

准备：绒毛小白兔一个，或类似的玩具。

玩法：

1. 认识小兔子：爸爸温柔地抱着宝宝，让自己的下颚抵住宝宝的小脑袋，一边出示毛绒小兔，一边用轻柔的声音跟宝宝说话。如告诉宝宝"这是可爱的兔宝宝，它有一对长长的耳朵，一双红红的眼睛，一身白白的绒毛。它还有一首很好听的歌谣呢！"以此来感知爸爸的语音，培养宝宝和爸爸的感情。

2. 欣赏兔子歌谣：妈妈抱着宝宝，边摆弄小兔边有节奏地反复朗诵歌谣"小白兔，白又白，两只耳朵竖起来，爱吃萝卜爱吃菜，蹦蹦跳跳多可爱。"以此来感知妈妈的语音，增进母子感情。

3. 玩兔子游戏：养育者在宝宝面前，先告诉宝宝"小白兔跑喽！"然后迅速地将小兔藏在自己的身后；躲过宝宝的视线，迅速地将小兔放在宝宝的左侧（或右侧），并朝着宝宝左侧（或右侧）对他说"小白兔在这呢？"。以同样方法训练另一侧，以此来感知养育者的语音，尝试理解语义，增进感情。

温馨提示：

该游戏可以经常玩。每次可以灵活更换实物玩具，灵活选择其中某一个或两个环节，每一个环节还可以灵活更换训练者，让宝宝感知来自不同人的语音。

[游戏二]

名称：小手真能干

类型：感知语音

目标：借助手的动作练习，感知语音与动作的关系，尝试理解词义。

准备：在宝宝状态好的时候进行。

玩法：

1. 摸一摸：在宝宝的房间里，可以悬挂或张贴父母等家人的大幅彩色相片，引导宝宝阅读指认，成人最好用清晰、规范的语言说出相片或图案的名称，同时让宝宝伸出手去触摸。不必在意宝宝是否听得懂，只需多次重复即可。在感知"摸"的动作中激发宝宝对着喜欢的图物发声。

2. 抓一抓：将带响玩具拿到宝宝面前，吸引其注意力，待宝宝注视后，再将玩具放在宝宝看得到够得着的地方，激发宝宝"碰一碰、抓一抓、握一握"的欲望。若是宝宝只看不伸手，可用玩具碰触他的手，引导他伸手；若宝宝伸手碰了几次，仍抓不准或握不住玩具，就将玩具直接放在他的手里，帮助他学习抓握。在感知"碰""抓""握"的动作中激发宝宝对着喜欢的玩具发声。

温馨提示：

当宝宝头部可以稳定竖立时，就可以抱着宝宝一起看一些色彩鲜艳、线条清晰、每页只有一两幅图案的画册，并坚持每天在固定的时间、地点玩同一内容游戏；当宝宝手的动作开始发展，有了随意的抓握动作时，就可以逐步训练其手眼协调和五指分化的动作。

[游戏三]

名称：咕咕嗒

类型：感知语音、练习发声

目标：感知语音，体验亲情，模仿发出"咕咕"的声音。

准备：在宝宝醒来时，妈妈与宝宝面对面，视线相对。

玩法：

1. 轻唤宝宝："宝宝好！宝宝乖！"数遍，吸引宝宝的注意。

2. 告诉宝宝："妈妈要教你学一首儿歌，儿歌名称叫'咕咕嗒！'。"

3. 妈妈边有节奏念儿歌，边轻柔地做以下动作：

"咕咕嗒！咕咕嗒！"有节奏地用手轻轻挠宝宝的肚皮，逗引宝宝微笑；

"鸡妈妈，要生蛋。"握住宝宝的两只小手轻轻摆动似母鸡翅膀抖动；

"咕咕嗒！咕咕嗒！"动作同前，节奏放慢，嘴形夸张，引起宝宝的注意；

"生了一个，大鸡蛋。"握住宝宝的两只小手轻轻相碰似抱大鸡蛋状。

"咕嗒，咕嗒，叫得欢！"握住宝宝的两只小手轻轻拍手三下。

"咕咕嗒！"握住宝宝的两只小手往两边轻轻打开。

4. 告诉宝宝："儿歌念完了，宝宝真棒！"轻轻在宝宝脸上亲亲以示鼓励。

温馨提示：

1. 此游戏可在宝宝 4～6 个月时开展。

2. 家人要按儿歌节奏边朗读边做动作。

3. 念到"咕咕嗒"时，速度稍慢，强调每一字的发音。

三、7～9 个月婴儿言语与交往亲子游戏的设计、实施与评析

针对 7～9 个月婴儿语言与交往发展的规律和特点，7～9 个月婴儿语言与交往的亲子活动，可以结合听辨语调、阅读人事物、学习开口这三类游戏进行有效的教育与培养。

（一）7～9 个月婴儿言语与交往亲子游戏的类型

7～9 个月婴儿以感知语音，练习发音、亲子交往为主要内容，亲子游戏有如下主要类型。

1. 听辨语调的游戏

此类游戏是针对婴儿听觉感受性发展特点,以训练其感知和听辨人说话的语气语调而开展的游戏。目的在于训练婴儿感知、分辨成人说话或朗读时所表达的情绪与态度,并学习用简单的表情、肢体动作、声音等语言来回应。它具有如下两大特点。

(1)态度分明:广义的语调可以包括与音强有关的重音、轻音,与音长有关的说话速度、拖腔等;狭义的语调则直接指向情绪情感与态度。由于广义的语调所包含的内容极为复杂,涉及诸多微妙元素,而狭义的语调所指向的内容比较浅显,更适合婴儿的认知水平。

(2)借助情景:语调的训练通常借助情景进行。即根据有趣的情景,成人用不同的语调和表情与婴儿面对面讲话,使婴儿能够综合借助视听器官感受到语言中的不同感情成分,便于理解、模仿和学习,进而提高沟通能力。

2. 阅读人事物的游戏

这种游戏是针对 7 个月以上婴儿身心发展特点,以调动其感知器官感知周围环境中的人、事、物与成人语言之间的关系为目的而开展的游戏。游戏以婴幼儿身边的人、事、物为观察对象,通过综合调动其感知觉观察感兴趣的人、事、物,逐步建立起人与事、人与物的关系,从而刺激婴儿活动的欲望,引导其学习与亲人以外的人交往,为理解和学习语言打好基础。它具有如下两大特点:

(1)模仿性:要激发婴儿内在的阅读能力,首先必须通过观察从外部世界获取信息,再进行模仿、学习和思考,然后再加以父母的科学引导,才能发展为向外界的探索行动。

(2)交往性:游戏以婴儿身边感兴趣的人、事、物为观察对象,在亲人的引导下,婴儿通过扩大观察范围,学习与亲人以外的人交往,这是此类游戏的又一突出特点。

3. 学习开口说话的游戏

这种游戏主要针对进入"学话萌芽"之前的 7～9 个月的婴儿,是为鼓励其开口而开展的口唇运动游戏。旨在通过成人反复的、正确的示范,激发并引导婴幼儿模仿练习,以锻炼其口舌运动的力量和灵活性,为正确地发出语音打好基础。具有如下两大特点:

(1)口舌运动:良好的口腔运动训练是婴儿将来能说出流利、清晰、连贯语言的前提。家长应抓住孩子开口学话的关键期,有目的、有计划地对其构音器官以及构音协调能力进行锻炼。

(2)趣味、模仿:口舌运动游戏是最好的发音锻炼活动,既好玩、有趣,便于激发婴儿模仿的兴趣,又符合该月龄段生理和心理发育的需要,有益于锻炼其口舌运动的力量和灵活性,为正确发出语音打好基础。

(二)7～9 个月婴儿言语与交往亲子游戏的设计

设计和编制亲子游戏,首先要深入了解 7～9 个月婴儿语言发展的基本水平,全面把握该月龄婴儿在学听话、学阅读、学说话、学睡觉、学交往、学游戏等方面的教育状况;其次要分析婴儿个体的实际发展水平及需求;最后选定适宜的游戏内容,确定科学的游戏目标,组织合理的游戏过程。

1. 选定游戏内容

根据以上三大类游戏类型,选择适合宝宝实际水平和需要的游戏内容。

(1)听辨语调游戏:感知、分辨各种语调;听辨并执行成人的指令。

(2)阅读人事物游戏:观察、模仿感兴趣的人、事物;阅读单页单幅图的图书。

(3)学习开口说话游戏:咀嚼食物的口腔运动;促进开口的社交性游戏。

2. 确定游戏目标

根据 7～9 个月婴儿言语发展的基本水平和个体的发展特点,结合游戏类型特征预设游戏目标。

(1)乐意倾听成人用不同语调朗诵富有节奏、简短有趣的歌谣。

(2)能借助情境听辨成人的语音、语气和语调,听懂简单的字、词、句。

(3)具备初步的模仿能力,开始学习运用简单的肢体语言与人交往。

(4)逐步学会观察"人与物、人与事",并在模仿中建立语言与动作及事物的联系。

(5)有"说"的兴趣,积极参与有助于口腔运动的游戏。

3. 制定游戏要领

我国《托育机构保育指导大纲(试行)》语言领域 7～12 个月的保育要点指出:经常和婴儿说话,引导其对发音产生兴趣,模仿和学习简单的发音。向婴儿复述生活中常见物品和动作,帮助其逐渐理解简单的词汇。引导婴儿使用简单的声音、表情、动作、语言表达自己的需求。为婴儿选择合适的图画书,朗读简单的故事或儿歌。

依据这一保教要点,结合 7～9 个月婴儿言语发展水平和个体实际情况,围绕游戏目标与玩法制定游戏实施要领。

(1) 游戏一般在婴儿心情愉快时开展,或在宝宝学阅读、学交往的过程中进行。

(2) 游戏的语言力求生动有趣,语调应抑扬顿挫,富于情境性,内容简短、多重复。

(3) 游戏动作既有轻柔的小动作,又有力度较大的动作,且与游戏语言相伴进行。

(4) 游戏时间视婴儿精神状态而定,短则 3～4 分钟,长则 10 多分钟。

依据我国《托育机构保育指导大纲(试行)》语言领域 7～12 个月的保育要点指出:经常和婴儿说话,引导其对发音产生兴趣,模仿和学习简单的发音。向婴儿复述生活中常见物品和动作,帮助其逐渐理解简单的词汇。引导婴儿使用简单的声音、表情、动作、语言表达自己的需求。为婴儿选择合适的图画书,朗读简单的故事或儿歌。[①]

依据这一保育要点,结合 7～9 个月婴儿言语发展水平和个体实际情况,围绕游戏目标和玩法制定游戏实施要领。

(1) 游戏的开展一般在婴儿心情愉快的状态下进行,也可在宝宝学阅读、学交往的过程中开展。

(2) 游戏的语言力求生动有趣,语调应抑扬顿挫,富于情境性,内容简短且多重复。

(3) 游戏的动作既有轻柔的小动作,又有力度较大的动作,动作应与游戏语言相伴进行。

(4) 游戏的时间视婴儿精神状态而定,短则 3～4 分钟,长则 10 多分钟。

(三) 7～9 个月婴儿言语与交往亲子游戏的实施与评析

7～9 个月婴儿语言与交往的亲子游戏丰富多样,现结合几个典型游戏说明活动的实施与评析要点,成人可根据这些游戏的玩法进行改编和创新。

1. 游戏实施

开展 7～9 个月婴儿言语与交往亲子游戏,一般根据游戏实施要领和游戏玩法进行。此月龄段婴儿言语交流更为活跃,爬行练习越加熟练,言语游戏范围进一步扩大,但依然要与婴儿的生活内容和作息活动相结合,也是在婴儿觉醒、情绪愉悦、吃饱稍作休息后开展,可随时停止,可重复进行,以婴儿为中心,依婴儿的实际情况开展。

2. 游戏评析

评判游戏活动氛围是否温馨舒适,让婴儿感觉愉快舒服,获得亲情呵护和体验,也感知亲人陪伴和言语交流;评判游戏中是否注意尽量与宝宝眼睛对视、保持眼神交流,声音亲切、抑扬顿挫,富有美感;评判成人与婴儿的互动性和语言表达的规范性,是否配合朗朗上口的语句增添游戏乐趣,边照料婴儿生活,边配合语言交流;评判成人情感的投入和感染力,游戏带动者是否情绪饱满、充满亲情,语速缓慢、柔和,动作轻缓等。

[游戏一]

名称:乖宝宝

类型:听辨语调

目标:听辨语调,理解"不"的词义,提高对成人语言的理解能力。

准备:一杯热水;若干大人、小孩使用的物品。

玩法:

---

① 国家卫生健康委.托育机构保育指导大纲(试行)[Z].国卫人口发〔2021〕2 号,2021 - 01 - 12.

1. 热水杯，不要碰

（1）妈妈指着热水杯，皱着眉、摇着头，对宝宝说："烫，不要碰！"

（2）妈妈拉着宝宝的手，轻轻触摸一下杯子，马上离开杯子，对宝宝说："烫，不要碰！"

（3）妈妈观察宝宝接下来的表现，若宝宝自己伸手去触摸，妈妈应及时拉回宝宝的手，再次强调："烫，不要碰！"并轻轻拍打他的手，制止行为；若宝宝已停止动作，不再伸手去碰触热水杯，妈妈应及时表扬："宝宝真乖！"并搂抱宝宝。

2. 有些事，不能做

（1）在宝宝活动的区域内摆放若干物品，其中有大人使用的物品，也有小孩玩耍的物品。

（2）当宝宝拿起可玩耍的物品，模仿成人的表情、动作、声音等进行游戏时，家长应鼓掌给予肯定，说："宝宝真棒！"

（3）若宝宝拿起不该拿的物品（如家电遥控器）或有危险的物品（如电源插头）玩耍时，家长应及时握住他的手或向他摆手，并看着他的眼睛，严肃地说："不行！"

温馨提示：

即使宝宝哭闹不肯罢休，家长也要坚持，想办法转移注意力。慢慢地，孩子就能明白：大人不让做的事不能做。

［游戏二］

名称：懂礼貌

类型：听辨语调、阅读人事物

目标：学习与家人以外的成人或同伴交往，尝试用简单的表情、肢体、声音等语言表达。

准备：结合日常生活情景，随机进行教育。

玩法：

1. 与成人交往：家长带宝宝外出时，根据以下情景进行引导

（1）碰到熟悉的人时，引导宝宝以"笑一笑"的方式打招呼；

（2）离开熟悉的人时，引导宝宝通过"挥挥手"进行道别；

（3）碰到高兴的事，引导宝宝用"拍拍手"表示开心或欢迎。

（4）遇到不想做的事，引导宝宝用"摇摇头"表达自己的想法。

2. 与同伴交往：家长通过带出去或请进来的方式，为宝宝创造与同伴一起玩的机会

（1）观察宝宝是否喜欢在一旁看其他的孩子玩。

（2）观察宝宝是否喜欢和月龄相近的孩子做伴，如一起在垫上或坐或爬或滚皮球。

（3）观察宝宝是否喜欢听从比他大的孩子的指令，做出相应的动作、表情，发出兴奋的声音来。

温馨提示：

在婴儿每学习一项新本领之前，家长要边讲解边示范，再引导和鼓励宝宝模仿练习，帮助宝宝在学会说话之前，先学会运用身体动作与人沟通的方式。家长要利用一切可以利用的时机，为宝宝提供反复练习的机会。

［游戏三］

名称：摆一摆、碰一碰

类型：学习开口说话

目标：体验冒险、刺激、兴奋的感觉，增进父子感情，训练唇舌的灵活性。

准备：爸爸坐在床上，伸展双脚，让宝宝坐在腿上，扶住宝宝身体，视线相对。

玩法：

1. 摆一摆、碰一碰

（1）摆一摆：左右摇摆宝宝身体（左右各一下）；

（2）碰一碰：前后摆动宝宝身体（先向后再向前），父子碰头。

反复一次，引逗宝宝发笑。

2. 做做唇舌操

（1）张大口——啊、啊、啊。

（2）伸舌头——啦、啦、啦。

（3）搓搓唇——叭、叭、叭。

（4）弹弹舌——哒、哒、哒。

反复一次，引逗宝宝模仿。

3. 爸爸边朗诵儿歌，边带宝宝玩动作与唇舌游戏

（1）摆一摆、碰一碰，张大口——啊、啊、啊。

（2）摆一摆、碰一碰，伸舌头——啦、啦、啦。

（3）摆一摆、碰一碰，搓搓唇——叭、叭、叭。

（4）摆一摆、碰一碰，弹弹舌——哒、哒、哒。

（5）咱俩越摆越碰越开心，爸爸妈妈笑哈—哈—！

反复一次，每遍念完鼓励宝宝模仿，发出"爸爸"和"妈妈"的音节。

温馨提示：

第一次玩这游戏时，爸爸的动作要相对温柔一点，以后逐渐放开，让宝宝真正感受到爸爸粗大有力的动作，体验冒险、刺激、兴奋的感觉。而做唇舌训练的时候，语速放慢，口型适当夸张，让宝宝看得清楚，模仿得准确。

四、10～12 个月婴儿语言与交往的亲子游戏

依据 10～12 个月婴儿语言与交往发展的规律和特点，10～12 个月婴儿语言与交往的亲子游戏可以从理解语言、阅读图书、学习说话等游戏类型入手进行指导。

（一）10～12 个月婴儿语言与交往亲子游戏的类型

10～12 个月婴儿以练习发音、理解语义为主，人际交往以亲子交往、同伴交往为主，亲子游戏有如下主要类型。

1. 理解语言的游戏

理解语言的游戏是针对该月龄婴幼儿语言发展特点，为训练其理解成人的各种语言，促进其沟通和交流而开展的游戏。目的在于训练婴幼儿感知、听辨、理解成人的声音语言、表情语言、肢体语言等，促进其沟通交流，增进亲子间的情感交流，培养良好的依恋关系。它主要有如下两个特点。

（1）情境性：虽然本月龄段的婴儿已能听懂日常生活中很多语言，但他们的理解具有很大的情境性，往往并非真正理解成人说话的含义，而是需要借助成人说话时的语调、表情、手势来判断。

（2）文学性：文学作品能为婴幼儿提供规范化、多样化的语言样本，它不仅是婴儿倾听、模仿、学习语言不可或缺的重要内容，也是训练其感知、听辨、理解成人的声音语言、表情语言、肢体语言等的有效途径。

2. 阅读图书的游戏

阅读图书的游戏是针对处于前阅读预备期的婴儿，根据其身心发展特点，以调动其感知觉，使其感知图画书以及周围环境中人、事、物与成人语言之间的关系而开展的游戏。目的是萌发婴儿对"图书"的喜爱，使之自然接近阅读内容，乐意摆弄、翻阅图书，知道书是一种能打开合上、能帮助学习说话的玩具，从而初步培养其阅读兴趣。它主要有如下两个特点。

（1）操作性：1 岁前是宝宝前阅读的预备期，为了萌发宝宝对"图书"的喜爱，可以让宝宝自然接近阅读内容，学习翻阅图书。即使宝宝撕书、咬书、玩书，也不必过多干涉。

（2）拓展性：该月龄的阅读内容非常广泛。除了突出图书阅读这一重点，还需深入拓展上一月龄段读懂身边人、事、物的内容，让婴儿在与周围环境不断的互动中，增强语言的交际功能。

3. 学习说话的游戏

学习说话的游戏针对处于"学话萌芽期"的婴儿，根据其发音器官发育特点，成人给予示范、鼓励，让

婴儿模仿、学习、操练新语音,进而发出第一个有意义的音节。旨在鼓励婴儿通过模仿、学习、操练新语音,发出更多、更难的音节,为 1 岁后的正式开口说话做准备。主要特点如下:

(1) 启蒙性:针对"学话萌芽期"婴儿的说话训练,内容以基础、入门知识为主,意在开导蒙昧,为正式开口说话做准备。

(2) 游戏性:为使婴儿积极模仿、学习、操练新语音,家长需创设宽松、愉快、有趣的游戏活动,促使婴儿有效练习发音、理解语言。

(二) 10~12 个月婴儿语言与交往亲子游戏的设计

设计和编制亲子游戏的步骤为:首先深入了解 10~12 个月婴儿语言发展的基本水平,并全面把握该月龄婴儿在学听话、学阅读、学说话、学表达、学走路、学秩序等方面的教育状况;其次分析个别婴儿的实际发展水平及需求;最后选定适宜的游戏内容,确定科学的游戏目标,并制定合理的游戏要点。

1. 选定游戏内容

根据以上三大类型,结合婴儿言语发展的实际需要选择游戏内容。

(1) 理解语言的游戏:倾听文学作品及环境中各种音响;理解并执行成人的各种指令。

(2) 阅读图书的游戏:翻阅图书,亲子共读。

(3) 学习说话的游戏:学习新语音,学叫爸妈,学动物叫,吹气游戏。

2. 确定游戏目标

根据婴儿的言语发展水平和个体实际特点,结合游戏类型的特点预设游戏目标。以下总目标供参考。

(1) 喜欢边翻阅色彩艳丽、形象可爱的图画书,边倾听有节奏、有趣味的歌谣或故事。

(2) 乐意倾听周围环境中的各种音响,能听懂并执行简单的生活常规指令。

(3) 听到别人对自己说话时,能用声音、肢体、表情或者单词做出反应。

(4) 有摆弄图书的意识,学习在成人指导下翻阅图书。

(5) 能发更多、更难的音节,能说出第一个有意义的单词。

3. 制定游戏要领

我国《托育机构保育指导大纲(试行)》语言领域 7~12 个月婴儿的保育要点指出:经常和婴儿说话,引导其对发音产生兴趣,模仿和学习简单的发音。向婴儿复述生活中常见物品和动作,帮助其逐渐理解简单的词汇。引导婴儿使用简单的声音、表情、动作、语言表达自己的需求。为婴儿选择合适的图画书,朗读简单的故事或儿歌。[①]

依据这一保育要点,结合婴儿言语发展的实际水平和婴儿个体差异,依照预设目标,结合游戏类型特点制定游戏实施要领。

(1) 游戏在婴儿心情愉快时开展,或在婴儿学走路、学秩序的过程中进行。

(2) 游戏的语言要丰富多样,语调抑扬顿挫,语音清晰规范,语句完整且多重复。

(3) 游戏动作以轻柔为主,适当辅以力度,且应与游戏语言相配合。

(4) 游戏的时间灵活多变,视婴儿精神状态而定,短则 3~4 分钟,长则 10 多分钟。

(三) 10~12 个月婴儿语言与交往亲子游戏的实施与评析

10~12 个月婴儿语言与交往的亲子游戏丰富多样,现结合几个典型游戏说明实施与评析要点,成人可根据这些游戏的玩法进行改编和创新。

1. 游戏实施

开展 10~12 个月婴儿语言与交往亲子游戏,一般根据游戏实施要领和游戏玩法进行。此月龄段婴儿言语交流更为活跃,即将开口说话,言语游戏范围进一步扩大。游戏需与婴儿的生活内容和作息活动相结合,在婴儿觉醒、情绪愉悦且吃饱稍作休息后开展,可随时停止,也可重复进行,始终以婴儿为中心,

---

① 国家卫生健康委. 托育机构保育指导大纲(试行)[Z]. 国卫人口发〔2021〕2 号,2021 - 01 - 12.

依据婴儿的实际情况灵活开展。

2. 游戏评析

评判游戏活动氛围是否温馨舒适,让宝宝感觉愉快,获得亲情呵护和陪伴,体验言语交流;评判婴儿在游戏中的主体积极性,是否注意与婴儿眼睛对视、保持交流,声音是否亲切、抑扬顿挫、富有美感;评判成人与婴儿的互动性和语言表达的规范性,是否借助朗朗上口的语句增添游戏乐趣,在照料婴儿生活的同时进行语言交流;评判成人情感的投入和感染力,游戏带动者是否情绪饱满、充满亲情,语速是否缓慢柔和,动作是否轻缓;评析游戏玩法和目标的实施情况。

[游戏一]

名称:配对游戏

类型:理解语言

目标:感受语音,理解语义,体验亲情,初步建立语音与实体之间的联系。

准备:家人的相册,宝宝的玩具等。

玩法:

1. 指认家人:把家人的相册拿出来和孩子一起观赏,让孩子找一找"宝宝在哪里?""妈妈喂宝宝吃奶在哪里?""爸爸抱宝宝玩游戏在哪里?""爷爷奶奶跟宝宝在一起的在哪里?"如果孩子找不到,家长可以指着照片告诉他;如果孩子找到了,家长要及时鼓励。

2. 听音取物:把孩子喜欢的玩具摆放在他的面前,先逐一引导指认,再逐一发出拿取的指令。如,"谁会咩咩叫?""把玩具小羊拿过来。"开始时,成人可以先示范伸出手指指认,再伸出手拿取,渐渐地便可以让孩子自己动手拿取。

3. 听音动作:在日常生活、日常交谈中,家人经常对宝宝发出指令,如,"躺下去""坐起来""爬过来""妈妈抱、上街玩""张开嘴,吃饭了"等,让孩子尽快掌握语音和动作之间的关系。

温馨提示:

该游戏是7~12个月孩子最适宜、最常玩的游戏,家长可以根据每个月份、每个宝宝的实际情况,选择感兴趣的、熟悉的、能理解的配对对象,采用适宜的语言指令,循序渐进地开展游戏。如从指认家人,扩展到指认家人以外的人;从指认玩具,扩展到指认家里家外熟悉的物,从指认静止的人事物,到指认活动的人事物。

[游戏二]

名称:宝宝的书

类型:阅读图书

目标:通过读书、听书、看书、翻书,给予良好的语言刺激,萌发对图书的喜爱。

准备:把宝宝最喜欢的颜色、动物、食物、人物等图片收集起来,通过塑封,制作成一本属于宝宝的小书,并不断扩充图书内容。

玩法:

1. 听书、读书:家人抱着宝宝,在床上(或沙发、或地垫)坐下。家人边一页一页翻书,边运用儿化的、规范的、文学性的语音读书(即兴地解读),引导宝宝边看边听。例如:"这是红色,宝宝最喜欢的颜色""这是小狗,小狗会汪汪汪地叫""这是宝宝最喜欢的妈妈,看! 妈妈在看着宝宝笑。"

2. 翻书、看书:让宝宝自己坐下,家人在宝宝面前放一个软垫,方便宝宝在垫上自由翻书、看书,接近阅读内容。当宝宝翻到某个地方并表现出认真观看时,家长应立即给予必要的解读。

温馨提示:家人每天抽出固定时间,陪着宝宝进行亲子共读。不要在意宝宝是否听得懂,是否会按规矩一页一页翻书。每天变换不同的字、词、句,充实宝宝的语词积累。随时增加小书的内容,把更多宝宝感兴趣的人、事、物等内容塑封好填充进去,让宝宝拥有一本专门属于自己的、有助于提高语言及认知发展的书。

[游戏三]

名称:起床歌

类型:理解语言、开口说话

目标:增强语言与动作及身体各部位的关联性,理解语言,学叫"爸爸、妈妈"。

准备:每天早晨宝宝自然醒的状态下。

玩法:

1. 每天叫宝宝起床时,妈妈可以边说儿歌边抚摸宝宝。

(1)第一次朗诵时,按儿歌的顺序朗诵。

太阳公公眯眯笑,我的宝宝快起床!

醒来吧,美丽的眼睛,

醒来吧,漂亮的鼻子,

醒来吧,可爱的嘴巴,

醒来吧,长长的胳膊,

醒来吧,长长的双腿。

宝宝睁开小眼睛,叫爸——爸,叫妈——妈。

(2)重复儿歌结束句2～3遍,鼓励宝宝模仿,发出双唇音。

2. 妈妈再次边说儿歌边抚摸宝宝,但这次可以随意更换顺序,叫到哪里,就抚摸哪里,便于宝宝产生相关的连接。

温馨提示:

说儿歌的时候声调要柔和,叫宝宝起床时,不要引起宝宝的反感,尽量在每天早晨宝宝自然醒的状态下进行。由于宝宝叫出“爸爸”和“妈妈”的时间存在个体差异,家人不必过于心急,只要坚持每天给予良好的刺激,迟早会开口叫出声来的。

育儿宝典

引导宝宝理解“不”的含义[①]

快到1岁时,大多数宝宝明白了“不”意味着“停止”。宝宝会多快地听从,取决于你说“不”时伴随的手势和语调。当宝宝要去拉电线时,你轻轻地抓住他的手,看着他的眼睛,指着电线说:“不,不要碰,会伤到宝宝!”然后把他的好奇心转向一个更安全、但同样有趣的活动中去。

在这个时候,宝宝可能会模仿你的动作,也跟着摇摇头,好像这样更有助于他理解“不”的含义。你不要用粗暴的、惩罚性的方式说“不”,而要用尊重的语气跟他说话。你的目的是教育,不是吓唬。

当然,宝宝也会学习对你说“不”。所以,除了“不”,你也可以说“脏”“热”“疼”“停下”“关上”“下来”等。总之,想出一个既能代表“不”,又能立即引起宝宝注意的声音。

我的宝宝笨吗?

常常听到有些家长说这样的话:“你怎么这么笨? 明明都会说很多话了,今天怎么像个闷葫芦什么都不说?”“看看人家妞妞,见到谁叫谁,你怎么都不会,真让我丢人!”

你知道吗? 再小的宝宝也是一个值得尊重的个体,你的反复攀比、指责会碰触到宝宝小小的自尊心,这道障碍和阴影可能会影响他很多能力的成长。

宝宝的语言发展因个体差异而有快有慢,而且每个宝宝都有自己独特的表现形式。在宝宝语言发展的过程中,父母千万不要以宝宝的语言发展程度作为炫耀的资本,也不要通过攀比来指责自己的宝宝,这恰恰是宝宝语言发展过程中的大忌。

如果宝宝的语言发展不是特别理想,你首先要从自己的身上找找原因:婴儿时期有没有让宝宝适时适度地啼哭过? 辅食的添加是否科学? 家人有没有为宝宝储备一个优良的语言环境? 妈

---

① 摘自:[美]威廉·西尔斯,马莎·西尔斯,罗伯特·西尔斯,詹姆斯·西尔斯. 西尔斯亲密育儿百科[M].邵艳美,唐婧,译.海口:南海出版社,2013:526.

妈有没有经常和宝宝进行交流？家人的照顾是否太过精细？宝宝有没有语言表达的机会……找到症结所在,再制定相应指导方案,这样对于宝宝的语言发展才是公平的、科学的。父母应该记住这段话:宝宝只和自己纵向比较,衡量他是否进步或退步,永远不拿自己宝宝的短处和其他宝宝的长处比,因为这样对宝宝不公平。[①]

任务思考

1. 结合实例阐释 0～3 个月婴儿言语游戏的类型、设计、实施与评析要点。
2. 结合实例阐释 4～6 个月婴儿言语游戏的类型、设计、实施与评析要点。
3. 结合实例阐释 7～9 个月婴儿言语游戏的类型、设计、实施与评析要点。
4. 结合实例阐释 10～12 个月婴儿言语游戏的类型、设计、实施与评析要点。

实训实践

1. 任务名称:设计 0～1 岁婴儿言语游戏教案

2. 任务内容:自选一个月龄段和适宜游戏内容,拟写一份详细的言语游戏教案。

3. 任务要求

(1) 要明确月龄段,根据月龄特点选择适宜、生动、典型的游戏内容。

(2) 教案格式规范,包括游戏名称、类型、目标、准备、玩法、温馨提示等部分。玩法要分环节写,详细写出具体实施过程。

4. 任务目标:应用"设计、实施与评析 0～1 岁婴儿言语活动"等有关知识,根据宝宝言语发展特点设计一份科学和详细的游戏教案,锻炼理论联系实际、撰写教学方案的能力。

5. 任务准备:本教材、游戏资料、笔、记录本等。

6. 任务实施过程

(1) 复习项目内容,选择月龄段和适宜游戏内容。

(2) 根据任务要求撰写游戏教案。

(3) 与同学相互阅读评析教案的书写情况和质量。

"设计 0～1 岁婴儿言语游戏教案"实训实践任务单

时间	年　月　日　星期		地点	
婴儿月龄			撰写人	
游戏名称			游戏类型	
游戏目标			游戏准备	
游戏玩法				

---

① 李利.蒙台梭利解读儿童敏感期[M].北京:化学工业出版社,2011:44.

(续表)

温馨提示	

赛证链接

1. 增加婴儿词汇量的方法是（　　）。（高级育婴师考试练习题）

A. 成人交谈可以让婴儿听着

B. 见到人一定要打招呼

C. 引导婴儿认识与日常生活相关的物品,家长主动告诉婴儿想知道的一切

D. 让婴儿多看电视

在线练习 3

2. 婴儿生活中经常接触和使用的实物,成人用（　　）说出来,对婴儿进行反复的刺激,长时间的积累,可以为婴儿今后开口说话做准备。（高级育婴师考试练习题）

A. 优美的语言、柔和的声音　　　　　　B. 复杂的语言、生硬的声音

C. 生动的语言、温柔的声音　　　　　　D. 简单的词汇、响亮的声音

3. 训练 2~3 岁幼儿听和说能力,可以指导幼儿练习说完整的句子,学会使用包括（　　）的句子。如"我要喝水"。（高级育婴师考试练习题）

A. 主语、宾语、定语　　　　　　　　　B. 主语、谓语、宾语

C. 主语、谓语、定语　　　　　　　　　D. 主语、状语、宾语

4. 促进婴儿语言早期训练可以（　　）。（高级育婴师考试练习题）

A. 增强宝宝的社会交往能力

B. 提高宝宝的美感

C. 提高宝宝的肢体协调能力

D. 加强婴儿肺、咽、唇、舌四个主要发音器官的锻炼

5. 2 岁 7 个月至 3 岁幼儿喜欢问为什么,喜欢思考问题,看图书时（　　）。（高级育婴师考试练习题）

A. 不会回答问题　　　　　　　　　　　B. 能回答简单的问题

C. 能回答较复杂的问题　　　　　　　　D. 能回答复杂的问题

项目四

指导1～2岁幼儿言语活动

项目导读

有效指导1～2岁幼儿言语活动应遵循其言语发展的基本规律，并根据此年龄段婴幼儿的语言发展特点，探讨培养策略，设计言语游戏，实施活动，做好成效评析。

学习目标

知识目标：

1. 掌握1～2岁幼儿言语发展的基本规律。
2. 理解1～2岁幼儿言语发展的培养策略。
3. 初步掌握1～2岁幼儿言语游戏设计、实施与评析的要点。

能力目标：

1. 具有理解和运用1～2岁幼儿言语培养策略的能力。
2. 具有设计、实施与评析1～2岁幼儿言语游戏的基本能力。

素质目标：

1. 理解与尊重1～2岁幼儿的言语发展规律。
2. 乐于与1～2岁幼儿游戏，善于指导言语游戏。

知识导图

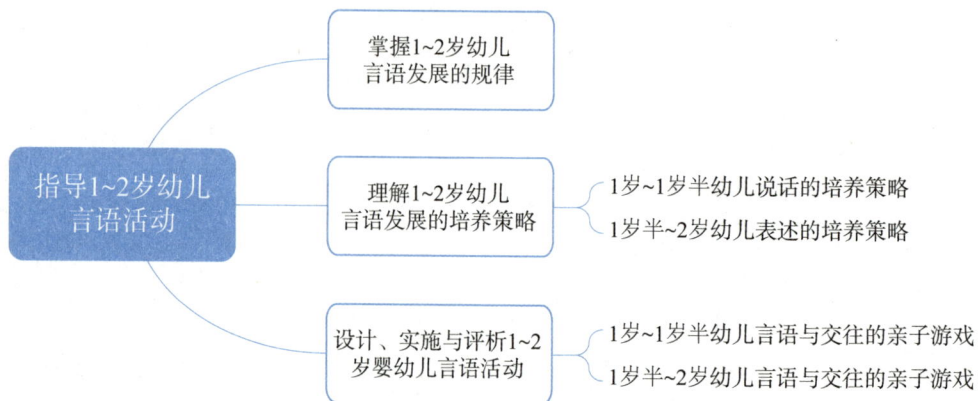

任务一　掌握1～2岁幼儿言语发展的规律

案例导入

亮亮1岁多了,当他说出第一批被理解的词时,标志着他已经进入语言的发生期。此时的宝宝已具备了学习语言的初步生理基础。他的听力愈加灵敏,发音器官愈加成熟,能辨认、理解、记忆及模仿周围成人的语音和语调,性情也变得愈加活泼好动、开朗可爱,运用言语进行交流交往的积极性更强。

1～2岁幼儿的语言发展主要是单词句的表达。1岁时幼儿开始有意识地说名词,1.5岁会说动词,2岁左右会说短语,当宝宝可以自发地说出一些有意义的词汇时,就表示他迈入了口语交谈的发展期了。

(一) 1～1岁半幼儿的以词代句

1至1岁半的幼儿开始表现出明显的语言学习行为,他们主要是以词代句,用同一个单词代表许多不同的含义,甚至一个句子的意思。此时幼儿的语言具有高度的情境性,词义表达不够准确,需要成人根据实际情景加以判断,才能理解宝宝语言的真正含义。1周岁以后,幼儿模仿发音达到高峰,14个月时主动发音逐渐增多。然而1至1岁半的幼儿对词的发音不够清晰准确,这是自然现象。有时1至1岁半的幼儿在发音时,有时会出现漏音、丢音或替代发音的现象,比如把"姑姑"说成"嘟嘟",把"哥哥"说成"得得"。同时,此阶段婴幼儿能听懂的词十分有限,成人与其进行口语交谈时,"以词代句、一词多义"的特点尤为明显,如果没有具体事物、情景、动作的伴随,词的指代往往模糊且缺乏实际意义。

(二) 1岁半～2岁幼儿的简单句

1岁半至2岁的幼儿说话的积极性与主动性最高,他们喜欢模仿成人,对成人所说的语言极感兴趣,在与人交谈时,以说简单句为主,句子较短,多数在5个字以内,也称电报句阶段。具体表现为:常用语句连续、简略、结构不完整,具有高度情境性的词汇组合成电报句,并夹带动作、声音及手势来与人沟通。此阶段幼儿对语法的学习处于起始阶段,运用起来还经常会出现一些语法错误,比如常常把句子前后顺序弄错或说倒装句等。

随着月龄的增长,婴幼儿更加主动学习语言,由于能听懂复杂句,他们从交往中获得的词汇越来越多。此时,婴幼儿迎来了词汇增长的高峰期。2岁左右是幼儿词汇获得的关键期。他们最初掌握的是具体常见的名词和动词,以及代词"我",到1岁半左右的幼儿开始正确使用主格和所有格的"我",2岁左右的幼儿开始正确使用"我"和"你"了。此阶段的幼儿对语言感知能力的发展早于对语言的理解,比如,很多幼儿虽然不能识字,却能完整流畅地把整首儿歌或古诗背下来。

育儿宝典

一位妈妈的阅读指导①

随着孩子认知水平的提高,父母可以选择一些内容稍稍超越宝宝这个年龄理解能力,但却更丰富、更有趣的故事书。即便宝宝无法理解故事的全部内容,也能从讲故事人的语调、体态、表情中体会到故事带来的美感。当然,在给宝宝阅读这类故事书的时候,父母应更积极地投入其中。

有这样一个例子:一位妈妈每晚都给她不到1岁的宝宝讲述《小红帽》的故事。宝宝并不真的懂得这个故事的意义(因为他从未见过真实的大灰狼或是图画中的大灰狼),只是爱听妈妈的声

---

① 张明红.0～3岁婴幼儿语言发展与教育[M].上海:华东师范大学出版社,2020:151.

音,喜欢妈妈的抚摸。这位妈妈的阅读指导方法是:讲到小姑娘戴着红帽子时,摸摸宝宝的脑袋;小姑娘采花时,摸摸宝宝的小手;小姑娘挎着篮子时,摸摸宝宝的胳膊;小姑娘被大灰狼吃掉时,把宝宝抱得紧紧的;猎人剪大灰狼的肚子时,摸摸宝宝的肚子。这位母亲总是把猎人的名字改为宝宝的名字,结尾也忘不了编一首歌颂小猎人的歌。于是,宝宝从"阅读"中体会到最重要的一点是:爱。他的理解也许是:遇到困难——自己解决——妈妈夸奖。宝宝通过妈妈来理解故事、欣赏故事,从而实现了阅读的意义。

为什么宝宝开口叫妈妈的时间差异这么大?

研究表明,无论哪个国家的婴儿,只要听觉和发音器官正常,同时具备良好的语言环境,在10~12个月间,大多能说出第一个有意义的单词。这是婴儿语言发展中最为重要的一个里程碑,也是前一阶段成人辛勤培育的结果。但由于遗传、教育、环境等原因,宝宝语言发展的个体差异很大。有些宝宝10个月左右就能清晰地发出"妈妈""爸爸"等音节,有些宝宝则到了1岁半才做到。这需要父母和养育者耐心地观察和引导。

要使宝宝能准确喊出"爸爸""妈妈"等家人的称呼,并非一朝一夕的事情,而是一个循序渐进的学习过程。作为父母,首要的任务是及时添加可供咀嚼的辅食;其次是不失时机地开展多种趣味游戏,如口腔游戏、吹气游戏等,训练宝宝唇舌的灵活性和呼吸的顺畅性,为早日开口叫妈妈,为将来能说出一口流利、清晰、连贯的语言做好前期的准备。

任务思考

1. 结合实例阐释1~1岁半幼儿言语发展的基本规律。
2. 结合实例阐释1岁半~2岁幼儿言语发展的基本规律。

任务二 理解1~2岁幼儿言语发展的培养策略

案例导入

一岁半的奇奇是个喜欢小汽车的宝宝。一次,妈妈买回一张画有各种交通工具的大海报。奇奇看了非常兴奋,他指着每种交通工具问妈妈,嘴里念念有词,妈妈也顺应着念出每种交通工具的名字。

奇奇:(指着小汽车)妈妈,这(de)个?

妈妈:小汽车,汽车。

奇奇:车车,爸爸。

妈妈:对,爸爸开汽车,带奇奇去玩,怎么开?

奇奇:嘟嘟……

从以上的对话中我们发现,每当宝宝接触新事物、体验新情感时,父母应有目的地引导宝宝说有关的词语,及时跟他们谈谈看到、听到和做到的事情,用短小简单的句子,引导他们回答,激发其表达的欲望。并在宝宝词不达意或表达不准确时给予适时的、巧妙的引导,这些都是有效促进宝宝语言发展的培养策略。

一、1岁～1岁半幼儿说话的培养策略

1岁～1岁半幼儿进入语言发展的发生期,他们的听力愈加灵敏,发音器官愈加成熟,能辨认、理解、记忆及模仿周围成人的语音和语调,开始开口说话,能说出单词,出现以词代句的特点。在此阶段,要充分尊重宝宝说话的积极性,结合日常生活内容培养他们的语言表达能力。

(一) 引导幼儿多倾听

1岁之后,幼儿说话的积极性日益提高。他们对语音的感知经验不断丰富,理解语义的能力也越来越强。有的幼儿已经能说出第一个单词,而有的幼儿仍处于语言的沉默期。此阶段依然以感知和理解语言为主要任务,引导幼儿倾听是培养说话能力的重要前提。

1. 分辨声音

给幼儿播放日常生活中的声音磁带,教他分辨动物叫声、汽车声、下雨声、锣鼓声、流水声、鸟叫声等声音,再结合日常生活中及游玩中的所见所闻,让宝宝听声说出"下雨了""刮风了""猫来了"等。这种分辨声音的训练,有助于幼儿充分感知语音,理解语音与具体事物之间的联系,为口语发展奠定基础。

2. 听从指示

选择孩子熟悉的物品,给他一些简单的指示,如"吃饭前,洗洗手""吃好了,漱漱口"等,引导他听从指示。孩子做到后给予肯定和表扬;如果做不到,要带着他去做,具体指导他听懂指示的意思,并落实到行动中。通过听从指示的练习,幼儿能够倾听和理解语言的意义,为口语发展积累经验。

(二) 尽早与幼儿进行亲子交谈

1岁以后的幼儿,对周围人的对话很感兴趣,但想说又不会说。这时家人可以帮助宝宝把他想说的话说出来。比如当宝宝小手指着小狗"唉—!"说不出话时,家长就可以说:"噢,是小狗吗? 小狗会汪汪叫,真可爱。"并将一个简单的名词扩展成一句完整的话。这样能够提升宝宝对事物的认知,增加词汇量。扩展时可以采用"描述""比较"等方法,比如描述、比较事物的颜色、形状、大小等。例如,宝宝在玩海洋球时,妈妈可以一边指着不同颜色的球一边引导说:"两个球,一个大,一个小,圆圆的,像泡泡。"等。

在语言发展的早期阶段,富有感情色彩而温暖的语气比具体的言语更具有交流意义。所以家长和宝宝说话时,要声情并茂,让宝宝感受到语言的感染力。例如,早上宝宝起床后,妈妈带着宝宝看窗外的景色,用手指向观察的事物,说:"宝宝,蓝蓝的天,小鸟飞;绿绿的树,花开了。"尽量放慢语速,说完整的简短句。

(三) 对幼儿的某些要求不急于满足

当幼儿有语言反应的时候,家长要善于捕捉相关信息,给予及时的引导和积极的鼓励,并用更好的方法与他们对话,对某些要求可采用延迟满足的方法。例如,宝宝肚子饿了,但他还不会说话,细心的家人很快能从他的动作、表情、姿态等捕捉到相应的信息。此时家人不应该急于把饭菜送到宝宝嘴里,因为这样不用宝宝说话就满足了他的生理需求,结果是让宝宝错失了开口说话的机会。反之,家人应该对其行为做出积极的反应,比如边抚摸宝宝的肚子边引导宝宝表达:"宝宝肚子饿了,想吃饭了。"以此来引导宝宝学着一边摸着肚子,一边开口学说话。也许他不会说"饿"这个词,但他可能会点着头说"要""吃"等字,这已经是一个进步。家人接着再告诉他:"等妈妈(或其他家人)盛饭。"这样既培养了幼儿耐心等待的良好性情,又有助于幼儿语言的发展。

(四) 正确看待及应对幼儿的发音问题

1岁半左右的幼儿处于单词句阶段,常常发出一些重叠的音,或发出错误的音和调。其一,"叠音"也叫"儿语"。如"狗狗""抱抱""街街"等,宝宝会伴随着丰富的身体动作和夸张的脸部表情等来表达自己的愿望。成人在与学话的宝宝交流时,一开始就要把规范的语言传递给宝宝。比如看见汽车过来了,宝宝说"嘀嘀",家长应该回应"汽车来了";吃饭时间到了,宝宝说"饭饭",家长应说"吃饭"。相信在家人

的正确引导下,宝宝的儿语现象很快就会逐渐消失。其二,该年龄段的宝宝普遍存在发音不准确的现象,如把"吃"说成"七",把"这个"说成"的个",此时父母谨记:不要重复宝宝的错误发音,而要尽量使用准确的语音和宝宝说话,对宝宝发出的语音,尽量采取肯定的态度,如说"宝宝,真棒!会说吃饭(这个)"。避免说"宝宝,你这样说不对,应该这样说……"之类的话。时间一长,在正确语音的强化下,幼儿错误的发音就会慢慢地消失,正确的语音将会逐渐地形成。

(五)在文学活动中培养幼儿听和读的兴趣

1. 培养幼儿良好的倾听能力

歌曲和童谣中使用的语言对1岁至1岁半的幼儿特别有吸引力。因为它们不仅像歌曲一样富有韵律,还蕴含着简短且能激发想象的故事。选择优秀的歌曲、童谣及故事 CD 对早期语言学习同样具有重要的价值,都能夯实幼儿的语言基础。但要注意,这只是辅助手段,只有最基本的人际沟通,才能营造最自然的学习状态。与幼儿交谈时所使用的词汇数量和丰富程度,切实影响着幼儿的词汇量和表达能力。

2. 培养幼儿的阅读兴趣

除了日常生活中的交流,爸爸妈妈需要花一点时间与孩子一起阅读。阅读能力可以说是父母能给予孩子最好的礼物之一。当幼儿从小看到爸爸妈妈经常手捧一本书看得津津有味,阅读的种子便开始悄悄萌芽。给幼儿念儿歌或讲故事时,要抑扬顿挫,让幼儿感受语言的魅力。此外,家长可以与幼儿共同讨论其中的内容,甚至尝试让幼儿扮演儿歌中的角色。这既能帮助幼儿理解儿歌,又能促进幼儿阅读兴趣和倾听能力的提高,还能增强亲子感情,这对幼儿语言发展是不可替代的。

二、1 岁半～2 岁幼儿表达的培养策略

1 岁半～2 岁幼儿能理解的词汇数量和种类"与日俱增",开始进入"词汇爆炸阶段"。这个阶段的语言发展,正处在语言学家所说的"电报句阶段"。此年龄段的幼儿对词语理解能力不断提高,不但出现语言理解逐步摆脱情境制约的现象,还学会自创新词并且喜欢提问。那么,面对此阶段的幼儿,家人应选择怎样的培养策略呢?

(一)在交谈中帮助幼儿理解语句的意思

这一阶段幼儿的理解性语言多,表达性语言少。理解是表达的基础。幼儿会说话,不仅是指能发出语音,而且还指在理解词语或句子的意思后,能说出能表达清楚自己意思的话。由于可供自己支配的语言材料有限,而所要表达的意思却丰富得多,所以这个时期的幼儿常常会出现断点,有的甚至会表现出口吃。为此,作为家长在此阶段的教育重点就是要帮助幼儿理解各种语句内容,并在理解的基础上引导幼儿正确表达。帮助他们把想说却说不出来,或者把说不完整的话给说出来。这样做有助于幼儿顺利度过这个言语与思维步调相差太多的阶段,自如过渡到语言发展的下一个阶段。

比如这一阶段的幼儿主要学习的是名词、动词和呼应句,对人称代词还不能完全理解。当妈妈说"你"和"我们"时,幼儿尚不能明确理解"你"就是自己,也不知道"我们"是指自己和妈妈。如果妈妈能将"你"换成宝宝的名字,宝宝就很容易理解了。又如,这一阶段的宝宝逐渐摆脱情景制约的特点。当你对宝宝说正在发生的事情时,宝宝会产生相应的联想。比如妈妈说"该睡觉了",宝宝就会想到和睡觉有关的一些事物,如洗脸、换睡衣、喝奶、宝宝床、小花被、小枕头等。妈妈可能有这样的发现:如果每次带宝宝到户外玩都戴上小帽子,当妈妈说"妈妈带宝宝出去玩"时,宝宝可能会马上说"戴帽帽",他把"出去玩"与"戴帽子"联系起来了。有时宝宝又会立刻想到经常玩的地方,说出这个地方的名字等。这些都说明幼儿在积极地理解相关语句的内容。家人要多与幼儿交流,在经常的交谈中帮助幼儿理解语句的意思,促进幼儿语言的发展。

(二)在问答游戏中让幼儿感知事物的现象

1 岁半～2 岁幼儿对父母和看护人的话会做出积极反应。当幼儿精力旺盛、心情愉悦的时候,会沉浸在与父母一问一答的游戏中。这种一问一答的形式,能锻炼幼儿的思维能力,帮助幼儿认识事

物的现象与本质,还能很好地锻炼幼儿的语言运用能力。假如宝宝回答不了父母提出的某个问题,父母可以采取自问自答的方式与宝宝对话,先问宝宝一个问题,当宝宝表现出迷惑不解时,再帮助宝宝回答这个问题。当宝宝很认真地问问题时,妈妈要认真对待,从正面回答,力求准确,语句简明扼要,尽可能使用宝宝能够听懂的语句。如果宝宝提出的问题家长不能作答,也不能敷衍了事或对宝宝置之不理,而是应该查阅书籍或网络,找到正确的答案,再认真地回答宝宝所提出的问题。在问答游戏中能够帮助宝宝更好地感知事物,更好地促进宝宝对语句内容的理解,提高宝宝的语言运用能力。

(三) 在文学作品阅读中学习规范的语言

当幼儿能用更多的语言来表达自己的意愿和要求时,就不再仅仅满足于说话。这时的幼儿常常像唱歌一样说话,又像说话一样唱歌。幼儿能够借助儿歌那简单优美的旋律,记住很长的歌词。幼儿的兴趣并不在于内容,吸引他的是儿歌的旋律,以及和妈妈在一起的时光。

文学作品用语言来描绘形象的世界,情境语言是文学作品的一个鲜明特点,且在幼儿文学中表现得尤为突出。幼儿喜欢听故事、看图画书,家长应充分利用宝宝的兴趣特点,在给宝宝讲故事、和他一起看图画书的过程中,不仅要让他听,还要提出问题让他思考、回答,从而培养其想象力、语言组织和语言表达能力。

看图说话是这个阶段幼儿学习的重点。实际上,即使宝宝不看任何东西,也能凭借自己的想象,编出故事来。现在该轮到父母当听众了。如果父母能够做一个忠实的听众,就是对宝宝最大的支持和鼓励。宝宝的注意力能集中大约10分钟。教宝宝念儿歌、背诵诗歌,都是不错的选择。多让宝宝见识,多让宝宝听,多让宝宝看,把诗歌与丰富多彩的生活结合起来。可以让幼儿根据一幅图片的画面进行讲解。开始时由成人讲一遍。成人给孩子讲故事时,首先要以清晰、准确、规范的语言为幼儿树立学习语音的榜样,注重视听结合,借助实物、口形示范和手势等直观手段,形象具体地向孩子示范发音,并让幼儿反复辨别和体验。讲完故事后,可根据幼儿的年龄特点,将故事中生动、有趣、可游戏的情节编成游戏,让幼儿在轻松愉快的游戏过程中学习语言。

(四) 积极交流,引导幼儿正确发音

刚学会说话的幼儿虽然基本上能用语言表达自己的愿望和要求,但是很多幼儿还存在发音不准确的现象,如把"吃"说成"七",把"狮子"说成"希几",把"苹果"说成"苹朵"等。这是因为小儿发音器官发育尚未完善,还不能正确掌握某些音的发音方法,或是家庭语言环境相对复杂,多种方言并存,使处于模仿成人语言阶段的小宝宝产生困惑,从而导致说话不准确的结果。

良好的交流应该是双向的。父母应注意培养幼儿说话的兴趣,可以找一些幼儿喜爱的玩具,与孩子一起玩,边玩边与幼儿交谈。交谈时,应多找一些幼儿感兴趣的话题。与幼儿进行语言交流时,语句应力求简明扼要、准确清晰。当宝宝呼唤、询问、倾诉甚至是自言自语时,我们都要给予积极、及时的回应。因为语言是在交流与应用的过程中逐渐熟练和掌握的,幼儿只有在互相交流的环境中才能经常锻炼口语表达能力,我们也可以在交谈中及时指导、拓展宝宝的语言表达。只要幼儿想说、敢说、愿意说,语言自然就会发展得好。

尽管幼儿是在父母营造的语言环境中学习语言,但如果父母总是喋喋不休地和幼儿说话,也会阻碍幼儿语言的发展。爸爸妈妈在对幼儿说话时,一定要注意语言的准确性。在幼儿表达的过程中,要耐心等待幼儿停顿思考,不要急于帮他把话说完,让幼儿自己独立表达,练习正确地发音。

(五) 利用实物或玩具为幼儿创设对话情境

1岁至1岁半的幼儿学说话时要以实物为主。结合实物、玩具等与幼儿一起游戏时,父母和幼儿之间的语言相互作用是一种很好的语言学习方式。利用各种玩偶、小鼓、小喇叭等能刺激听觉的乐器,以及电话机等玩具与幼儿对话的游戏,能够刺激幼儿的语言发育。在这个过程中,可以把幼儿有趣的语言记录下来。

例如,宝宝拿着各种类似电话形状的物体模仿大人打电话,会听到类似"喂喂"或者"再见"的词语。

宝宝会自言自语地不知在和谁聊天,并且不断地挂断和拨号接听。这是幼儿语言发展的一个阶段,说明幼儿的内在语言开始萌芽,开始向着思维方向发展,用内在语言指导自己的行为。

爸爸妈妈可以适当介入,接应宝宝的话题,让宝宝感受游戏的快乐。在愉快的情绪下引导宝宝说话,并有策略地提问,启发孩子回答。好的提问实际上为孩子提供了一个回答问题的榜样。例如:"小姑娘在做什么?""她去哪儿?""她看见谁了?"这些问题的回答分别可以是:"小姑娘在……(动作)。""她去……(地点)。""她看见……(对象)。"从而在对话情境中促进幼儿语言的发展。

育儿宝典

锻炼宝宝语言能力的有效方式

1. 看相册。睡觉前,妈妈可以拿出相册,让宝宝说一说相册里面都有谁?在什么地方?正在干什么?做这类游戏能有效提高宝宝的语言能力。

2. 念儿歌。妈妈一边念儿歌,一边和宝宝按照儿歌节奏拍手。当念到每句的最后一个字时,妈妈假装忘词有意停顿一下,让宝宝抢先说出最后一个字,以此来增添念读的趣味性,萌发宝宝的自信。

3. 玩游戏。妈妈可以跟宝宝玩"点五官"的游戏,玩法是妈妈说宝宝点,或宝宝说妈妈点,若妈妈故意点错让宝宝来发现并纠错,效果更佳。游戏结束前,妈妈可以告诉宝宝:人的五官都有自己的独特功能,要好好保护它们的道理。

4. 数一数。走在路上,让宝宝数数停在路边的汽车有几辆?玩积木时,提醒宝宝数数搭的积木有几块?吃饭前,请宝宝根据人数拿碗和筷子等,这种借助实物并运用"数一数"的方法,能帮助宝宝逐步理解抽象数字并丰富数量词。

宝宝快 2 岁了,还不会说话,怎么办?

宝宝快 2 岁了,还不会说话。高兴的时候就"嗯嗯"地叫,说不出一个完整的词,怎么办?

建议:

1. 了解宝宝语言发展的影响因素。宝宝语言的发展会受到遗传因素、生活环境以及家人的影响。如果家人之间平时交流较少,宝宝就会缺少良好的语言环境刺激;如果平时教宝宝说话时,将普通话和几种方言混合在一起,宝宝说话也会相对较迟。

2. 了解宝宝语言发展与智力发展的关系。有人认为,语言的发育可以预示小儿将来的智力,说话早的,智力水平也较高。但也有许多例外,很多智力正常甚至智力较高的孩子,语言发育也可能较晚。因此,家长不必过于担心,不能仅仅根据孩子说话早晚来判断将来智力发展的高低。

3. 鼓励宝宝多与年龄稍长的小伙伴交往。虽然大脑的言语中枢成熟得相对较晚,但如果缺乏丰富的语言刺激和语言交往,就会直接影响宝宝说话的速度。因此,家人要重视与宝宝进行积极的语言交流。有条件的话,应多让宝宝和比自己年龄稍大的或言语发展较好的伙伴一起游戏,从而向伙伴学习,促进宝宝语言的发展。

任务思考

1. 结合实例阐释 1~1 岁半幼儿言语发展的培养策略。
2. 结合实例阐释 1 岁半~2 岁幼儿言语发展的培养策略。

任务三　设计、实施与评析1～2岁幼儿言语游戏

案例导入

周末,妈妈带着奇奇到婴幼儿乐园,好多小朋友在玩海洋球。奇奇看到超大的海洋球池兴奋地叫着:"哇,我的球,都是我的!"

妈妈:奇奇,你喜欢哪个颜色?

奇奇:嗯,这个吧(指着蓝色球)。

妈妈:好,给奇奇蓝色球。这个呢(拿了一个红色的球)?

奇奇:给妈妈!

妈妈:谢谢,一起玩球,真好玩。和哥哥姐姐一起玩吗?

奇奇:好,一起玩球吗?(对着身边的小伙伴说)

妈妈重视为孩子提供良好的语言与交往环境,善于从孩子感兴趣的海洋球入手,引出谈话话题又鼓励孩子与伙伴交往,使奇奇在大胆表达自己想法的同时,主动地向伙伴提出邀请,从中体验语言交流的意义和快乐。

"玩"是幼儿语言与交往发展的最好形式。1～2岁的幼儿正处于语言由"理解和模仿"阶段向"语言表达"阶段发展的关键期。在此年龄段,家长的主要任务是借助亲子游戏,进一步加强幼儿的语言理解、简单语音模仿和幼儿同伴交往的引导。

一、1岁～1岁半幼儿言语与交往的亲子游戏

根据1岁～1岁半幼儿言语与交往的发展规律,按照幼儿实际的表现特点,此阶段幼儿语言与交往的亲子游戏可从辨音练习、语音练习、词汇练习等类型入手进行指导。

(一)1岁～1岁半幼儿言语与交往亲子游戏的类型

1岁～1岁半幼儿以单词、短句表达为主,人际关系以亲子交往、同伴交往为主,游戏有如下主要类型。

1. 辨音练习的游戏

辨音练习的游戏是指引导幼儿在感知语音的基础上对语音的音色、语调、强弱及快慢等特点进行比较辨别的游戏。"听"是幼儿语言习得的重要形式,在倾听声音的基础上,此阶段幼儿已开始注意各种语音的差别,可以有意识地引导他们多倾听和分辨各种连续的声音,比如分辨电话铃声、吸尘器的声音、水滴到盆里的声音等,分辨家人的不同声音,猜猜是谁发出的声音,边听边引导幼儿说出是什么声音,在提高听觉分辨力的同时增强对语音的感知和理解,有利于促进幼儿语言和交往的发展。

此类游戏的目的是增强幼儿对语音的感知能力,提高幼儿对语音的分辨力,进一步促进对语言的感知和理解,扩大幼儿与人交往的范围。

此类型游戏的主要特点表现如下。

(1)直接感知。幼儿在游戏中需要直接地倾听声音,直接感知声音的存在,是在直接感知声音的基础上进行的游戏。在辨音练习的游戏中,声音的出现可单一一种,也可多种声音,还可重复出现,以便让幼儿多次地倾听和感知,不断地倾听和分辨。

(2)比较猜测。幼儿在游戏中是在对声音的比较之后猜测声音的特点,如果猜对了,会给他们带来极大的游戏快乐,如果猜错了,还可让幼儿重复倾听和辨别,直到猜对为止。而且在猜对之后可以进行验证,将正确的声音再次出现,能够给幼儿带来极大的满足和快乐,促进对语音的感知和与人的交往。

2. 语音练习的游戏

语音练习是通过有趣的游戏形式引导幼儿发出各种语音,以达到练习发音的目的。例如,引导幼儿边念儿歌"小鸡吃米"边玩手指游戏,重复练习"叽叽叽"的音,从而感知和练习发音。

此类游戏旨在让幼儿在游戏中感受模仿发出各种语音的趣味,练习发出各种语音,提高听音和发音能力,促进口语表达能力和人际交往能力的发展。

此类游戏的主要特点表现如下。

(1)重复性。在语音练习中需要不断重复某些语音,让幼儿多次练习发音,增强对语音的感知和运用能力,同时在语音练习中增进与伙伴的交往。例如,妈妈与宝宝玩"小鸡和小鸭"游戏,妈妈说一句"叽叽叽",宝宝答一句"嘎嘎嘎",通过不断重复练习、多次发音,让幼儿体验与他人游戏的快乐。

(2)韵律感。语音练习中出现的语音需要按照一定的节奏发出,富有韵律感,让幼儿感到好听,从而喜欢模仿和不断地重复。例如,"叽叽叽,叽叽叽,叽叽叽叽叫",读起来朗朗上口,节奏感强,易于引发幼儿的练习兴趣。

3. 词汇练习的游戏

词汇练习是在活动中运用词汇、丰富词汇的游戏。在此游戏中,可引导幼儿学习新的词汇,也可练习运用已有的词汇,从中让幼儿获得对词汇的理解和运用,丰富词汇量,增进与人的交往。

此类游戏的目的是帮助幼儿正确地使用词汇,不断丰富幼儿的词汇量,促进语言的发展和交往能力的提升。

此类游戏的主要特点表现如下。

(1)直观性。此游戏中所涉及的词汇需要与直观的事物相联系。在此年龄段,幼儿所运用的词汇以名词为主,因此在游戏中常常结合直观的实物开展活动,让幼儿边看卡片或实物,边说相应的词汇,从而帮助幼儿将词汇与具体的事物联系起来,能够真正理解词汇的含义。

(2)渐进性。此游戏的词汇运用是逐渐提高要求、逐渐增加数量、逐渐扩大词类范围的,体现了循序渐进的过程。此年龄段的幼儿所能理解的词汇是有限的,应结合幼儿的生活经验逐步增加词汇运用的数量。

(二)1岁~1岁半幼儿言语与交往亲子游戏的设计

根据1岁~1岁半幼儿语言与交往的培养策略,按照以上不同类型游戏的特点和目的,我们可从如下方面进行亲子游戏设计。

1. 选定游戏内容

根据以上三大类型,结合幼儿言语发展的实际需要选择游戏内容。

(1)辨音练习内容:倾听、分辨家人的不同声音、家用电器发出的各种声音、厨房发出的各种声音,倾听、分辨自然界中的风声、雨声,倾听、分辨音乐中的快慢节奏等。

(2)语音练习内容:练习发出"a、o、u、e、b、p、d、t、l、g、k、ai、la、lu、ji"等音。

(3)词汇练习内容:练习说出常见事物的名称。如,毛巾、杯子、鞋子、苹果、饼干、椅子等。

2. 确定游戏目标

根据幼儿的言语发展水平和个体实际特点,结合游戏类型的特点预设游戏目标。以下总目标供参考。

(1)对周围生活中的各种声音感兴趣,喜欢倾听音乐,能注意倾听突然响起的声音,能分辨经常听到的声音的不同特点;

(2)对发出语音感兴趣,能经常发出一些语音,并感到高兴,喜欢模仿他人的发音,会随着儿歌的节奏或家人的尾音发出一些音节;

(3)理解常见事物的名称,能按照家人的指示拿到相应的物品,喜欢模仿家人念儿歌做动作。

3. 制定游戏要领

我国《托育机构保育指导大纲(试行)》语言领域13~24个月的保育要点指出:培养幼儿正确发音,逐步将语言与实物或动作建立联系。鼓励幼儿模仿和学习使用词语或短句表达自己的需求。引导幼学会倾听并乐意执行简单的语言指令,积极使用语言进行交流。提供机会让幼儿多读绘本、多听故事、学念儿歌。①

依据这一保教要点,结合 1 岁～1 岁半幼儿言语发展水平和个体实际情况,围绕游戏目标和玩法制定游戏实施要领。

(1) 轻唤幼儿的名字,调动幼儿参加游戏的兴致。如,妈妈可在游戏前创设好情境,做好游戏准备工作,铺好坐垫,调整房间的光线,准备游戏背景音乐,亲切愉快地告诉幼儿:"宝贝奇奇,和妈妈一起做游戏吧!"

(2) 出示玩具,告知幼儿游戏的名称。如,出示纱巾,在幼儿面前表演纱巾飞舞的样子调动宝宝情绪。然后将纱巾遮住脸,对幼儿说出游戏名称:"宝贝,我们来玩捉迷藏的游戏。"

(3) 逐一步骤分环节地教宝宝玩游戏。游戏不宜太复杂,家长示范玩法时可以重复 2～3 次,引导宝宝模仿游戏步骤。

(4) 带领宝宝完整地游戏。当宝宝了解游戏内容后,妈妈就可以带领宝宝做完整的游戏了。

(5) 在重点和难点处带领宝宝,其他环节让宝宝独立游戏。

(三) 1 岁～1 岁半幼儿语言与交往亲子游戏的实施与评析

1 岁～1 岁半幼儿言语与交往的亲子游戏丰富多样,现结合几个典型游戏说明实施与评析要点,成人可根据这些游戏的玩法进行改编和创新。

1. 游戏实施

实施 1 岁～1 岁半幼儿言语与交往亲子游戏一般根据游戏实施要领和游戏玩法进行。此年龄段幼儿言语交流更为频繁和熟练,言语游戏范围进一步扩大,但依然要与幼儿的生活内容和作息活动相结合,在幼儿情绪愉悦的情况下开展,可随时停止,可重复进行,以幼儿为中心,依幼儿的实际情况开展。

2. 游戏评析

评判游戏活动氛围是否温馨舒适,让幼儿感觉愉快舒服,获得亲情呵护和体验,也感知亲人陪伴和言语交流;评判幼儿的主体积极性,游戏中是否关注幼儿的行为,声音亲切、抑扬顿挫,富有美感;评判成人与幼儿的互动性和语言表达的规范性,是否配合规范的语句,配合语言交流;评判成人情感的投入和感染力,游戏带动者是否情绪饱满、充满亲情,语速缓慢、柔和,动作轻缓等。

[游戏一]
名称:骑小马
类型:辨音练习、语音练习
目标:练习倾听,感知儿歌节奏,学习跟念每句的最后一个字。
准备:儿歌《小鸡和小鸭》
玩法:

1. 家长双腿伸直,让宝宝坐在自己的大腿上,然后跟着儿歌的节奏抖腿,并引导宝宝反复倾听儿歌:"小鸡和小鸭,一起过家家。小鸡叽叽叽,小鸭嘎嘎嘎。小鸡爱吃米,小鸭吃鱼虾。"

2. 家长自己念儿歌,并在每句的最后一个字上稍稍停顿,然后用夸大的口型鼓励宝宝跟念出最后一个字。游戏反复进行 2～3 遍。

温馨提示:

1. 在让宝宝说前,应有大量听的积累,不要求宝宝一开始就跟念。

2. 当宝宝有跟念行为发生时,家长应放慢念儿歌的节奏,给宝宝时间学习发音。

3. 家长可以选择类似押韵的简单儿歌,每周换一首教给宝宝。

4. 此游戏适用于 13～18 个月龄宝宝。

[游戏二]
名称:嘀嗒在哪儿

---

① 国家卫生健康委.托育机构保育指导大纲(试行)[Z].国卫人口发〔2021〕2 号,2021-01-12.

类型:辨音练习

目标:练习倾听,感知声音,提高听觉能力。

准备:电子手表一只。

玩法:

1. 把手表贴在宝宝耳边,并说:"嘀嗒、嘀嗒、嘀嗒。"

2. 接着大人把手表贴在自己的耳边说:"嘀嗒、嘀嗒、嘀嗒。"

3. 把表递给宝宝问:"嘀嗒、嘀嗒在哪儿呢?"如果宝宝表示出要把表放在妈妈耳边听的要求,就可以了。

4. 这时,妈妈可让他多听一会儿,再说:"给妈妈听嘀嗒。"如果宝宝把表送到妈妈的耳边,就说明他懂了,要给予鼓励。

温馨提示:

1. 此游戏可在宝宝 12~15 个月时开展。

2. 可选择不同声响的玩具来进行此游戏。

3. 时刻注意宝宝情绪的变化。有的宝宝不喜欢某种声响,大人可以将手表换成另一种可以发声的东西。

[游戏三]

名称:谁的声音

类型:辨音练习、语音练习

目标:学会倾听声音,辨别不同的声音。

准备:录音机、宝宝熟悉的家人及小伙伴照片。

玩法:

1. 妈妈先把宝宝熟悉的人或物的声音一一录下来,如爸爸、妈妈或其他亲人以及熟悉的小伙伴的讲话声、汽车喇叭声、狗的叫声等。

2. 游戏开始时,妈妈按动录音机,然后让宝宝说出听到了什么声音。妈妈:"宝宝,这是录音机,听听谁在说话。"

3. 妈妈出示录音机里声音的主人照片,引导宝宝指认并说出名称。妈妈:"宝宝,谁在说话? 是爸爸吗? 指给妈妈看,对了,这是爸爸的声音。"

4. 逐一播放给宝宝听,宝宝答对了,妈妈和宝宝鼓鼓掌,称赞宝宝。

温馨提示:

1. 此游戏可在宝宝 15~18 个月时开展。

2. 播放录音时注意控制音量,并让宝宝逐一识别声音。

3. 可以配合家人的照片以帮助幼儿识别。

二、1 岁半~2 岁幼儿言语与交往的亲子游戏

在亲子游戏的过程中,建立幼儿和父母之间亲密和谐的关系是非常重要的。幼儿喜欢游戏,更喜欢看到爸爸妈妈温柔的笑脸,在游戏过程中,家人要了解幼儿的性情,让他玩得开心,并得到真正的促进。根据 1 岁半~2 岁幼儿语言与交往发展的规律和特点,我们可从如下方面理解和运用亲子游戏。

(一) 1 岁半~2 岁幼儿言语与交往亲子游戏的类型

1 岁半~2 岁幼儿言语与交往的发展以语言的理解表达和同伴的交往游戏为主要特点,他们的语言与交往能力有了明显的进步,大部分幼儿能开口说话,以单词和短句为主,对语言的理解能力进一步增强。他们更乐意与人交往,且随着活动范围的扩大,交往伙伴不断增加。为此,我们可指导宝宝开展如下几类亲子游戏,促进他们语言与交往的发展。

1. 扮演角色练习的游戏

扮演角色练习的游戏是引导幼儿扮演某一熟悉的角色,模仿该角色的语言和动作进行交流对话的

游戏。例如,引导幼儿扮演故事中的国王和公主,进行对话练习,学说完整句。

此类游戏的目的是通过扮演身边熟悉的人物和作品中的角色,根据角色的特点进行语言表达和对话交往,从而有效促进幼儿模仿他人的语言和行为,学习口语表达和与人交往的方式,提升语言与交往能力。

此类游戏的主要特点表现如下。

(1)观察和模仿。幼儿需要仔细观察所要扮演的角色的语言和行为特点,在此基础上进行模仿和表现,逼真地表现角色的语言特点和行为方式,模仿和学习其中的语言表达内容和人际交往的方式。

(2)再现和再造。在这类游戏中,幼儿模仿的语言与交往行为是对角色语言行为的再现和再造。幼儿对角色的再现越准确,口语表达和交往方式的模仿和练习就越到位。同时,在准确再现的基础上进行初步的补充和改变,体现一定的再造成分,从而提高口语表达和人际交往水平。

2. 听指令练习的游戏

听指令练习的游戏是引导幼儿在倾听指令之后执行指令的游戏。此阶段这类游戏一般是家人发出指令,幼儿按照指令做动作或应答。例如,宝宝听到"摸摸你的小眼睛"这一指令后,就要用小手摸摸自己的眼睛,从而验证宝宝是否理解指令,是否听明白,并能够按照指令行动。

此类游戏的目的:提高幼儿的倾听能力和理解能力,促进幼儿语言倾听和与人交往能力的发展。通过听指令练习的游戏,能够培养幼儿的专注力,锻炼幼儿安静倾听,并能听懂和执行别人对自己提出的指令和要求。

此类游戏的主要特点表现如下。

(1)有意性倾听。此游戏中,幼儿必须有意识地注意倾听,只有专心听、听清楚指令的内容,才能执行指令,按照指令的内容进行行动。

(2)理解性倾听。此游戏中,幼儿在有意性地倾听后,还必须理解所倾听的内容,领会指令的意思,知道指令的要求,听明白指令要幼儿做什么,然后才能正确地执行指令,按照指令行动。

3. 简单句练习的游戏

简单句练习的游戏是引导幼儿练习运用简单句进行表达和交往的游戏。通过游戏活动,让幼儿学习简单句的运用,模仿运用简单句与他人交谈和交往。例如在"坐车游戏"中,司机拿出图卡说:"你要到游乐场还是动物园?"宝宝答:"我到游乐场。"幼儿选择一句短句回答后就能坐到车上,从中练习说简单句,学习与他人对话。

此类游戏的目的是引导幼儿模仿和学说短句。此阶段的幼儿出现典型的"电报句"特点,表达仅用单词或几个词,语句不完整。因此,采用简单句练习的游戏能够让幼儿学说简单句,练习简单句的运用和对话交流。

此游戏的主要特点表现如下。

(1)结合直观的场景。在游戏中需要结合图片、图卡和具体的实物帮助幼儿理解语句的意思,在理解的基础上学习运用简单句。此阶段幼儿的游戏是具体生动的,游戏中的语句与相关的实物、场景是同时出现的,由此才能促进幼儿理解语句,真正运用语句。

(2)突出短句的练习。在游戏中要始终突出短句的学习和运用,游戏的内容围绕简单句的运用展开,游戏的设计和规则要突出这一内容,让宝宝在有趣的游戏中不断地倾听语言,与人交往,学说简单句,从而达到练习的目的。

(二)1岁半～2岁幼儿言语与交往亲子游戏的设计

根据1岁半～2岁幼儿语言与交往的培养策略,按照以上不同类型游戏的特点和目的,我们可从如下方面进行亲子游戏的设计。

1. 选定游戏内容

根据以上三大类型,结合幼儿言语发展的实际需要选择游戏内容。

(1)扮演角色练习的内容:可从日常生活中和文学作品中选取。例如,扮演家中的爷爷、奶奶、爸爸、妈妈,以及叔叔、阿姨、售货员、警察、司机等社会角色,还有故事中的小动物、小姑娘、小哥哥等虚构角色,模仿这些不同角色人物的口气、语调、说话内容和表情进行表达,从而练习口语表达和人际交往。

(2)听指令练习的内容:可选取生活中的各种简单指令,包括帮助家人做事、自己动手做事、遵守简单行为规则以及基本的集体规则等内容。例如,创设超市的场景,引导宝宝按照"拿篮子、选购、付款"等不同指令在超市中买东西,从中学习倾听和执行要求。

(3)简单句练习的内容:可选择幼儿生活中常见且感兴趣的内容,包括幼儿的衣食住行、玩具、图书等方面。例如,玩打电话游戏,问:"宝宝吃饭了吗? 吃了什么菜? 喝什么汤?"问答的内容可涉及生活中幼儿各种感兴趣的事情。

2. 确定游戏目标

根据幼儿的言语发展水平和个体特点,结合游戏类型的特点预设游戏目标。以下为可供参考的总目标。

(1)喜欢模仿角色的特点学习表达,能跟着角色学说词汇和语句。

(2)喜欢听指令做事情,能够倾听指令,初步理解指令的含义,会按照指令行动。

(3)喜欢与他人进行简单句的对话游戏,学说简单句,体验与人交谈的乐趣。

3. 制定游戏要领

我国《托育机构保育指导大纲(试行)》语言领域 13~24 个月的保育要点指出:培养幼儿正确发音,逐步将语言与实物或动作建立联系。鼓励幼儿模仿和学习使用词语或短句表达自己的需求。引导幼儿学会倾听并乐意执行简单的语言指令,积极使用语言进行交流。提供机会让幼儿多读绘本、多听故事、学念儿歌。依据这一保育要点,结合 1 岁半至 2 岁幼儿言语发展水平和个体实际情况,围绕游戏目标和玩法制定游戏实施要领。①

(1)创设游戏情景,激发宝宝游戏兴趣。此阶段宝宝学习语言的有意性较低,游戏前应为宝宝创设言语交流的氛围,努力营造活泼、愉快的气氛,借由温馨的心灵交流,辅助宝宝学习语言,激发宝宝参与游戏的兴趣。

(2)游戏指令应简短、具体、准确且清晰,要多重复游戏的要求。例如在"小话筒"游戏中,妈妈拿着话筒请宝宝学说话,妈妈只需对着话筒说出学习的内容,然后将话筒递给宝宝,这样宝宝就能模仿妈妈的样子,接着把话说完整或者回答妈妈的问题。

(3)变换各种表情、动作和宝宝对话,帮助宝宝理解。例如在"可爱的小动物"游戏中,引导宝宝描述小动物时,爸爸妈妈可模仿动物声音,运用拟声词引导宝宝跟着模仿和练习。还可多结合肢体语言,根据宝宝的喜爱,引导宝宝边说话边配合做动作。

(4)对宝宝在游戏中的表现给予称赞和奖励。只要宝宝在游戏中参与了,愿意配合游戏,家人都应当及时给予夸奖,给宝宝掌声或热情的拥抱,这样能够激励宝宝在下一个环节更加投入。

(5)根据宝宝的兴趣可灵活进行重复游戏。如果宝宝对正在进行的游戏特别喜欢,那么家人可以适当重复进行。

(三) 1 岁半~2 岁幼儿言语与交往亲子游戏的实施与评析

1 岁半~2 岁幼儿语言与交往的亲子游戏丰富多样,现结合几个典型游戏阐述实施与评析要点,成人可根据这些游戏的玩法进行改编和创新。

1. 游戏实施

实施 1 岁半~2 岁幼儿言语与交往亲子游戏一般根据游戏实施要领和游戏玩法进行。此年龄段幼儿言语交流更为丰富,言语游戏范围进一步扩大。游戏依然要与幼儿的生活内容和作息活动相结合,在幼儿情绪愉悦时开展,可随时停止,可重复进行,以幼儿为中心,依幼儿的实际情况灵活开展。

2. 游戏评析

评判游戏活动氛围是否温馨舒适,让幼儿感觉愉快,获得亲情呵护和体验,也感知亲人陪伴和言语交流;评判幼儿在游戏中的主体积极性,游戏中是否关注幼儿的细微变化,充分调动幼儿的主动性和独

---

① 国家卫生健康委. 托育机构保育指导大纲(试行)[Z]. 国卫人口发〔2021〕2 号,2021 - 01 - 12.

立性;评判成人与幼儿的互动性和语言表达的规范性,是否运用规范语句进行交流;评判成人的情感投入和感染力,游戏带动者是否情绪饱满、充满亲情,语速是否缓慢、柔和,动作是否轻缓等。

[游戏一]

名称:魔法口袋

类型:简单句练习

目标:丰富词汇,练习运用简单句。

准备:准备一个漂亮的布口袋,几个布娃娃、小汽车、皮球、摇铃、喇叭等

玩法:

1. 家长给宝宝做示范:从布口袋里摸玩具,摸出后兴奋地说出玩具的名称。

2. 请宝宝接着来摸玩具。

3. 引导宝宝表达:摸出来的玩具是什么。

4. 指导宝宝玩玩具。

5. 家长进一步和宝宝对话:这玩具怎么玩? 引导宝宝用简单句回答。

游戏可反复进行。

温馨提示:

1. 适用年龄段:18～24个月。

2. 口袋里的玩具可以变换。随着宝宝年龄的增长,还可逐渐加深问话的难度,内容可以涉及玩具的形状、用途、性质等。

3. 一岁半左右进入学习名词的敏感期,在这一时期家长要给宝宝创设环境,让宝宝自然学习词汇并运用简单句表达。

[游戏二]

名称:认识我自己

类型:听指令练习、简单句练习

目标:分清"你"和"我",了解自己的特点。

准备:小布偶

玩法:

1. 爸爸妈妈用提示性问题引导宝宝说完整短句,如"你叫什么名字?""你几岁?""你是男孩还是女孩?""你最爱吃什么?"诸如此类的问题。

2. 妈妈拿出宝宝喜爱的小熊娃娃进行表演,模仿它的语气和动作:"大家好,我是小熊,我两岁了,我是只胖胖的小熊,我爱吃蜂蜜。"

3. 让宝宝来自我介绍,说出自己的名字、年龄、爱好等。妈妈可以教宝宝说:"大家好,我是奇奇,我两岁了,我是男孩,我爱吃面包。"

4. 爸爸妈妈轮流介绍自己,增加游戏的乐趣。

温馨提示:

1. 训练宝宝回答"我叫某某某""我两岁了""我是男孩",直到他不再说"你叫某某某",说明宝宝已经能将代名词"你"转换为"我"来回答问题。

2. 家长可经常跟宝宝玩对答游戏,这有利于宝宝学会转换代名词。

[游戏三]

名称:打电话

类型:简单句练习、扮演角色练习

目标:学习回答问题,学习简单的交往礼仪。

准备:玩具电话两部

玩法:

1. 出示玩具电话,用儿歌《打电话》吸引宝宝做游戏。妈妈唱道:"两个小娃娃呀,正在打电话呀,喂

喂喂,你在哪里呀,哎哎哎,我在幼儿园。"

2. 妈妈和宝宝各拿一个电话,妈妈在宝宝面前拨电话号码,并按玩具电话的铃声,引导宝宝拿起接听玩具电话。对宝宝说:"喂,你好,你是奇奇吗? 我是妈妈,你在干什么呢?"引导宝宝用正确的方式接电话。

3. 让宝宝主动给妈妈打电话,并引导宝宝使用礼貌用语"你好""再见"。

温馨提示:

1. 游戏时,即使宝宝刚开始答非所问也没关系,只要让宝宝体验打电话的实际情景,宝宝一定会逐渐熟练,并且会模仿大人打电话的语气、表情和动作。

2. 通话时,家长可以多向宝宝提问熟悉的人或事,例如:"你和谁在一起玩呀? 他们去哪儿啦?"以此拓展宝宝的表达能力。

[游戏四]

名称:开心生日会

类型:简单句练习、扮演角色练习

目标:学习运用词汇和与人交流。

准备:各种水果和各种蔬菜模型,1个小熊玩偶。

玩法:

1. 妈妈告诉宝宝,今天是宝宝最爱的小熊娃娃的生日,我们要给小熊开生日派对。

2. 请宝宝和爸爸妈妈一起想,要准备什么好吃的,引导幼儿说出名称以及邀请谁来庆祝生日。

3. 请家人配合表演,每个人都为小熊准备礼物。妈妈和宝宝一起为小熊挑选礼物,例如在蔬菜、水果、蜂蜜、玩具中挑选出适合小熊的礼物。

4. 播放生日歌,对小熊说:"生日快乐!"并告诉小熊拿的是什么礼物。例如:"这是蜂蜜。"

5. 妈妈模仿小熊和宝宝对话,接受礼物时说:"谢谢。"

温馨提示:

1. 此游戏适用年龄段:18～24个月。

2. 在生活中,利用节日或家人、朋友的生日聚会等进行随机教育,丰富幼儿的生活经验。

(以上游戏选自:丁翎.在灿烂的阳光下——1～3岁亲子游戏集萃[M].厦门:厦门大学出版社,2010.)

育儿宝典

"对话"小贴士

1. 和宝宝说话,要看着他的眼睛。

2. 你说的话要简短、具体、准确和清晰,要多重复。

3. 在丰富的情景中和宝宝说话,这样有助于他更好地理解语义。

4. 当宝宝自言自语时,家长一定要及时接话,这会让他"说话"的兴趣大增。

5. 善于运用丰富、生动的肢体语言,宝宝喜欢看着你一边说话一边做动作的样子。

6. 适时说"不",不嘲笑,不纠正,不翻译,不催促,不过分满足,不多语同时进行,少沉迷于电视。

可以采用什么方式教一岁半的宝宝说话呢?

这个阶段,宝宝学习语言主要任务是学习新词,扩大词汇量。让宝宝掌握新词汇要尽量使用简短的话语,不要让大量多余的语言淹没了所要教的新词。多跟宝宝交谈,每当接触新事物、体验新情感时都要教他们说有关的事情。另外,要多鼓励宝宝开口,耐心倾听并予以回答。

任务思考

1. 结合实例阐释 1～1 岁半婴幼儿言语游戏的类型及设计要点。
2. 结合实例阐释 1～1 岁半婴幼儿言语游戏的实施与评析要点。
3. 结合实例阐释 1 岁半～2 岁婴幼儿言语游戏的类型及设计要点。
4. 结合实例阐释 1 岁半～2 岁婴幼儿言语游戏的实施与评析要点。

实训实践

（一）设计 1～2 岁幼儿言语游戏教案

1. **任务名称**：设计 1～2 岁婴幼儿言语游戏教案
2. **任务内容**
自选一个月龄段和适宜游戏内容，拟写一份详细的言语游戏教案。
3. **任务要求**
（1）要明确月龄段，根据月龄特点选择适宜、生动、典型的游戏内容。
（2）教案格式规范，包括游戏名称、类型、目标、准备、玩法、温馨提示等部分。玩法要分环节写，详细写出具体实施过程。
4. **任务目标**：应用"设计、实施与评析 1～2 岁婴幼儿言语活动"等有关知识，根据宝宝言语发展特点设计一份科学和详细的游戏教案，锻炼理论联系实际、撰写教学方案的能力。
5. **任务准备**：本教材、游戏资料、笔、记录本等。
6. **任务实施过程**
（1）复习项目内容，选择月龄段和适宜游戏内容。
（2）根据任务要求撰写游戏教案。
（3）与同学相互阅读评析教案的书写情况和质量。

"设计 1～2 岁幼儿言语游戏教案"实训实践任务单

时间	年　　月　　日　　星期	地点	
婴幼儿年龄		撰写人	
游戏名称		游戏类型	
游戏目标		游戏准备	
游戏玩法			
温馨提示			

(二) 组织开展1~2岁幼儿言语游戏

1. 任务名称:试教1~2岁幼儿言语游戏

2. 任务内容:结合家访和见实习机会,以小组为单位,组织开展某一月龄段幼儿的言语游戏,并进行评析。

3. 任务要求:

(1) 熟悉幼儿,与幼儿建立亲密关系。

(2) 根据所撰写的游戏教案,做好试教的准备工作。

(3) 以小组为单位,选定一人担任执教者,面对幼儿开展游戏活动,其他同学负责记录。

(4) 活动结束后,从"游戏内容适宜性、目标的恰当性、玩法讲解清晰度、与幼儿的互动性、目标达成度"等方面进行评析,并提出改进建议。

4. 任务目标:应用"设计、实施与评析1~2岁幼儿言语活动"等有关知识,根据所设计的游戏教案开展现场活动,锻炼理论联系实际、组织实施与评析游戏活动的能力。

5. 任务准备:游戏教案、教材、游戏资料、笔、记录本以及相关游戏玩具材料等。

6. 任务实施过程:

(1) 复习项目内容,讨论并修订游戏教案。

(2) 开展现场游戏组织指导活动。

(3) 评析活动实施情况,提出改进建议。

"组织开展1~2岁幼儿言语游戏"实训实践任务单

时间	年　　月　　日　　星期		地点	
幼儿年龄			执教者	
游戏名称			游戏类型	
游戏目标			游戏准备	
组织过程				
改进建议				

🔖 **赛证链接**

1. 指导1~2岁幼儿示范发音时,不要(　　　),避免婴幼儿出现语言障碍。(高级育婴师考试练习题)

A. 面对面地示范　　　　　　　　　　　B. 反复多次

C. 刻意纠正幼儿不正确的发音　　　　　D. 用规范的语言

在线练习4

2. 婴幼儿开始用手指着图书,边指边说。在大人的引导下,能手口一致地点读图谱念儿歌是在( )。(高级育婴师考试练习题)

A. 7个月至1岁　　　　　　　　　　B. 1岁1个月至1岁6个月

C. 1岁7个月至2岁　　　　　　　　　D. 2岁1个月至2岁6个月

3. 选择与改编1～2岁幼儿听和说游戏相匹配的故事和儿歌进行训练,内容要( )。(高级育婴师考试练习题)

A. 丰富、情节复杂　　　　　　　　　B. 生动、情节简单、语言规范

C. 简单、语言不要求规范　　　　　　D. 简短但背景丰富

4. 帮助1～2岁幼儿增加词汇,指导时要( ),多说几遍,并且鼓励幼儿把听懂的话说出来。(高级育婴师考试练习题)

A. 生动的语言、温柔的声音　　　　　B. 用复杂的语言、生硬的声音

C. 加重语气,突出每次新出现的词汇　D. 优美的语言、柔和的声音

5. 选择与改编0～1岁婴幼儿听和说游戏的要求是加强婴儿( )的训练。(高级育婴师考试练习题)

A. 观察和表达能力　　　　　　　　　B. 说话和听话能力

C. 听力与发音能力　　　　　　　　　D. 增加词汇量

项目五 指导 2～3 岁幼儿言语活动

有效指导 2～3 岁幼儿言语活动应理解和遵循其言语发展的基本规律,并根据此年龄段婴幼儿的语言发展特点和规律,探讨培养策略,设计言语游戏,实施活动,做好成效评析。

📘 学习目标

知识目标:

1. 掌握 2～3 岁幼儿言语发展的基本规律。

2. 理解 2～3 岁幼儿言语发展的培养策略。

3. 初步掌握 2～3 岁幼儿言语游戏设计、实施与评析的要点。

能力目标:

1. 具有理解和运用 2～3 岁幼儿言语培养策略的能力。

2. 具有设计、实施与评析 2～3 岁幼儿言语游戏的基本能力。

素质目标:

1. 理解与尊重 2～3 岁幼儿的言语发展规律。

2. 乐于与 2～3 岁幼儿游戏,善于指导言语游戏。

🎯 知识导图

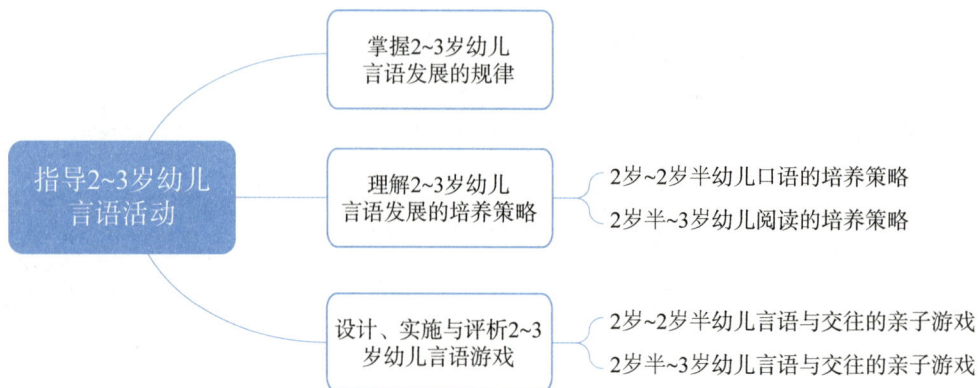

任务一　掌握2～3岁幼儿言语发展的规律

案例导入

2岁半的诗诗拿着一本图画书看得津津有味,边看边自言自语。看到妈妈走过来,她跑过去,指着书上的图像说:"妈妈,小兔,小兔,跳跳跳!"边说边把手放在头上,蹦蹦跳跳起来。妈妈高兴地拍手叫好,旁边的奶奶连声夸赞:"我们的诗诗真聪明,真会讲话,比其他小朋友的说话来得更好!"

2～3岁是幼儿口头言语发展的第二个关键期。此时期幼儿言语发展的主要特点表现在词汇量的扩充和语法的形成。他们喜欢与人进行语言交流,听与说的积极性很高。他们爱念儿歌、爱听故事,并能记忆一些主要的故事情节,能背诵一些诗歌。3岁时,幼儿的词汇量可以达到1 000个左右,几乎是1岁半时的4～5倍。幼儿口语表达中开始出现形容词、代词、副词。他们的简单句更加合乎语法习惯,复合句的运用频率也在不断增加。

(一)2～2岁半幼儿言语发展的爆发期

此阶段幼儿已经掌握了一些常用的基本词汇,同时新词汇、新奇的句子也会源源不断地出现,出现语言的爆发期。具体表现为:他们热衷于使用语言与人交谈、交往,喜欢重复模仿家长说过的话来表达自己的想法,并在与成人的沟通交流中切实理解词语代表的意义,准确建立物与人的联系。他们开始对图书感兴趣,喜欢缠着家长讲故事,特别喜欢听自己熟悉的事,或与自己有关的故事。这个时期的幼儿还有特别强烈的好奇心,疑问句的使用频率非常高,"为什么""这是什么"等成为他们的口头语。他们除了想知道各种事物是什么外,也能理解并正确回答关于"谁""哪儿""为什么"等各种问题。由于此阶段幼儿发音器官尚未完全发育成熟,所以暂时无法掌握许多复杂的发音,但他们能够意识到这一点,因而会有意识地避免说容易发错语音的词,或自觉模仿正确发音来纠正错音。

(二)2岁半～3岁幼儿复合句的发展

3岁左右的幼儿造句能力增强,能较好地运用更多合乎语法规则的简单完整句来表达自己的想法,讲述见闻。同时,复合句的比例迅速增加。他们更喜欢与成人交谈,也能用自言自语调节自己的行为。由于语言表达能力尚在发展中,他们还不能独立完整地表达情感和叙述所见所闻,句子结构不完整、次序颠倒等情况还经常发生。他们在发音和与成人交流方面基本不存在障碍,但流畅性和对语法运用的熟练性有待提高。

3岁左右的幼儿在交流中使用的词汇仍以名词和动词为主,但比例开始减少,而比较抽象的形容词、副词、代词显著增加,数词、连词也有少量增加。在使用关联词的过程中,常会出现不对应的现象。

育儿宝典

教宝宝说话需提防四大误区

很多父母都希望自己家的宝宝能早点说话,以此证明宝宝发育快、头脑聪明。有的父母也会有意识地教宝宝说话,但在教的过程中要注意正确教宝宝说话,有四大误区要提防。

1. 父母对宝宝的要求不要反应太快。比如宝宝指着水瓶,成人马上明白这是宝宝想喝水了,于是马上把水瓶递给他,这样就使宝宝失去了说话的机会。正确的做法是,当宝宝指着水瓶时,你可以引导孩子说出他想干什么,即便只是说一个"水"字,你也应该鼓励他,因为这是不小的进步——他懂得用语言表达自己的要求了。

2. 不要经常用儿语和宝宝说话,简单地说就是不说完整话。例如,把"吃饭"说成"饭饭",把

"睡觉"说成"觉觉"。有些父母以为宝宝只能听懂这些儿语,或者只是觉得有趣。如果长期用这样的语言与宝宝交流,会拖延孩子过渡到说完整话的时间。

3. 不要老是重复宝宝的错误发音。刚学会说话的宝宝存在发音不准的现象,比如把"苹果"说成"苹朵"等。成人可能会觉得好玩、可爱,在不经意间重复错误的发音。比如,妈妈告诉奶奶宝宝把"苹果"说成"苹朵",而身边的宝宝就会在不经意间强化了这个错误的发音。所以父母不要学孩子的发音,而应当用正确的语言与宝宝交流。时间长了,在正确语音的引导下,宝宝的发音就会逐渐准确。

4. 别让宝宝置身于语言复杂的环境中。有些家庭中,父母、爷爷奶奶、保姆各有各的方言,语言环境复杂,多种方言并存。这会使正处于模仿成人学习语言阶段的小宝宝产生困惑,进而导致宝宝说话晚。

任务思考

1. 结合实例阐释2~2岁半幼儿言语发展的基本规律。
2. 结合实例阐释2岁半~3岁幼儿言语发展的基本规律。

任务二　理解2~3岁幼儿言语发展的培养策略

案例导入

3岁的涵涵认真地翻阅妈妈从超市拿回来的广告册。看到妈妈正在做饭,就指着广告册上的鸡蛋问:"妈妈,你在做鸡蛋吗?"妈妈头也不回地回答:"不是。"涵涵又指着洋葱说:"那就是做这个。"接着又自言自语:"毛巾、衣服、摇摇车。我要买摇摇车,和小西一起玩……"不一会儿,就拿起广告册,边往脸上擦边嘟哝着:"宝宝洗脸。"妈妈一看急忙喊道:"脏死了,赶紧丢掉。"顺手抢过广告册,扔进垃圾桶。涵涵才不理呢,又把广告册捡回来,继续翻着看。

涵涵对这本带有图片的广告册很感兴趣。妈妈要把握契机加以引导,应及时回应宝宝的表现,引导宝宝与广告册里的事物进行对话,或者结合现实生活中的事物进行观察和认知,从而促进宝宝语言的发展。

一、2岁~2岁半幼儿口语的培养策略

2岁~2岁半幼儿的言语已进入完整短句阶段,其语言特征有了显著的变化,他们掌握了大量的、常见的物品名称和经常发生的简单动作的动词;以词代句的现象明显减少,能够用简单句同成人进行交流,表达自己的需求;在2岁半左右,偶尔会出现简单的复合句;2岁后能和成人进行简单的对话,也会回答故事中的一些简单问题。根据这些特点,我们需要重视相应的培养策略。

(一) 引发幼儿运用词汇、短句说话

在幼儿会说简单句的基础上,学说含有主谓宾句式的完整简单句,如"宝宝吃饭""我们出去玩""爸爸回家了""小狗玩皮球"等。家人应在生活中注意随时随地引导幼儿学习这种句式,因为这些伴随生活情节的语言,幼儿容易理解和模仿。

家人应在生活或游戏中引导幼儿回答"某某东西在哪里?"。例如,将宝宝喜欢的玩具,如小皮球、小汽车等,放在他看得见但拿不到的地方,或者藏起来,然后问宝宝:"小皮球在哪里?"一边鼓励他去寻找,

一边引导他说出"在这里""不知道""没看见""找不到"等词句。这种练习也可在户外随时进行,比如抱着宝宝边走边问:"树在哪里?""滑滑梯在什么地方?""小弟弟在哪里?"等,让宝宝学习回答。

客观事物是千姿百态、变化多端的,描写事物的形容词也是丰富多彩的。家人应指导宝宝观察、比较这些事物,理解相应形容词的意思。例如,带宝宝观察公园里的花草树木,可以引导宝宝学说"美丽""漂亮""鲜艳""红的""黄的""白的""绿的"等词语。吃饭时让宝宝比较大碗、小碗,学习运用"大的""小的"等词语;比较桌椅时学习"多的""少的"等词语,并练习表达:"桌子少,椅子多"。因此,幼儿通过多种感官直接感知事物,能够掌握事物的某些特性及相关的形容词,为口语表达积累感性经验。家人要重视引导幼儿多感知周围的事物,引导幼儿运用词汇、短句说话,促进幼儿口语的发展。

此外,还可结合故事内容引导幼儿多开口说话。因为优秀童话故事中的人物都有鲜明的性格,爸爸妈妈给宝宝讲完故事后,可以简单地评价故事中的人物性格,引导宝宝学说形容词:大灰狼是"凶恶"的,狐狸是"狡猾"的,小山羊是"善良"的等,从而丰富宝宝的词汇,引导宝宝更好地运用词汇、短句说话和完整表达。

(二)多朗读儿歌和童谣

选择音韵俱佳的儿歌和童谣,让学习说话的幼儿朗诵,不但能促进幼儿口头语言的发展,还能开启幼儿的心智。由于儿歌、童谣等作品大多由日常用语组成,例如《红金鱼》:"红金鱼,水里游,摇摇尾巴点点头,游来游去好自由,真像一群好朋友。"这首儿歌朗读起来朗朗上口,节奏感和韵律感很强,迎合了幼儿生理和心理发展的需要,能为幼儿所喜爱。再如《小动物的梦》:"树林边,小河旁,动物聚会谈梦想。老母鸡,咯咯咯:一天三顿有谷糠。小花狗,汪汪汪:啃完骨头喝肉汤。大青蛙,呱呱呱:要把害虫全捉光。小雄鹰,没声响,展翅飞到蓝天上。"这首童谣出现了很多小动物,易于让幼儿理解、接受并喜爱。又如《过新年》:"新年到,新年到。舞龙狮,发红包。挂红灯,放鞭炮。穿新衣,戴新帽。一年更比一年好。"这首儿歌出现了许多重叠音,易于幼儿的学习和掌握。再如《妞妞和金鱼》:"拍拍拍,快开门儿,盆里装着小玩意儿,玩意儿送给小金鱼儿。金鱼儿一接没接住,一掉掉到鱼缸底儿。找来找去找不到,缸底儿全是石头子儿,就是没有小玩意儿。"这首童谣里都是儿化音,朗读起来富有童趣。

幼儿通过吟诵儿歌和童谣,能够很容易地掌握一些生活中的常用词汇、简单数字等。例如,宝宝在没有掌握数的概念之前,就已经学会说"一二三四五,上山打老虎"了。2岁左右的幼儿,其发音器官尚未发育成熟,往往吐词不清,如将"老师"说成"老西",这是很正常的。但可以通过引导幼儿朗读儿歌、童谣和顺口溜,促使幼儿逐步把字音发准,这是一个十分有效的方法。因此,要激发幼儿朗读儿歌、童谣、顺口溜和小古诗的热情,促进他们语言的发展。

(三)经常开展听说游戏

游戏是幼儿最喜欢的活动,通过游戏可以让幼儿边玩边听,锻炼倾听和表达的能力。家人在游戏中要注意放慢说话速度,稍微夸大说话的口型,引导幼儿听清楚,跟着学。例如,在玩商店游戏时,家长扮演售货员,宝宝扮演顾客,进行倾听与对话:"妈妈是售货员,你是谁呢?"引导幼儿回答:"我是顾客。"妈妈说:"这里有狮子、手枪和花纸,还有好吃的大柿子。你要买什么,就快点来,说对了,我就卖给你。"家长还要有意识地示范"狮""纸""花""柿"的发音口型。

幼儿买东西时一定要听清并说清:"阿姨,我要买一只大狮子。""阿姨,我要买一把手枪。""阿姨,我要买一张花纸。""阿姨,我要买一个柿子。"只有当幼儿听清楚且发音准确时,才卖给他。这样不仅能让幼儿听清每个字的正确发音,也能看清发音的口型。经常接受听觉刺激,能够强化幼儿的倾听能力和表达能力。

二、2岁半～3岁幼儿阅读的培养策略

如前所述,幼儿从出生时开始阅读人脸至今,经过两年半的培养,2岁半至3岁的幼儿大多能养成随自己的意愿去"翻阅图书"的习惯。这里的"翻阅"就是这一时期幼儿的阅读方式。那么,家人如何关注这一现象,捕捉这一教育契机,正确引导幼儿阅读,促进幼儿语言发展呢?

(一)从兴趣入手激发幼儿阅读的内部动机

在早期阅读过程中,幼儿的内部动机可以保证阅读活动的顺利进行并取得积极的阅读效果①。但并非每个幼儿生来就喜欢看书,部分幼儿对图书的好奇心最初也只是受潜在的动机力量驱使,需要通过实践获得成功和乐趣,其阅读兴趣才能逐渐形成并固定下来。因此,幼儿的内部动机是幼儿早期阅读的前提。在实践中,创设适宜的阅读情境,激发幼儿的主动性和阅读兴趣是至关重要。

家人应细心观察幼儿成长过程中的兴趣点,并在家庭的阅读区域中根据幼儿的兴趣,提供满足其兴趣需求的早期阅读读物,吸引宝宝主动参与早期阅读活动。例如,2岁3个月的航航宝宝是个车迷,无论是在马路上、电视上,还是图书上,只要有汽车出现,航航都不会放过,都会专注地观察。于是,爸爸妈妈开始收集一些与汽车有关的读物,如《小老鼠的蛋壳车》《鼹鼠的皮鞋汽车》以及一些介绍汽车的图书等,不断满足宝宝的兴趣,从而使航航特别钟情于阅读活动。

当宝宝进入阅读情境后,爸爸妈妈可以创设适当的问题情境,激发宝宝的求知欲。由于2~3岁幼儿的思维较为具体,且生活经验有限,所以在创设问题情境时应该尽量将问题提得更具体、更具针对性和启发性,给幼儿制造心理悬念,激发幼儿阅读读物的兴趣。

(二)在游戏中引导幼儿体验阅读的快乐

游戏是幼儿学习的最佳方式。因此,早期阅读应该是2~3岁幼儿与爸爸妈妈或同伴一起玩耍的一个游戏。爸爸妈妈可以利用角色扮演,挖掘读物的娱乐功能。

角色扮演是2~3岁幼儿非常喜欢的活动。爸爸妈妈陪宝宝阅读时,利用故事中的角色进行角色模仿,一方面可以提高幼儿参与阅读的兴趣,另一方面也能提高幼儿语言和表达的能力,促进幼儿对阅读材料的理解。爸爸妈妈在角色游戏中必须十分投入,不能敷衍了事,以免影响幼儿的阅读情绪。

有许多读物本身带有游戏性,爸爸妈妈可仔细挖掘读物本身的游戏性,并在阅读过程中根据读物本身的游戏性,设计有助于幼儿阅读效果的游戏。例如,在亲子阅读《袋鼠蒙蒙》一书时,爸爸妈妈带着宝宝用肢体动作感受袋鼠蒙蒙的蹦蹦跳跳,宝宝很满足,沉浸在故事的情景之中,宝宝能很快在游戏的情景中把读物的内容表达出来。爸爸妈妈在阅读中设计一些游戏参与的环节,既可以减轻宝宝阅读过程中的疲倦感,又可以调动宝宝阅读的积极性。例如,在阅读图画书《猜猜我有多爱你》时,爸爸妈妈设计"投骰子"的游戏,将兔妈妈和小兔子比较爱的多少这一故事情节的片段图片贴在"骰子"上,爸爸妈妈和宝宝通过抛"骰子"调动宝宝阅读的积极性。另外,拼图、说相反、改错法、猜谜法等方式,都是激发幼儿阅读积极性的有效方法。

(三)运用表象原则提高幼儿阅读能力

所谓的表象原则是指引导幼儿依据读物所提供的文字内容,通过绘画、图解的方式,在幼儿头脑中将阅读材料形象化,在头脑中建立内容与表象的有力搭配,从而提高幼儿的阅读能力②。为此,家人可运用绘画、图解的方式,帮助幼儿表达对阅读材料的理解。因为幼儿没有文字的基础,对于图画书的阅读理解往往通过阅读材料所提供的图形符号进行语义链接,所以绘画和图表的方式能够帮助幼儿更好地理解阅读材料的意义。

例如,2岁8个月的毛毛宝宝特别爱漂亮,但不能好好地吃饭。爸爸妈妈在教师的指导下选择图画书《想变蝴蝶的毛毛虫》与宝宝分享,在阅读毛毛虫努力吃好每一顿饭的内容后,鼓励宝宝用"粘贴纸"的方式和妈妈共同制作自己的就餐计划。从而引导宝宝愉快地投入阅读,充分体验阅读表达的快乐。

2岁半至3岁的幼儿在阅读过程中,喜欢融入阅读的情节,把角色当成自己。根据这一特点,爸爸妈妈可以采用迁移、延伸想象的方式,引导幼儿站在角色的角度,感受角色的处境、心情和愿望,并向幼儿提出思考问题与表达要求。例如,有一对爸爸妈妈和宝宝一起阅读《猜猜我有多爱你》时,爸爸妈妈准备了兔子发夹,引导宝宝迁移作品中的情节:"如果你是小兔和兔妈妈,你们会怎么变呢?"爸爸妈妈引导

---

① 蒋静.早期阅读教育中读本的选择和价值[J].学前教育,2008(2).
② 余珍有.日常生活中的早期阅读指导[J].学前教育研究,2005(1).

宝宝根据角色所处的情境,设身处地体验从故事中迁移出来的母子亲情,进而更好地帮助宝宝理解图书内容,有效提高宝宝的阅读能力。

育儿宝典

如何把阅读变为宝宝快乐的游戏

针对2岁半～3岁宝宝的年龄特点,总结以下几种有效方法,促进亲子阅读。

1. 讲述提问法

方法:爸爸妈妈与宝宝拥坐在一起,采用爸爸妈妈讲述,或边讲边提问、解释疑难等方式,引导宝宝理解阅读材料。

作用:促进亲子之间的情感交融,激发宝宝对阅读活动的兴趣,提高宝宝对阅读材料的感受能力和理解能力,帮助宝宝掌握有序翻阅等基本阅读技能。

注意点:爸爸妈妈要以亲切的态度与宝宝共读。当宝宝初学阅读、阅读有困难,或提出共读请求时,爸爸妈妈可多采用此种方法。

2. 角色扮演法

方法:爸爸妈妈与宝宝以口头扮演或动作扮演等形式,担任阅读材料中的某一角色。例如,说某一角色的语言,做某一角色的动作等。

作用:可大大增强宝宝对阅读活动的兴趣,提高宝宝的语言、动作表达能力,加深对阅读材料的理解;有利于爸爸妈妈与宝宝之间建立民主、平等的关系。

注意点:爸爸妈妈和宝宝要注意采用适合角色的语气、语调、动作。爸爸妈妈要投入地进行扮演,切勿敷衍了事。爸爸妈妈和宝宝可以交换角色,多次扮演。

3. 猜猜认认法

方法:在阅读指导中,让宝宝观察封面,猜猜书名,或猜猜下一个情节,猜猜角色的语言,认读书名或关键词等。也可在日常生活中让宝宝猜标志、符号等。

作用:增强阅读活动的趣味性,提高宝宝对图画、文字、符号转换关系的理解,激发宝宝对汉字的兴趣,培养宝宝的推理能力。

注意点:爸爸妈妈要引导宝宝注意观察,留给宝宝思维的空间;抓住教育的时机,让宝宝养成勤思考的好习惯。

4. 改编情节法

方法:在阅读中,鼓励宝宝积极根据自己的理解和思维,对故事中原有的情节进行改编。

作用:拓宽宝宝思路,发展宝宝的创造性思维,使宝宝体验到成功的乐趣,激发宝宝继续阅读的兴趣。

注意点:爸爸妈妈要小心呵护宝宝的创造欲,不可打击宝宝的积极性。如遇上宝宝改编不合情理时,可耐心地对其讲清道理。

指导宝宝开展早期阅读的有效方式

1. 给宝宝读她喜欢的书。首先,熟悉的书可以让宝宝感到自己什么都知道,像个小专家,无形中增添他的自信,这是他喜欢的感觉;其次,父母在宝宝阅读时,通过提问相关的小问题,让宝宝边读、边思考、边进行填空,能够让其体味成功,感受满足。

2. 让宝宝学习联系现实。把书中的内容和现实生活联系起来,如果你带着宝宝看到湖边的小蝌蚪游来游去,可以问问你的宝宝:"它们是小蝌蚪吗? 它们是不是在找妈妈?"这样做可以引起回忆,增加词汇量和理解力。

3. 让宝宝充当其中角色。你可以把自己的宝宝或家人编进故事当中,并用故事的主题思想来教育他,使其初步明白一些浅显的做人做事的道理。

视频

视频5-1:
0～3岁婴
幼儿亲子
阅读指导

4. 让宝宝猜猜看。猜谜可以锻炼宝宝的思考能力,不过不要太难,你可以问宝宝"什么动物长着两只长耳朵,喜欢吃萝卜?"也可以让他出谜你来猜。

任务三　设计、实施与评析 2~3 岁幼儿言语游戏

案例导入

2 岁多的苗苗与爷爷玩亲子游戏"水果娃娃"。苗苗把塑料水果模型拿在手里,左右翻看着,然后抬起头高兴地看着身旁的爷爷,同时举起手里的水果模型给爷爷看。接着,她正准备去摆弄桌子上其他水果模型时,爷爷开始发问:"这是什么水果?"苗苗没有回答。爷爷又接着问:"它是什么颜色的呀?"苗苗仍是低头不语。爷爷急了,又继续追问,苗苗只好应付式地回答:"萝卜。"这下爷爷有点生气了,就纠正道:"再看看,这明明是茄子嘛!"在接下来的游戏中,爷爷不厌其烦地逐一提问水果的名称、颜色,并要求苗苗重复一遍。最后,爷爷还示范了如何将不同的水果放在不同的篮子里,让苗苗模仿着进行分类,直到看到苗苗放对了一种,才放心地走开。这时,苗苗拿起所有水果迅速倒进小筐,转身走开了,那表情好像在说:"我再也不想玩这个游戏了。"

一、2 岁~2 岁半幼儿言语与交往的亲子游戏

亲子游戏不受时间、场地和材料的限制,只要父母有意识地将自己的良好行为、对人对事的情感态度传递给幼儿,将能使幼儿在愉快的游戏中获得知识技能与经验,促进幼儿语言与交往的发展。

(一) 2 岁~2 岁半幼儿言语与交往亲子游戏的类型

根据 2 岁~2 岁半幼儿言语与交往的发展规律和培养策略,结合此阶段幼儿发展的实际特点,我们可从丰富词汇、问答练习和描述练习等游戏类型入手进行指导。

1. 丰富词汇的游戏

丰富词汇的游戏是引导幼儿运用生动、恰当的词汇进行口语表达的游戏。主要包括引导幼儿对物体外部特点的描述、对所处空间方位的描述、对数量特征的描述,以及对动作形态的描述等。如对物体的大小、颜色、形状、轻重、数量、方位、动态等特征的描述,从而扩展幼儿对物体的感知和认识,促进幼儿口头语言和与人交往能力的发展。

此类游戏的目的是丰富幼儿的词汇量,引导宝宝运用词汇表达,促进对词汇的理解和掌握,积累更多表达和交流的内容,提高口语表达和交往能力。

此类游戏的主要特点如下。

(1) 理解词义。在游戏中能够有效帮助幼儿理解词汇的具体含义,知道词汇所表达和指向的内容,在理解词义的基础上能够更为准确、恰当和生动地进行运用和表达,提高口语与交谈能力。

(2) 扩大词类。在游戏中能够帮助幼儿丰富词汇量,扩大词类的学习和运用,包括名词、动词、形容词、人称代词、介词、方位词、数量词等,有助于宝宝不断扩大词类范围,掌握更多的口语表达素材,为完整句表达和与人深入交谈奠定良好的基础。

2. 问答练习的游戏

问答练习的游戏是引导幼儿进行一问一答的对话游戏。游戏中可由爸爸妈妈提出问题,宝宝回答;也可由宝宝提出问题,爸爸妈妈回答。还可邀请小伙伴参加游戏,家人与宝宝、小伙伴轮流问答进行游戏。

此类游戏的目的是培养幼儿的倾听能力、理解能力、口语表达能力和交往能力,帮助幼儿学习提出问题和回答问题的方法,提高提问和回答的思维和语言表达水平。

此类游戏主要具有以下特点。

(1)提问要具体明确。游戏中所提出的问题要具体、明确,能够让幼儿注意听,并听明白问题的指向。家人所提出的问题都需结合具体的场景或事物,具体而明确地要求宝宝做什么、想什么和说什么。如在"我问你答"游戏中,会提出问题:什么动物长耳朵?什么动物短尾巴?什么动物尖嘴巴?又如在看图书回答问题环节,会提问:图画上是谁?在什么地方?和谁在一起?他们在玩什么玩具?

(2)回答要完整规范。游戏中应引导幼儿听清楚问题后再回答,回答时要说完整,按照规范的方式进行表达。如"做什么"的游戏,问:你在吃什么?答:我在吃苹果。如果宝宝回答:你吃果果。家人就需用完整规范的语句重新引导幼儿再说一遍。

3. 描述练习的游戏

描述练习的游戏是引导幼儿运用形容词和简单句进行描述的游戏。游戏中引导宝宝结合生活经验和直观感受对某一事物或某一事件进行具体、生动的讲述。如"抽卡片"的游戏,抽到公园的卡片,要引导幼儿描述公园的景色:公园里有绿色的小草,红色的小花,还有高高的大树。

此类游戏的目的是培养幼儿运用完整句进行描述的能力,促进宝宝的观察力、思维力、口语表达能力和交往能力的提高。

此类游戏主要具有以下特点。

(1)具体性。游戏中运用语句描述的内容是具体的,是对直观的事物或事件进行具体描述,在游戏中需要结合直观的图片、图像,真实的玩具、实物或场景来开展。

(2)生动性。游戏中的描述同样是生动的,需要运用形容词、数量词、方位词等进行具体的描述,让人听起来生动形象。

(二) 2 岁～2 岁半幼儿言语与交往亲子游戏的设计

根据 2 岁～2 岁半幼儿语言与交往的培养策略,按照以上不同类型游戏的目的和特点,我们可从如下方面进行亲子游戏的设计。

1. 选定游戏内容

根据以上三大类型,结合幼儿言语发展的实际需要选择游戏内容。

(1)丰富词汇的内容:选择与幼儿生活经验密切相关的各种事物、人物和景物的内容进行丰富。如周围生活中各种事物名称、特征和功用的词汇,所认识的人物名称、特点和情感的词汇,所观赏的各种景物名称、特征和引发内心感受的词汇。具体涉及名词、动词、形容词、介词、人称代词、数量词、方位词等。

(2)问答练习的内容:可选择幼儿喜欢的人、事、物,喜欢的游戏,日常生活中的简单规则进行对话练习,日常生活中的各项内容都可成为幼儿对话练习的内容。如可针对幼儿喜欢的玩具、喜欢的游戏、喜欢的图画书开展问答练习的游戏。

(3)描述练习的内容:可选择某一食品、某一景点、某一玩具等事物或场景进行描述,如蛋糕的美味,公园的景色,玩具的好玩等内容进行描述。只要是幼儿感兴趣的,他的所见所闻、所思所感都可成为描述练习的内容。

2. 确定游戏目标

根据幼儿的言语发展水平和个体实际特点,结合游戏类型的特点预设游戏目标。以下总目标供参考。

(1)对学习新词感兴趣,喜欢运用新词汇,掌握的词类增多,运用的词汇量较为丰富。

(2)喜欢参加问答游戏,乐意动脑筋想问题和回答问题,喜欢与小伙伴玩问答游戏。

(3)喜欢描述事物,学习根据要求进行具体的描述,锻炼口语表达和交往能力。

3. 制定游戏要领

我国《托育机构保育指导大纲(试行)》语言领域 25～36 个月的保教要点指出:指导幼儿正确运用词语说出简单的句子。鼓励幼儿用语言表达自己的需求和感受。创造条件和机会,使幼儿多听、多看、多说、多问、多想,谈论生活中的所见所闻。培养幼儿阅读的兴趣和能力,学讲故事、学念儿歌。①

依据这一保教要点,结合 2 岁～2 岁半幼儿言语发展水平和个体差异,围绕游戏目标和玩法制定游戏实施要领。

(1) 设置游戏情境。情境是开展游戏的重要基础,应通过情境的创设和利用,有效促进幼儿语言与交往的发展。如商店游戏,可以把游戏场地布置成商店的场景,摆放货架、货品(放置球、小碗、薯片、矿泉水等)、标价格(贴在货架上)、收款机、钱币等。将游戏的情境设置成商店买卖商品的氛围。

(2) 介绍游戏名称和玩法。让幼儿明确游戏的主题、玩法、步骤和规则,引导幼儿围绕主题、根据玩法进行游戏。

(3) 家人以饱满的情绪示范游戏。通过生动示范,激发幼儿熟悉并巩固游戏玩法。

(4) 引导幼儿玩游戏。在引导幼儿玩游戏的过程中,家长可参与其中,与幼儿合作玩游戏,同时鼓励幼儿自己玩游戏,让幼儿在游戏中得到快乐,发挥主动性,促进口语与交往的发展。

(三) 2～2 岁半幼儿言语与交往亲子游戏的实施与评析

2～2 岁半幼儿言语与交往的亲子游戏丰富多样,现结合几个典型游戏说明实施与评析要点,成人可根据这些游戏的玩法进行改编和创新。

1. 游戏实施

实施 2～2 岁半幼儿言语与交往亲子游戏一般根据游戏实施要领和游戏玩法进行。此年龄段幼儿言语交流更为丰富和流畅,言语游戏范围进一步扩大,但依然要与幼儿的生活内容和作息活动相结合,在幼儿情绪愉悦中开展,可随时停止,可重复进行,以幼儿为中心,依幼儿的实际情况开展。

2. 游戏评析

评判游戏活动氛围是否温馨舒适,让幼儿感觉愉快舒服,获得亲情呵护和体验,也感知成人陪伴和言语交流;评判幼儿的主体积极性,游戏中是否注意幼儿的主动反应和配合;评判成人与幼儿的互动性和语言表达的规范性,是否运用规范语言交流;评判成人情感的投入和感染力,是否情绪饱满、充满热情,讲解玩法语言清晰、语速缓慢,配合动作示范等。

[游戏一]

名称:过家家

类型:问答练习、描述练习

目标:激发说话的兴趣,增进与他人的沟通,锻炼社交能力。

准备:积木、小塑料铲、小塑料桶、塑料刀和塑料叉子,纸盘子等。

玩法:

1. 妈妈先与宝宝一起用积木搭建房屋,在搭建过程中,妈妈可以和宝宝进行对话,如"宝宝想要建一间什么样的房子呢?"通过提问,引导宝宝与妈妈交流。

2. 然后开始玩过家家游戏。在游戏的过程中,妈妈可以让宝宝扮演娃娃的家长,妈妈扮演邻居家的妈妈,向宝宝借一些物品,观察宝宝如何回答,并根据宝宝对语言的理解程度,与宝宝交流一些日常生活中常见的话题。

温馨提示:

当爸爸妈妈在家与宝宝交流时,不要用成人的语气和标准来要求宝宝,而是要融入宝宝的语言环境中进行对话,让宝宝在轻松的氛围中说话,要让宝宝觉得和爸爸妈妈说话是一件十分开心的事情,这样宝宝在今后和他人说话也会很自如,从而在潜移默化中提高语言表达和交往能力。

[游戏二]

名称:找出不合理

类型:问答练习、描述练习

目标:增进对各种熟悉事物的认知,锻炼判断力、推理能力和语言能力。

---

① 国家卫生健康委.托育机构保育指导大纲(试行)[Z].国卫人口发〔2021〕2 号,2021 - 01 - 12.

准备:卡片 6 张(包括没有尾巴的熊猫、三只眼睛的小兔等存在一些不合理成分的图片)。

玩法:

1. 妈妈把事先准备的卡片摆出来,对宝宝说:"请你仔细看看这些图,每张图上都会有一些奇怪的地方,你能把它们找出来吗?"先让宝宝找出不合理的地方。

2. 当宝宝找出卡片上的不合理的地方后,妈妈就可以请宝宝详细地指出每个不合理的地方是什么,讲讲该如何改正。

3. 当宝宝说出改正的方式后,让宝宝用画笔修改。修改以后,妈妈引导宝宝编讲图片的故事内容。

温馨提示:

对宝宝编讲的故事逻辑性可以不作要求,只要宝宝把图上的内容讲清楚就可以了。

［游戏三］

名称:找朋友

类型:问答练习、描述练习

目标:学习结识新朋友的方式和礼仪,锻炼与人交往的能力。

准备:歌曲《好朋友》。

玩法:

1. 创设情境,爸爸妈妈扮演小动物。

2. 宝宝走到妈妈身边,说:"你好,我想认识你,和你做新朋友。"妈妈回应:"谢谢,我也想和你做朋友。"然后引导宝宝再找爸爸做朋友。

3. 家长和宝宝一起唱《找朋友》的歌曲,边唱边拉着宝宝的手完成动作表演:"找啊找啊找朋友,找到一个好朋友,敬个礼来点点头(动作:点头)。我们都是好朋友(动作:握手)。"

4. 结识新朋友后,宝宝和爸爸妈妈互换礼物,表达对新朋友的欢迎。互相亲吻和拥抱,表达对新朋友的喜爱。

5. 宝宝要回家了,对新朋友说再见,并欢迎他们到家里来做客。

温馨提示:除了用歌曲的方式让宝宝学习,也可以用儿歌的方式帮助宝宝理解简单的社会交往礼仪,如《礼貌歌》。时常换着花样引导宝宝学习,他会非常感兴趣。

(以上游戏选自:丁翎. 在灿烂的阳光下——1～3 岁亲子游戏集萃［M］. 厦门:厦门大学出版社,2010.)

二、2 岁半～3 岁幼儿言语与交往的亲子游戏

2 岁半～3 岁的幼儿是口语发展的关键时期,也是与同伴交往的关键时期。此阶段的亲子游戏可以促进幼儿良好情绪情感的发展,丰富幼儿的经验,锻炼幼儿的操作技能,发展幼儿的交往能力。因此在此阶段的亲子游戏中,父母的参与能够全方位地调动幼儿的多种能力,使幼儿健康地成长。

(一) 2 岁半～3 岁幼儿言语与交往亲子游戏的类型

根据 2 岁半～3 岁幼儿言语与交往发展的规律和培养策略。结合宝宝发展的实际水平,家人可从组词练习、句式练习和语法练习等游戏类型入手进行指导。

1. 组词练习的游戏

组词练习的游戏是引导幼儿将两个或两个以上的词语组合在一起,形成新的词句的游戏。它可以帮幼儿学习运用词语,或用词语说短句,进行词汇运用和语句表达的练习。

此类游戏的目的是丰富幼儿的词汇,锻炼幼儿灵活运用词汇、组词成句,促进思维能力、口语表达能力和交往能力的发展。

此类游戏主要具有以下特点。

(1)词汇由少到多。组词游戏中所运用的词汇是由少到多不断递增的,先是两个词的组合,再到两个以上词汇的组合。例如,在"词语开花"游戏中:

美丽＋花＝美丽的菊花、美丽的荷花、美丽的梅花、美丽的兰花……

美丽＋花＋开＝美丽的菊花开了、美丽的荷花开了、美丽的梅花开了……

由此,不断增进幼儿对词汇的理解和运用,促进口语表达和与人交谈能力的发展。

(2)语句由短到长。游戏中的组词成句后,随着词汇的不断增加和改变,所形成的语句由短到长,不断变化,表达各种意思。这不仅能增加幼儿运用词汇的兴趣,还能锻炼口语交谈和表达能力。

2. 句式练习的游戏

句式练习的游戏是引导幼儿运用各种句式进行表达和交流的游戏。在游戏中引导幼儿学习和运用简单的句式,如因果句"因为……所以……"、假设句"假如……就会……"、转折句"虽然……但是……"、连接句"……和……"等,能够有效扩展幼儿口语表达的内容和与人交往交谈的内容。

此类游戏的目的是引导幼儿学习和运用句式,能够根据表达的需要变换和选用恰当的句式,增强语言的感染力和说服力,提高幼儿口语与交往的能力。

此类游戏主要具有以下特点。

(1)与直观相结合。幼儿在游戏中学习句式的运用是与直观的事物和场景密切联系的。例如,幼儿说:"我和布娃娃在一起。"此时运用"……和……"的句式,需要给宝宝提供布娃娃的实物和具体游戏场景,才能引导幼儿真正理解和运用这一句式。

(2)与思维相结合。各种句式的运用体现了幼儿思维推理性和逻辑性的发展。例如,假设、因果关系的句式,需要幼儿思维发展的支持。此阶段幼儿的思维是具体形象性的,在学习句式的游戏中应从简单到复杂,从具体到抽象,由易到难,结合幼儿的生活经验不断扩展句式的学习和运用。

3. 语法练习的游戏

语法练习的游戏是引导幼儿运用合乎语法规范的语句进行表达的游戏。一个句子必须按照一定的语法规则来组织,由词或短语构成的语言单位能表达一个相对完整的意思,其表达是符合一定语法规则的。例如,"我要去公园玩。"这句是符合语法的。如果说成"我来去公园玩"这样的表达就不符合语法规范,出现了语病。

此类游戏的目的是初步帮助幼儿学习运用合乎语法规则的简单句进行表达,引导幼儿理解和运用规范的词、句进行表达和与人交谈,提高幼儿的口语表达水平和与人交谈的水平。

此类游戏主要具有以下特点。

(1)提供规范的语句示范。幼儿口语的发展依赖于周围的语言环境。在游戏中,家人必须为幼儿提供规范的语句示范,才能更好地引导幼儿学习和运用合乎规范的语句,学习规范的语法进行表达。

(2)练习简单的语句表达。语法的学习是潜移默化、不断积累的过程。此阶段幼儿的语法学习主要任务是练习简单的语句表达,在简单的完整句的运用中学习语法规则。在游戏中,语法学习和简单句的表达是紧密结合的。家人要通过简单句的表达和交流,促进幼儿对语法的学习和运用。

(二) 2 岁半～3 岁幼儿言语与交往亲子游戏的设计

根据 2 岁半～3 岁幼儿语言与交往的培养策略,按照以上不同类型游戏的目的和特点,我们可从如下方面进行亲子游戏的设计。

1. 选定游戏内容

根据以上三大类型,结合幼儿言语发展的实际需要选择游戏内容。

(1)组词练习的内容:选择不同词类的词语进行组合。将名词、动词、形容词、人称代词、介词、方位词、数量词、副词等各类词语进行组合,形成新的词句。包括:形容词＋名词,数量词＋名词,方位词＋名词,名词＋动词＋形容词,人称代词＋介词＋动词等。

(2)句式练习的内容:由幼儿掌握的各类词汇内容组成各种句式。包括:有……有……,一边……一边……,好像……,比……,又……又……,要么……要么……,要是……就……等等。

(3)语法练习的内容:选择幼儿具有生活经验和能够理解的内容进行简单句的表达。日常生活中、户外活动中、家中、大自然中的各种景象,幼儿的所见所闻、喜怒哀乐等内容都可进行表达和运用。

2. 确定游戏目标

根据幼儿的言语发展水平和个体实际特点,结合游戏类型的特点预设游戏目标。以下总目标供参考。

（1）喜欢将熟悉的词汇组合在一起，形成新的词句，丰富词汇，扩大对词类的理解。

（2）喜欢模仿成人句式的运用，能结合实际情况运用较为恰当的句式进行表达。

（3）喜欢模仿他人说话，喜欢与朋友交往，与人交往交谈的语句较为规范和完整。

3. 制定游戏要领

我国《托育机构保育指导大纲（试行）》语言领域 25～36 个月幼儿的保教要点指出：指导幼儿正确地运用词语说出简单的句子。鼓励幼儿用语言表达自己的需求和感受。创造条件和机会，使幼儿多听、多看、多说、多问、多想，谈论生活中的所见所闻。培养幼儿阅读的兴趣和能力，学讲故事、学念儿歌。[①]

依据这一保教要点，结合 2 岁半～3 岁幼儿言语发展水平和个体差异，围绕游戏目标和玩法制定游戏实施要领。

（1）创设适宜且温馨的环境：首先应根据 2 岁半～3 岁宝宝的发展特点和需要，创设面积较大的游戏区，注重环境的安全与温馨。一个自由自在、充满童趣的活动环境，能让宝宝满足而专注地在其中游戏，同时也便于爸爸妈妈在更自然的状态下观察、了解自己的孩子。

（2）有效激发宝宝的兴趣：兴趣是最好的老师，是宝宝求知的第一驱动力。为吸引宝宝的注意力，爸爸妈妈需熟悉这一年龄段宝宝的特点，挑选宝宝感兴趣的游戏内容。例如，宝宝喜欢跟爸爸妈妈玩躲猫猫游戏，喜欢在爸爸妈妈的陪伴下阅读等，以此来调动宝宝游戏的积极性和主动性。

（3）游戏中先观察后指导：细致地观察不仅能让家人更全面地了解宝宝，还能更有效地挖掘宝宝的潜力。在游戏中，家人不必要求宝宝的动作、行为要做得跟成人一样，只要宝宝在游戏中按照自己的想法来完成任务，促进思维活动和口语练习就是最宝贵的。因此，爸爸妈妈在亲子游戏中应先充当观察者、协助者，最后再成为组织者和指导者。

（4）适时转换指导的策略：在游戏过程中，爸爸妈妈要有明确的目标意识，能追随宝宝的兴趣随机应变，适时转换角色、情境、语言、材料和互动方式，和宝宝进行积极有效的互动，促进游戏目标的达成，引导宝宝言语和交往的全面发展。

（三）2 岁半～3 岁幼儿言语与交往亲子游戏的实施与评析

2 岁半～3 岁幼儿言语与交往的亲子游戏丰富多样，现结合几个典型游戏说明实施与评析要点，成人可根据这些游戏的玩法进行改编和创新。

1. 游戏实施

实施 2 岁半～3 岁幼儿言语与交往亲子游戏一般根据游戏实施要领和游戏玩法进行。此年龄段幼儿言语交流丰富、流畅且熟练，言语游戏范围进一步扩大，但依然要与幼儿的生活内容和作息活动相结合，在幼儿情绪愉悦时开展，可重复进行，以幼儿为中心，依幼儿的实际情况开展。

2. 游戏评析

评判游戏活动氛围是否温馨舒适，让幼儿感觉愉快舒服，获得亲情呵护和体验，同时感知成人陪伴和言语交流；评判幼儿的主体积极性，游戏中是否注意调动幼儿参与游戏的自主性，提供机会让幼儿独立游戏；评判成人与幼儿的互动性和语言表达的规范性，是否运用规范语言交流；评判成人情感的投入和感染力，游戏中是否情绪饱满、充满热情，讲解清晰、语速缓慢、动作示范准确等。

视频

视频 5-2：
0～3 岁婴
幼儿亲子
游戏指导

[游戏一]

名称：交朋友

类型：语法练习

目标：练习自我介绍，了解自己的特点。锻炼语言表达能力和交往能力。

准备：宝宝平时熟悉的毛绒玩具若干。

玩法：

1. 妈妈拿起一只小兔子玩具，模仿兔子的声音说："我是小白兔，长长的耳朵，红眼睛，我喜欢吃萝

---

① 国家卫生健康委. 托育机构保育指导大纲（试行）[Z]. 国卫人口发〔2021〕2 号，2021 - 01 - 12.

卜和青菜,喜欢蹦蹦跳跳。"

2. 请宝宝介绍自己,引导宝宝说出自己的姓名、年龄、长相和自己喜欢什么。

3. 妈妈和玩具坐在一旁当听众,注意倾听和回应。

4. 妈妈可以将宝宝说的话记录下来,然后念给宝宝听。

温馨提示:

当宝宝说错时,妈妈不要打断宝宝的话,更不要急于责备,应等宝宝说完后,与宝宝一起复述一遍,再指出不准确的地方。

[游戏二]

名称:猜动作

类型:语法练习

目标:锻炼观察力、想象力和语言表达能力。

准备:一些日常生活用品,如杯子、毛巾等。

玩法:

1. 妈妈做洗脸动作,拿起毛巾假装擦脸。

2. 让宝宝猜一猜妈妈在做什么,并尝试用语言表述出来。

3. 如果宝宝猜对了,妈妈可以接着表演喝水,把杯子放在桌上,拿起来喝,假装不小心水洒在桌子上了,用抹布擦桌子,请宝宝猜一猜妈妈在做什么。

4. 让宝宝表演动作,妈妈来猜。

温馨提示:

1. 妈妈应根据家庭生活的实际情况来设计情节,选择宝宝熟悉的情景。

2. 如果宝宝一时猜不出,妈妈可适当给予一些提示,例如,在表演"开车"时,可以模拟汽车"嘀嘀"的声音,以此降低游戏难度。

[游戏三]

名称:学做小主人

类型:语法练习

目标:学习简单的待客礼仪,学说礼貌用语,增强独立意识,提高与人交往的能力。

准备:厨房玩具一套或其他的小杯、小碗等。

玩法:

1. 妈妈和宝宝一起玩"做客"游戏,妈妈扮成客人,到宝宝家做客。

2. 妈妈模拟敲门声,对宝宝说:"你好,我到你家做客。"

3. 请宝宝根据情节招待客人,在游戏中运用"你好""请喝茶""在我家里吃饭吧""不客气""再见"等礼貌用语。

4. 邀请别的小朋友到家里做客,妈妈给宝宝示范,让宝宝来招待小客人。

温馨提示:

1. 妈妈可以根据宝宝熟悉的事情,随机变换游戏内容。

2. 游戏中,妈妈可有意识地渗透一些礼貌用语,使游戏更富有教育内涵。

大家一起玩游戏可以培养宝宝的团队意识。爸爸妈妈平时应多带宝宝走出家门,从其他小朋友那里宝宝可以获得许多生活经验。

(以上游戏选自:丁翎.在灿烂的阳光下——1~3岁亲子游戏集萃[M].厦门:厦门大学出版社,2010.)

育儿宝典

宝宝们的分享需要循序渐进

懂得分享,是宝宝尽快融入群体并与之和谐相处的法宝。然而学习分享是一个循序渐进的过程。对于两三岁的宝宝来说,他们的自我意识迅速觉醒,自我概念正逐步建立。因此,不能将宝宝不愿与人分享简单归结为独生子女自私自利的通病。

1. 宝宝最先需要学习的不是"分享",而是"拥有":这个东西是"我"的!"我"的物品是安全的,不受侵犯的!"我"拥有这个物品的支配权!只有当宝宝觉得拥有很"完整"的时候,才有可能进行"自愿分享"。

2. 别要求宝宝把"最爱"与人分享,允许他保有"最爱"的私心。若家长只顾面子而强迫宝宝分享,那么天长日久,宝宝非但不会变得大方,反而会不惜动用武力攻击"入侵者"来捍卫自己的"领地"。

3. 分享有选择,不是每个人我们都愿意和他分享。父母家人是宝宝分享对象的首选。当宝宝把好吃的饼干塞到你嘴巴里时,你一定要心安理得地吃下它,而不是再三推辞或留着等宝宝想起来时再还给他。

4. 鼓励和赞美是分享行为的强化剂。宝宝出现与人分享的行为时,大人要不失时机地进行赞美:"宝宝,你分给我的饼干,真好吃啊! 你对我真好,我爱你!""你真是个大方的孩子,大家一定非常喜欢你!"

如何看待孩子出现"输不起"的现象

1. 正确看待宝宝"输不起"的现象

孩子"输不起"是一种正常现象。因为无论做什么事情,孩子总是希望自己能做到最好,比别人强,获得周围人的认可。然而现实往往事与愿违。作为成人,明智的做法不是直接替他解决问题,而是和他一起讨论,引导他思考。因为孩子克服挫折的能力,常常来自曾经遭遇过的挫折。当他的经验足够丰富时,就能获得更多的成就感和自信心。

2. 帮助宝宝学会勇敢地面对挫折

有些家长,看到孩子成功了就夸他聪明、能干,输了就指责和埋怨孩子笨,这种教育方式是不可取的。这样做很容易让孩子走向两个极端:要么失败了就爬不起来,要么就争强好胜,非赢不可。这是因为孩子年龄小,各方面都不成熟,不了解自己的强项和弱项。因此,成人一方面要尽可能地帮助孩子体验成功、建立自信,另一方面要让孩子适当品尝失败的滋味,学会面对挫折。当然,在孩子情绪低落时,应给予积极鼓励,帮助孩子尽快建立自信,勇于面对挫折。

任务思考

1. 结合实例阐释 2～2 岁半幼儿言语游戏的类型及设计要点。
2. 结合实例阐释 2～2 岁半幼儿言语游戏的实施与评析要点。
3. 结合实例阐释 2 岁半～3 岁幼儿言语游戏的类型及设计要点。
4. 结合实例阐释 2 岁半～3 岁幼儿言语游戏的实施与评析要点。

实训实践

(一) 设计 2～3 岁幼儿言语游戏教案

1. 任务名称:设计 2～3 岁幼儿言语游戏教案
2. 任务内容:自选一个月龄段和适宜游戏内容,拟写一份详细的言语游戏教案。
3. 任务要求

(1) 要明确月龄段,根据月龄特点选择适宜、生动、典型的游戏内容。

(2) 教案格式规范,包括游戏名称、类型、目标、准备、玩法、温馨提示等部分。玩法要分环节写,详细写出具体实施过程。

4. **任务目标**：应用"设计、实施与评析2～3岁幼儿言语活动"等有关知识，根据宝宝言语发展特点设计一份科学和详细的游戏教案，锻炼理论联系实际、撰写教学方案的能力。

5. **任务准备**：本教材、游戏资料、笔、记录本等。

6. **任务实施过程**

（1）复习项目内容，选择月龄段和适宜游戏内容。

（2）根据任务要求编写游戏教案。

（3）与同学相互阅读评析教案的书写情况和水平。

"设计2～3岁幼儿言语游戏教案"实训实践任务单

时间	年　　月　　日　　星期		地点	
幼儿年龄			撰写人	
游戏名称			游戏类型	
游戏目标			游戏准备	
游戏玩法				
温馨提示				

（二）组织开展2～3岁幼儿言语游戏

1. **任务名称**：试教2～3岁幼儿言语游戏

2. **任务内容**：结合家访和见实习机会，以小组为单位，组织开展某一月龄段宝宝的言语游戏，并做评析。

3. **任务要求**：

（1）熟悉宝宝，与宝宝建立亲密感情。

（2）根据所撰写的游戏教案，做好试教的准备工作。

（3）以小组为单位，选定一人当执教者，面对宝宝开展游戏活动，其他同学记录。

（4）活动结束，对"游戏内容适宜性、目标的恰当性、玩法讲解清晰度、与宝宝的互动性、目标达成度"等方面进行评析，并提出改进建议。

4. **任务目标**：应用"设计、实施与评析2～3岁幼儿言语活动"等有关知识，根据所设计的游戏教案开展现场活动，锻炼理论联系实际、组织实施与评析游戏活动的能力。

5. **任务准备**：游戏教案、本教材、游戏资料、笔、记录本以及相关的游戏玩具材料等。

6. **任务实施过程**：

（1）复习项目内容，讨论修订游戏教案。

（2）开展现场游戏组织指导活动。

（3）评析活动实施情况，提出改进建议。

"组织开展 2～3 岁幼儿言语游戏"实训实践任务单

时间	年　　月　　日　　星期	地点	
幼儿年龄		执教者	
游戏名称		游戏类型	
游戏目标		游戏准备	
组织过程			
改进建议			

赛证链接

1. 对婴幼儿的听和说行为的观察是在(　　　)状态下进行的。(高级育婴师考试练习题)

A. 测试　　　　　　　　B. 实验　　　　　　　　C. 与婴幼儿的自然交往　D. 游戏

2. 关于幼儿言语的发展顺序,正确的表述是(　　　)。(2022 年上半年《保教知识与能力》试题)

A. 言语理解先于言语表达　　　　　　　B. 言语表达先于言语理解

C. 言语理解与言语表达平行发展　　　　D. 言语理解与言语表达独立发展

3. 发展幼儿语言表达能力的关键是让他们(　　　)。(2022 年下半年《保教知识与能力》试题)

A. 多交流多表达　　　B. 多模仿别人说话　　　C. 多认字多写字　　　　D. 多背诵经典

4. 婴儿说"妈妈抱""要牛奶""外面玩"等句式,一般被称为(　　　)。(2023 年上半年《保教知识与能力》试题)

A. 单词句　　　　　　B. 双词句　　　　　　　C. 简单句　　　　　　　D. 复合句

5. 孤独症儿童的典型特点不包括(　　　)。(2023 年上半年《保教知识与能力》试题)

A. 言语发展迟缓　　　　　　　　　　　B. 对人缺乏兴趣

C. 胆小怕生　　　　　　　　　　　　　D. 重复性的刻板行为

6. 婴幼儿图书以(　　　)为主体。(1＋X 证书 −中级母婴护理练习题)

A. 拼音　　　　　　　B. 文字　　　　　　　　C. 图画　　　　　　　　D. 数字

在线练习 5

项目六

识别与回应0～3岁婴幼儿言语发展的异常表现

项目导读

识别与回应婴幼儿言语发展的异常表现,有利于尽早发现0～3岁婴幼儿语言发展的问题和困难,及时进行干预和矫正指导,促进婴幼儿语言朝着正常轨道发展。学会识别0～3岁婴幼儿言语交往发展的异常表现,了解并掌握几种常见的回应方式。

学习目标

知识目标:

1. 识别0～3岁婴幼儿言语交往发展的异常表现。
2. 了解0～3岁婴幼儿言语交往发展异常的回应方式。
3. 初步掌握0～3岁婴幼儿言语交往发展异常回应的主要方式。

能力目标:

1. 具有理解分析0～3岁婴幼儿言语发展异常表现的能力。
2. 具有回应0～3岁婴幼儿言语发展异常的初步能力。

素质目标:

1. 关爱特殊婴幼儿,尊重和陪伴他们。
2. 秉持融合教育理念,愿意付出更多爱心和耐心指导特殊婴幼儿。

知识导图

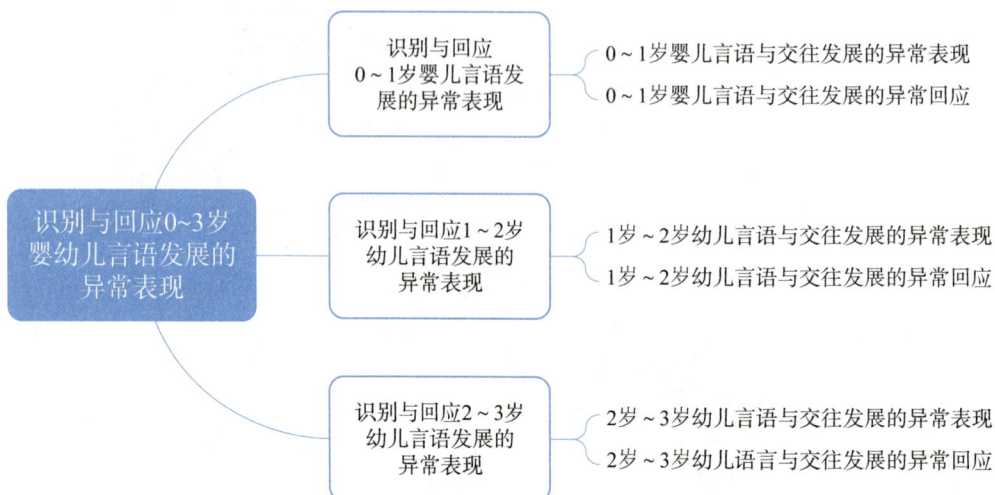

⚙ 任务一 识别与回应 0～1岁婴儿言语发展的异常表现

案例导入

小宝6个月了,但他对爸爸妈妈的呼唤似乎没有什么反应。家里人拿玩具逗他时,他不会注视玩具,也不会看着家人的脸。爸爸妈妈还发现,小宝经常哭,却很难分辨出小宝哭的原因。查阅了育儿书籍后,爸爸妈妈发现小宝的情况似乎与其他孩子不太一样,于是开始着急起来。

0～1岁是婴儿语言发展的准备期。在这个阶段,婴儿通过感知语音、逐渐分化不同的语音、模仿语音,慢慢理解大人的对话,为下一阶段的语言发展奠定基础。了解这一阶段婴儿语言发展的异常现象,有助于家长及时干预,帮助宝宝顺利度过这一阶段。

一、0～1岁婴儿言语与交往发展的异常表现

婴儿出生后,面对这个未知的世界,他们充满好奇。尽管0～1岁的婴儿还不会说话,但他们通过哭泣、表情、动作来表达需求。随着年龄的增长,大多数宝宝会开始发出一些声音。敏感的爸爸妈妈和其他主要照料人可以通过观察宝宝的行为来判断其语言发展是否异常。以下是一些0～1岁婴儿可能出现的语言异常现象,父母可根据实际情况观察宝宝。如果发现宝宝有以下表现,不必过于担心,因为个体发展存在差异,短期内的发展迟缓不一定意味着严重异常。然而,如果这些情况持续1～2个月以上没有改善,父母需要引起重视,及时咨询儿科医生或早教专家。

(一) 0～3个月婴儿言语与交往发展的异常现象

虽然刚刚来到这个世界,婴儿已经开始学习如何跟自己的照料者沟通了,正常发展的婴儿在这个时期学习使用哭泣、眼神作为沟通的手段。因此,如果宝宝出现以下一些表现,父母应引起注意。

1. 宝宝的哭声难以辨别、哭泣很难被安抚

宝宝来到这个世界,是以一声啼哭开始的,哭声是宝宝最早的发音,也是他们表达自身需求的方式。由于刚刚出生的婴儿尚不具备语言能力,肢体动作也处于学习和分化阶段,所以哭声是宝宝与人建立联系、表达需求和社会交往的主要方式。一般来说,宝宝出生一个多月后,母亲就能够逐渐分辨出宝宝的不同哭声和身体动作的一些组合代表什么样的需要,是饥饿、烦躁、疲倦、需要他人的逗引,还是排泄、不舒服等。如果宝宝的哭声一直没有出现分化,两个月之后,妈妈仍然难以区分宝宝的哭泣是表达哪一种需要,这不仅会影响母亲养育宝宝的有效性,也会进一步影响母亲的情绪和亲子关系。因此,婴儿的哭声对于最初的亲子交往、婴儿的成长有着重要的影响。

2. 宝宝没有通过婴儿听力测验

婴儿出生3～7天后可进行第一次的听力测验,目的是看看婴儿有没有听力障碍。如果这次听力测验没有通过,则需要42天时进行复查。如果这两次听力测验都没有通过,要怀疑宝宝是否有听力障碍,并做进一步检查。另外,在日常生活中,成人也应多注意婴儿对于周围的声音是否有反应,如果婴儿对于一些突然的声音、声响大的声音没有任何反应,家长也应引起注意。由于婴儿听觉神经中枢的正常发育,取决于1岁以内足够的声音刺激,以及婴儿听觉和语言中枢的持久应用,听力是语言发展的基础,对听力损失孩子的早发现、早干预对于婴儿未来的语言发展有着非常重要的意义。

3. 宝宝从来不笑,不会盯着大人的脸看,没有眼神交流

尽管3个月内的婴儿不会说话,但通常情况下,婴儿已经开始对周围的人感兴趣,1个月左右就能对熟悉和不熟悉的人做出明显不同的反应。大约两个月时,婴儿在生理需求得到满足的情况下,会对成人的逗弄和语言刺激报以微笑,或用咿咿呀呀的声音和身体动作回应,这是婴儿最初的社会交往。和谐

的亲子交往对婴儿获取注意、关爱和食物意义重大,影响其生理、语言和情绪发展。因此,若发现婴儿很少对大人有反应,除了检查和观察,家人应更频繁地逗引婴儿,帮助其与外界建立联系,不能因"挫败感"而忽视婴儿。

（二）4～6个月婴儿言语与交往发展的异常现象

经过前三个月的成长,婴儿对世界有了初步认知,开始关注不同声音并自发发出一些声音。若父母亲和照料者经常逗弄宝宝,他们能及时回应成人的社交互动。如果4～6个月的婴儿出现以下现象,父母亲应引起注意。

1. 不能对声音产生注意,不会寻找声音来源

对于发声玩具没有太大的兴趣。4～6个月依然是婴儿听觉能力发展的敏感时期,各种语音信息的输入对于婴儿未来学习说话非常关键。如果这个阶段婴儿出现了对声音没有任何反应的现象,家长要及时关注,并且采取一些方法进行检验观察。如果一段时间的观察之后,发现婴儿确实对于外界声音,甚至是较大的声音都没有反应,应该及时带婴儿去检查听力。

2. 婴儿没有发出一些唧唧咕咕声

一般情况下,婴儿在两个月左右开始发出一些单音,其中以"a、e、ei"等韵母音为主,偶尔伴有"h、m"等声母音。这些音大多是婴儿张嘴有气流冲出就能发出的,不需要婴儿做出过多努力。而4个月以后,婴儿的发音增加很多,开始发重复性的连续音节。婴儿早期发音对于发音器官、听觉器官来说都是一种锻炼,并且增加了他们与成人之间进行语言模仿学习的机会,让他们从早期就开始辨别不同的发音,为日后的语言学习打下了重要的基础。即便是听力有障碍的婴儿,在早期也能够发出一些唧唧咕咕的声音,只是由于后来没有更多的声音刺激,这些声音才逐渐消失。因此,如果婴儿在4～6个月内都没有发出任何类似语音的声音,那么有可能是发音器官存在一些问题,需要进行检查。

3. 玩耍时不经常笑,不会转头看和他说话的人,对于成人的不同语气没有反应

经过前3个月的学习和适应,这个阶段的婴儿应该能够从与成人的交流中了解到不同的情绪、语气、表情等,初步形成自己的社会交往能力。假如这个阶段的婴儿,还是对于成人没有任何情绪反应,对于成人对他的沟通尝试也没有任何回应,可能是社会能力有所缺失,也可能是孤独症的一些早期症状。

（三）7～9个月婴儿言语与交往发展的异常现象

7个月以后,婴儿通常能够开始听懂一些简单的指令,更加积极地学习发音,为说话做准备,并且对照料者有更多的互动,能够区分熟悉的人与陌生人。然而,如果宝宝出现以下现象,父母亲需要引起注意。

1. 发音停滞或减少

随着婴儿逐渐成长,他们的发音越来越多。一方面,他们接触了更多的外界语言刺激,形成了更多发音储备;另一方面,他们的发音器官也逐渐成熟,能够发出更有难度的声音、持续更长的时间。如果在这个阶段,婴儿不但没有发出更多声音,反而发音逐渐减少,就是一个不好的信号。造成这个现象的原因是多方面的,可能是家庭环境的变化,或是婴儿的听力有损伤,或是一些大脑发育的问题等。

2. 无法理解简单指令

语言的发展包括语言理解与语言表达。虽然几个月大的婴儿还无法很好地表达自己,但随着日常生活中成人的大量语言刺激,他们已经开始逐渐理解成人的一些简单语言与手势,开始辨别不同的称呼,能够指认一些简单的日常物体。不过,婴儿这个阶段的理解能力还高度依赖于情境,只有当相关物体出现在宝宝视线内,他们才能较好地判断成人的意思。如果婴儿在日常熟悉的情境中无法听懂简单的词、手势和命令,经常出现判断失误的情况,无法对周围信息进行整合,当家长借助一些物体、图片、动作等帮助婴儿理解语言的意义时,婴儿依然无法理解和回应,那么家长就需要高度重视,咨询早教专家。

3. 对交流无反应

随着婴儿接触大量语音信息之后,他们开始对语音、语调和语气有一定的辨别能力,能够根据不同

的声调来判断成人的情绪,并做出相应的回应。如果这时候的婴儿开始对与人交流不感兴趣,或是对于成人的音调变化、表情变化无动于衷,家长一方面要检查一下婴儿是否生理需要没有获得满足,另一方面要思考是否平时很少与婴儿进行亲子互动。如果这两方面都没有太大的问题,家长应该对婴儿的这些情况进行进一步观察,以判断是否有早期社会交往能力缺失的问题。

4. 缺乏模仿说话行为

随着婴儿的社会性发展,他们开始玩一些想象游戏。这个时期的婴儿可能会用一些玩具来代替真正的人,对玩具说话来练习自己的发音。这时候婴儿说出的话大多没有实际的意义,也很难理解,但这种练习对于他们未来学说话有着重要的意义。如果婴儿没有出现对着镜子、玩具或布娃娃模仿说话的行为,那么需要引起家人重视和进一步确认。

(四) 10～12 个月婴儿言语与交往发展的异常现象

宝宝将近一岁了,他们马上就要开始说话了,在这个一岁前的最后阶段,婴儿开始出现大量的发音,甚至有些发音非常接近日常生活中常用的词语。宝宝对于熟悉的照料人有了更多的互动,对于一般的指令大多能够理解。如果宝宝出现了以下这些现象,父母亲应引起注意。

1. 发音减少或缺乏尝试

宝宝马上就要 1 岁了,对于大部分的宝宝来说,1 岁之后开始产生真正有意义的语言,而少数宝宝在 1 岁前就会出现第一个实际意义的词。因此,这个阶段的宝宝尝试说话的愿望更为强烈,会发出各种各样的声音,而且这些声音与本民族的语言越来越接近。如果在这个阶段,宝宝不但没有增加发音和说话的尝试,反而变得少言寡语,原有的发音越来越少,那么家长应当引起警惕,宝宝是否遇到了惊吓或是其他导致心理问题的情况? 宝宝的听力是否出现问题? 是否有其他病理性因素影响了宝宝的发音? 全面的检查能够帮助家长及早发现导致宝宝语言与交往出现异常现象的原因。

2. 无法理解指令或沟通

1 岁左右的宝宝,语言理解能力迅速发展,他们的前语言交际功能已经逐渐完善。只要经过多次训练,宝宝能够对家人的命令马上做出反应,如家人经常让宝宝跟外人问好,那么当家人说"跟姐姐问好",宝宝能够挥动自己的小手。宝宝也越来越擅长用自己的肢体结合发音来表达自己的需要,比如宝宝能够用手指来指出他所感兴趣的东西,并且发出类似的发音。如果在 1 岁左右,宝宝仍然无法理解最基本的一些语言指令,并且没有表现出沟通的欲望,那么宝宝的语言与交往发展很可能已经有些落后于同龄婴儿了。家长要注意是不是平时和宝宝的沟通太少,或是宝宝有一些发育迟缓的情况出现。

3. 缺乏对照料者的偏爱

一般宝宝在 6～9 个月之间,已经表现出对于陌生人的紧张情绪,表明宝宝有辨认人的能力,且能够选择接近与他长时间亲近的人。如果 1 岁左右了,宝宝还无法对日常照料者表现出特别偏爱,甚至对于父母的言语都没有特别的反应,那么宝宝的社会性发展落后于其同龄的孩子。早期的语言学习离不开与人的互动,1 岁以内的宝宝只有通过和人的非言语沟通来学习语言。由于亲子互动是宝宝学习语言最为重要的途径,与父母亲之间缺乏互动交往将影响到宝宝将来语言与交往的发展。

二、0～1 岁婴儿言语与交往发展的异常回应

如果宝宝出现了以上所提到的一些异常现象,可以参考下面所介绍的回应建议进行指导,此外应及时带婴儿到专业机构进行检查、诊断和及时训练。

(一) 听觉异常回应

根据国内外统计,0.1%～0.3% 的新生儿存在不同程度的听力损伤。1 岁以内是婴儿语音感知与听觉能力形成的敏感期,如果错过这个时期,即便宝宝听到了声音,也是一片嘈杂,很难辨别,想要学习语言就更为困难了。因此,在婴儿早期,家长应关注并保护婴儿的听力,避免可能的损伤给婴儿造成未来难以学会说话的终身遗憾。

因此,从婴儿期起,如果发现婴儿有听力损伤,应当及时寻求医学帮助,并且家庭中也应尽早开展

对听力的训练。在听觉训练中,应尽量让婴儿先听到现实生活中的声音和语言,并进行反复聆听与训练。

听觉训练要将多种感觉结合起来。例如,让宝宝听到水哗哗流的声音,同时看到水流动的样子,将视觉和听觉刺激结合起来,让宝宝对这种声音的意义有所了解。

在感音训练中,家长可以参考以下声音练习:

其一,感受大自然的各种声响并做出相应反应。

其二,用听觉感受男声、女声、童声以及老人的声音。

其三,用身体感受物体与音响的振动。例如,关门声、打鼓声、钢琴声、敲锣声、跺地板声等。也可以让宝宝触摸感受声带、鼻腔的震颤。

初步感受各种声音之后,宝宝要进行辨音训练,目的是帮助宝宝感受不同的节奏、音调等,这对于语言学习有着更为直接的意义。

(二) 发音异常回应①

发音是婴儿说话的第一步,是靠发音器官——喉和声带的运动完成的。婴儿的发音训练包括出声、出气、拟声训练和唱音训练等几个方法。出声训练:家长可以在日常生活中,逗引婴儿发出各种笑声,观察婴儿日常生活中的哭声、喊叫声等。在有行为动作要求时,可以鼓励婴儿发出声音,比如要喝奶时,可以鼓励婴儿发出近似"nai"的声音。出气的训练也可以在日常生活中进行,例如,逗引宝宝玩吹气、吹泡泡、吹小喇叭,这样可以训练宝宝的爆发性吹气、轻吹、缓慢吹等。拟声训练则可以让宝宝模仿大人的口型,发出动物的声音或是打鼓、放鞭炮、敲锣的声音,让宝宝听到这些声音或是看到图片之后模仿相应的声音。发音训练的最后一种方式则是唱音训练,让婴儿模拟家长发出 ɑ、u、i 的口型,进行长音和短音的唱音训练。

(三) 亲子互动的异常回应

父母与婴儿之间的亲子互动对于婴儿的语言发展、社会性交往发展乃至身体发育都有着重要意义。缺乏亲子互动的婴儿可能会出现诸如过度退缩、语言发展迟缓,或者过度好动、试图寻求注意力等表现。因此,如果发现婴儿在与家长的互动中出现这些问题,家长应该及时给予婴儿足够的亲子互动时间。

育儿宝典

家庭亲子相册 DIY

宝宝学习说话,最直接的方式就是从宝宝熟悉的人、事、物开始。家长可以为宝宝量身定做一个家庭相册。用卡纸、漂亮的包装纸和家庭成员的照片,以及宝宝最喜欢的玩具、宠物的照片作为素材,制成一本宝宝专属的相册。卡纸作为相册的固定页,包装纸可以增加相册的色彩和趣味性,而照片则作为每一页的主题内容。如果担心宝宝把相册撕烂,可以采用过塑的方式,让相册的"寿命"长一些。

当宝宝看到这本"书"里面的内容全部是他日常生活中熟悉的人、事、物,他一定会觉得非常新奇、有趣。家长可以利用这本"家庭相册"和宝宝进行对话交流,问问宝宝相册上都有谁,大家都在做些什么,还有什么其他的东西。

家庭相册不仅可以激发宝宝的语言发展,还能够促进宝宝对于书籍的喜爱。在探索相册、翻动书页的过程中,也锻炼了宝宝的手指精细动作和手眼协调能力,促进亲子互动交往。

(参考 National Center for Infants, Toddlers, and Families. Parent-Child Activies. http://main.zerotothree.org/site/PageServer?pagename＝ter_par_012_langact 2014 - 1 - 10)

---

① 吴立平. 残疾儿童言语训练[M]. 南昌:江西高校出版社,2010:141.

儿童心理行为发育问题预警征象筛查表①

年龄	预警征象		年龄	预警征象	
3月	1 对很大的声音没有反应	□	6月	1 发音少,不会笑出声	□
	2 逗引时不发音或不会微笑	□		2 不会伸手抓物	□
	3 不注视人脸,不追视移动人或物品	□		3 紧握拳松不开	□
	4 俯卧时不会抬头	□		4 不能扶坐	□
8月	1 听到声音无应答	□	12月	1 呼唤名字无反应	□
	2 不会区分生人和熟人	□		2 不会模仿"再见"或"欢迎"动作	□
	3 双手间不会传递玩具	□		3 不会用拇食指对捏小物品	□
	4 不会独坐	□		4 不会扶物站立	□
18月	1 不会有意识叫"爸爸"或"妈妈"	□	24月	1 不会说 3 个物品的名称	□
	2 不会按要求指人或物	□		2 不会按吩咐做简单事情	□
	3 与人无目光交流	□		3 不会用勺吃饭	□
	4 不会独走	□		4 不会扶栏上楼梯/台阶	□
30月	1 不会说 2～3 个字的短语	□	36月	1 不会说自己的名字	□
	2 兴趣单一、刻板	□		2 不会玩"拿棍当马骑"等假想游戏	□
	3 不会随意大小便	□		3 不会模仿画圆	□
	4 不会跑	□		4 不会双脚跳	□
4岁	1 不会说带形容词的句子	□	5岁	1 不能简单叙说事情经过	□
	2 不能按要求等待或轮流	□		2 不知道自己的性别	□
	3 不会独立穿衣	□		3 不会用筷子吃饭	□
	4 不会单脚站立	□		4 不会单脚跳	□
6岁	1 不会表达自己的感受或想法	□			
	2 不会玩角色扮演的集体游戏	□			
	3 不会画方形	□			
	4 不会奔跑	□			

注:适用于 0～6 岁儿童。检查有无相应月龄的预警征象,发现相应情况在"□"内打"√"。该年龄段任何一条预警征象阳性,提示有发育偏异的可能。

任务思考

1. 结合实例阐释 0～1 岁婴儿言语与交往发展的异常表现。
2. 结合实例阐释 0～1 岁婴儿言语与交往发展异常的回应方式。

---

① 国家卫生健康委. 3 岁以下婴幼儿健康养育照护指南(试行)[Z]. 国卫办妇幼函〔2022〕409 号,2022 - 11 - 19.

任务二 识别与回应1～2岁幼儿言语发展的异常表现

案例导入

　　刚满15个月的妞妞说"大车"时,往往会发成类似"a-che"的音,丢了第一个音"d";说"水"时,一般会发成类似"hui"的音,丢了第一个音"s"。住同一个小区的豆豆,发音明显要比妞妞清晰,这几个音她都能发得清楚,妈妈很担心妞妞是"大舌头"(医学上称为言语不清)①。

　　1岁～2岁是幼儿语音发展、词汇发展非常关键的时期,许多幼儿在这个阶段从牙牙学语发展到能说出有实际意义的词语。但是,幼儿的语言与交往发展速度存在着很大的个体差异,到底哪些情况属于正常,而哪些情况属于异常呢?在这个阶段出现异常语言和交往现象的幼儿,家长可以通过哪些方面进行训练和回应呢?本节将针对1～2岁幼儿语言与交往发展的异常表现以及回应方法进行介绍。

一、1岁～2岁幼儿言语与交往发展的异常表现

　　经过1年的语言准备,这个阶段正常发育的幼儿开始开口说话了,从"妈妈""爸爸"到喊"奶奶",幼儿开始学习不同的词汇代表不同的意义。随着幼儿语言能力的形成,他们的社会交往也获得了更快的发展。不过,生活中我们总能发现一些2岁的幼儿还不会说话,或是不愿意与人交往。下面的内容将介绍1～2岁幼儿语言与交往的一些异常表现,帮助父母和教养人员作出判断。

(一)1岁～1岁半幼儿说话与亲子交往的异常表现

　　1岁开始,幼儿渐渐开始萌发出语言,并且沟通的愿望越来越强烈,从模糊的音节到能够辨认出含义,幼儿每天都能够带给父母惊喜。这个时期幼儿的理解能力也越来越好,日常生活中大多数与他相关的简单对话都能理解了。但是,如果幼儿出现了以下的一些情况,父母需要提高警惕。

1. 不会用手势等表达自己的沟通愿望

　　1岁到1岁半的幼儿大多开始运用单个词,甚至有的幼儿能够组合两个词来表达自己的沟通愿望。例如,宝宝会说"外面"表示自己想要到外面去。即使有的宝宝还无法清楚运用口头语言,也能够用手势,搭配一些接近的发音,试着让家长了解自己的愿望。如果这个阶段的幼儿还无法借助任何手势,甚至没有表现出沟通的愿望,家长应咨询专业人士对幼儿的沟通和社会性发展进行筛查。

2. 没有尝试发声说话的表现

　　1岁～1岁半是幼儿词汇、语言开始迅速增长的一个时期,虽然每个幼儿的发展速度不尽相同,但是正常发展的幼儿一般都会有大量的发声,发出类似语言的一些音,以及一些有实际意义的词汇。如果这个阶段幼儿的发声说话尝试越来越少,甚至完全消失,家长应该从幼儿的听力、心理、家庭环境等几个方面进行了解和检查,查看是否有一些生理、心理或是环境的因素影响了幼儿的语言发展。

3. 对成人的日常简单指令没有反应

　　经过1年的语言理解准备和日常生活场景熟悉,正常发育的1岁～1岁半的幼儿已经能够理解最基本的日常指令,例如"喝奶""吃饭""穿衣"等。如果在1岁之后,家长对幼儿发出这类的指令,孩子依然表现得无动于衷,那么家长需要对幼儿的语言与交往发展提高警惕。

(二)1岁半～2岁幼儿说话与亲子交往的异常表现

　　1岁半以后,大多数的幼儿已经开始说话了,词汇量激增,父母会很快发现宝宝能说得越来越多,这个时期的宝宝理解能力也更好了,对于日常生活中熟悉的场景基本能理解。但是,假如宝宝出现了以下

---

① 袁萍,祝泽舟.0～3岁婴幼儿语言发展与教育[M].上海:复旦大学出版社,2011:59.

这些表现,父母需要尽快带宝宝去医院进行诊断。

1. 没有出现任何有意义的词汇

正常发育的幼儿在 1 岁半到 2 岁之间会经历一个词语爆炸期,此阶段幼儿的单词量平均每月增加 25 个,到 21 个月末,其单词量就超过了 100 个。如果家庭中的语言环境并不是特别复杂,孩子在 2 岁仍不能说出任何有意义的词汇,那么家长需留意是否平时与幼儿的语言交流过少,幼儿的听力有没有问题,以及是否存在智力方面的问题。

2. 在具体情境中无法理解成人的语言

这个阶段的幼儿进入了真正理解词语的阶段,其标志就是词所特有的功能逐步形成,幼儿也开始能够概括性认识一些物体了。正常发展的孩子开始能够逐渐脱离具体情境理解语言。如果在这个阶段,幼儿在具体情境中仍无法理解成人的语言,表现出没有回应或不感兴趣,家长则应警惕孩子是否在语言理解或社会交往方面存在一定的缺陷。

二、1 岁～2 岁幼儿言语与交往发展的异常回应

经过 1 岁前的语言预备期,正常发育的幼儿在 1～2 岁期间语言开始萌发,且发展十分迅速。如果这个时间段幼儿出现上文所提到的一些异常表现,可能是幼儿的听力、大脑发育或是口腔肌肉发育等方面存在一些障碍。针对不同的原因,应该采取不同的干预方法。如果幼儿经诊断存在大脑发育方面的问题,则需要专业的早期干预人员设计相应的教育干预方案。如果幼儿的大脑发育没有明显问题,以下一些基础的口腔肌肉训练和听力训练方法应该能够对幼儿的语言表达和交往有所帮助。

(一) 幼儿的口腔肌肉训练①

1. 唾液控制

造成异常流口水的主要原因包括:嘴唇较难闭合;头部及颈部的控制能力较差,例如头部容易向前倾的婴儿;口部肌肉敏感度较低,未能感觉有口水积聚于口腔内;下颚和舌头的肌肉力量及稳定性不足。

对于异常流口水的处理要根据其成因来进行。

(1) 若异常流口水是由于头部及颈部控制困难,可先从改善姿势开始。例如,正确的姿势为头、颈成直线。幼儿可坐在特别设计的椅子上或佩戴特别的矫正衣物,针对有问题的位置进行治疗,以帮助幼儿保持良好的坐姿,进而减少流口水的情况。若发现幼儿有头部及颈部控制困难,应咨询物理治疗师的意见。

(2) 若幼儿的口部肌肉敏感度较低,可增加幼儿对面部及口腔内外的敏感度,建议训练如下。

① 增强面部的干湿感觉,例如用干湿毛巾交替擦拭婴幼儿的面部。

② 增强面部的冷热感觉,例如用冰粒和暖蛋交替按摩婴幼儿面部的不同位置。

③ 增强口腔的肌肉按摩,采用抹、扫、擦、轻敲或震荡等手法,对幼儿唇部附近或口腔内的肌肉进行按摩。例如,用手指、海绵棒、手指刷、牙棒、振荡器等工具在口腔的不同位置,以快速且轻的力度进行口腔按摩。

④ 尝试将不同温度、味道或质地的食物放在幼儿口腔内的不同位置。

(3) 若幼儿是由于口腔肌肉控制出现问题而引致异常流口水,可加强下颚、唇部、面颊及舌头肌肉的控制能力,建议训练如下:

① 进行下颚肌肉的运动,以提升下颚肌肉的力量及稳定性。

② 进行吹气练习,以提升面颊、嘴唇及舌头的动作协调能力。

③ 用饮管进饮,以提升面部、嘴唇及舌头的动作协调能力。

幼儿口腔肌肉的发育是幼儿做出正确发音的基础,因此,口腔肌肉训练应作为幼儿语言表达训练的第一步。

---

① 协康会. 小嘴巴学堂:幼儿口肌训练亲子活动[M]. 香港:星岛出版,2012:13.

2. 咀嚼训练①

咀嚼不仅与幼儿的进食质量直接相关,也与语音发展有着密切的关系,因为两者均需要嘴唇、舌头和下颚等口腔肌肉的相互协调配合。一般来说,咀嚼能力发展缓慢的幼儿也可能同时出现语音发展缓慢的情况。因此,在进行幼儿语言训练的同时,将咀嚼训练作为辅助训练,能够帮助口腔肌肉力度、稳定性和协调性不足的幼儿。

咀嚼训练可以分为四个阶段:

（1）对于刚开始进食半固体食物的婴儿或是咀嚼能力较弱的幼儿,成人可先提供泥状食物,逐渐过渡到碎末、小块的软烂食物。

（2）将块状或条状食物(如胡萝卜条、火腿粒等)用食物签串着放在幼儿牙齿的一定部位,让幼儿咬住食物,并用舌头去碰触,但注意避免幼儿将食物咬下,以此着重训练下颚的稳定性和咀嚼力度。

（3）用舌头发出不同的声音,将舌头在嘴中进行不同位置的移动,着重加强舌头活动的能力,以配合咀嚼时舌头将食物交替移向两边大牙。

（4）选择需要充分咀嚼才能吞咽的食物给幼儿,以此加强整体咀嚼的协调性,同时训练婴幼儿下颚的稳定性、咀嚼力度以及舌头左右移动的能力。

（二）幼儿的听觉训练②

对于绝大部分听力正常的幼儿来说,辨音能力并不需要特别的训练。但对于听力丧失的幼儿来说,辨音训练对于他们的语言表达非常重要。虽然现在的科技发达,许多早期丧失听力的孩子能够得到助听器和人工耳蜗的帮助,但听到声音并不意味着能够辨认声音,能够听懂声音中的含义。他们的听觉皮层接收到的信息往往是失真和不完整的。听能的可塑性较大,因此我们可以通过听觉训练帮助他们发展和提高听力。

1. 采用多种感官参与训练

（1）感受大自然的各种声响并做出相应反应。

（2）用听觉感受男声、女声、童声以及老人的声音。

（3）用身体感受物体与音响的振动。例如,关门声、打鼓声、钢琴声、敲锣声、踩地板声等。

2. 在游戏和运动中辨别声音

（1）辨别不同的声音做出相应的动作。例如:听到鼓声拍手;听到音乐声踏步;听到锣声跺脚。

（2）根据敲击节奏的快慢,做出相应有节奏的拍手、跺脚、踏步等动作。

（3）做抢椅子的游戏,随着鼓声大家围着椅子跑,鼓声停止找位子坐下。

（4）随着音乐的节拍,做出体操动作。

（三）亲子互动的异常回应

语言的发展离不开幼儿和成人之间的互动,父母与宝宝之间的亲子互动是最早开始也是最能促进婴幼儿语言发展的途径。宝宝与父母之间的互动最开始是形成共同注意,宝宝能够注意到父母所指的物体。例如,父母亲指着远处的奶瓶,说"奶",宝宝能够将目光跟随父母亲的手指一起看奶瓶。在类似这样的互动当中,宝宝不仅仅与父母亲形成亲密的关系,并且认识到生活中许多的事物,了解他们的表达方法。

假如幼儿无法与父母进行合适的眼神接触,形成共同注意,就需要接受矫正训练。例如,父母亲可以出示一件宝宝喜欢的物件,放在自己的脸正前方,让宝宝观察物件的同时,突然将物件移动到脸下方,让宝宝注意到父母的脸,然后再将物件移到脸的前方,这样上下移动数次,让宝宝对于人、物之间的交替形成一定的概念。家人可以使用不同的物体来进行这种人、物交替训练,帮助宝宝形成与人的眼神交流,及时表扬、鼓励,促使宝宝掌握共同注意的能力。

---

① 协康会.小嘴巴学堂:婴幼儿口肌训练亲子活动[M].香港:星岛出版,2012年3月:41.
② 吴立平.残疾儿童言语训练[M].南昌:江西高校出版社,2010:145~148.

育儿宝典

丰富宝宝的词汇量,提高宝宝语言理解能力的方法

大多数 1～2 岁的宝宝,一天之中大多数时间还是待在家里,因此,在家庭生活环境中有意识地引导宝宝语言学习,具有重要的意义。另一方面,生活环境也为宝宝语言学习提供了丰富的素材。家长可以采取以下任意一种亲子互动的方式,增加宝宝的词汇量,逐步提高宝宝的发音能力、语言理解能力:

1. 进行命名游戏。家长可以和孩子在房子四周走一走,指出不同的物体并说出其名称。鼓励孩子重复你所说的。询问孩子接下来想去哪里,然后跟随孩子。观察孩子是否会指某个物体,并问你这个物体的名称。

2. 制作一本动物书。从杂志上剪下动物的图片,或是拍摄小区、街道那些动物(猫、狗、小鸟等)的图片。将这些图片粘在卡片上,并且将这些卡片用一根短毛线串在一起。给宝宝展示每一页图片,说出这些动物的名称,并模仿动物发出声音。你的孩子最喜欢哪种动物?他最先能够模仿出哪种动物的声音?

3. 和宝宝玩"你能找到吗?"的游戏。宝宝很喜欢帮助大人,给宝宝一个简单的任务:去取你的鞋子,并确保这个物体是在视线范围内。随着宝宝的语言理解能力发展,你可以让宝宝去取视线范围以外的物体:你能不能找到你的推土车。这也是一种帮助宝宝学习新词、听取任务、服从指令的好办法。

4. "阅读"身边的世界。指出"停"的标志,"开门、关门"标志以及马路上的其他标志。让孩子在玩耍中接触到各种类型的书面材料,如杂志、报纸、产品目录、外卖单等。

家长忙于工作,让 iPad 成为"电子保姆"科学吗?

平板电脑、触屏手机在现代社会中可谓无处不在,在家庭中,我们也常常看到大人和孩子人手一台电子设备,玩得不亦乐乎。那么,电子产品的使用对孩子的语言与交往发展会产生什么样的影响呢? iPad 等电子产品中的各种语言教学软件、动画视频能否帮助 1～2 岁的孩子学语言呢?

国外许多学者的研究发现,2 岁以内的孩子使用电子产品,不仅对视力造成损害,还会损害孩子的语言发展。这是因为 2 岁以前的孩子,只有通过与人互动、日常沟通,才能学到语言,电子产品中的语言节目对这个年龄段的孩子语言发展没有任何帮助。

有学者指出,2 岁以前的孩子应禁止接触任何电子产品,包括电视、电脑、手机等。此外,许多时候孩子玩电脑、手机,往往是因为父母没有时间陪他们,如果父母亲能够多抽出一些时间陪孩子玩游戏、阅读,相信孩子对电子产品的兴趣就会降低。

因此,家长们可以省下购买语言教学视频、语言软件的费用,多花点时间陪伴孩子做游戏、聊天,这些更能促进孩子语言的发展。

任务思考

1. 结合实例阐释 1～2 岁幼儿言语与交往发展的异常表现。
2. 结合实例阐释 1～2 岁幼儿言语与交往发展异常的回应方式。

任务三　识别与回应 2～3 岁幼儿言语发展的异常表现

案例导入

亮亮 27 个月大了,但他除了会说"爸爸""妈妈""小猫"等有限的几个词之外,其他都不会说。不过,亮亮能够对妈妈的指令做出适当的回应。当妈妈从 1 数到 5 时,亮亮会伸出自己的手指,跟妈妈一起数数。家人对亮亮的语言发展表现出担忧,觉得亮亮有语言发育迟缓的情况。

我们通常可以将语言的发展分为语言理解和语言表达,从以上案例当中,我们可以发现亮亮的语言理解能力正常,但是语言表达能力有所滞后。这种语言表达的滞后是否应该引起家庭成员的担忧呢?是否某些疾病导致了幼儿的语言发展滞后,或是幼儿是否能够自己逐步赶上同龄人呢?本节内容将指出 2～3 岁幼儿语言与交往发展中的异常表现,以及回应的策略。

一、2 岁～3 岁幼儿言语与交往发展的异常表现

2 岁以后,幼儿的语言发展进入了一个迅速爆发的阶段,在词汇量和句子的使用方面都取得了很大的进步。到了 2 岁半以后,幼儿与大人的对话沟通越来越多,爸爸妈妈会发现幼儿在这个阶段能说很多话了。然而,也有一些幼儿由于发育迟缓,或是口腔肌肉缺乏锻炼、听力受损,可能无法达到这样的语言发展水平。

(一) 2 岁～2 岁半幼儿言语与同伴交往的异常表现

宝宝 2 岁了,能够掌握许多词汇,并且能和大人进行简单沟通了。这个阶段,幼儿通常也有了很好的模仿能力,这同样有助于语言表达的迅速发展。2 岁多的幼儿还具备较好的语言理解能力,因此能够较好地完成大人所下达的指令。

但是,如果宝宝出现以下这些问题,爸爸妈妈需要及时带宝宝进行相关的评测和干预。

1. 不能说出 50 个词

正常的幼儿最迟从 1 岁半左右开始语言萌发,1 岁半到 2 岁之间是词汇量爆发的时期,许多幼儿 2 岁左右已经能够掌握 200～300 个词了。而如果幼儿到了 2 岁半,还不能说出至少 50 个词,家长应该对这种情况引起重视,及时带幼儿到专业的医疗或教育机构进行检查。案例中的亮亮就存在语言表达较迟缓的现象,但亮亮的语言理解能力尚属正常,因此家长还不需要过分担心。不过,及早送孩子去进行检查和评测,能够有助于及早发现问题,及早进行干预,避免幼儿与同龄人的差距越来越大。

2. 无法运用双词句

双词句、电报句是 1 岁半到 2 岁之间幼儿的一种特殊语言。这种句子简练、具有高度情境性,但并不完整。一般 2 岁之后的幼儿会逐渐从双词句过渡到简单句。如果 2 岁到 2 岁半之间的幼儿仍然只能使用单个词语,还无法运用双词句,说明幼儿的语言发展落后于同龄人半年以上,需要引起家长的警惕。

3. 无法模仿动作和语言

模仿是婴幼儿学习语言最重要的方式。5～6 个月的婴儿就能够模仿父母的表情和口型,尝试发出各种声音。幼儿通过倾听父母的话语,模仿他们所说的词汇和句子,从而积累大量的语言。成人也大多通过与幼儿对话,让幼儿复述自己所说的内容,从而让他们学习生活中的常用语言。例如,父母常常会教宝宝向别人打招呼,说"你好""拜拜"之类的词语,而宝宝则在无数次的练习中理解并学会使用这些招呼用语。如果幼儿无法模仿学习,那么幼儿就失去了最重要的学习途径。

对于正常宝宝的父母来说,宝宝的模仿能力似乎是与生俱来的,但对于一些发展异常的幼儿来说,模仿也是一种需要学习的能力。学习模仿,幼儿首先需要具备共同注意的能力,这样宝宝才能够注意到家长要他模仿的内容。其次,宝宝需要理解你所发出的指令。例如,家长可能会说"说'你好'",宝宝需要理解家长这个指令的含义是让他们复述"你好",而不是"说你好"。

4. 不遵从简单指令

幼儿不遵从简单指令的原因可能有很多,例如幼儿无法理解指令,或是幼儿不想执行指令。如果孩子不想执行指令,那么原因可能是多方面的,且不构成语言发展的异常。因此,我们主要关注的是幼儿无法理解指令这个问题,因为这就牵涉到幼儿的语言理解能力。在语言发展中,语言理解与语言表达同等重要,大多数情况下,语言理解是先于语言表达而存在的。在幼儿 2 岁多的成长过程中,通常已经接

受过成百上千次同样的简单指令,指令配合动作行为通常能够让幼儿很快理解指令本身的含义。如果幼儿2岁过后,仍然不能脱离动作或物件,理解最简单的指令,那么家长需要担心宝宝的异常发展,应该带宝宝去检查一下。

(二) 2岁半~3岁幼儿言语与同伴交往的异常表现

2岁半以后,幼儿已经具备了基本的语言交流能力,这为他们3岁之后进入幼儿园与陌生的老师、同伴交往提供了基本条件。如果2岁半到3岁的幼儿仍然说话令人难以理解,除了父母和日常教养人员之外的人都听不懂幼儿所说的内容,那么幼儿需要尽快进行语言训练。爸爸妈妈们可以参考以下内容,判断宝宝语言发展是否存在异常。

1. 一直流口水或说话不清楚

幼儿在出牙时期,由于口腔内神经受到刺激,会大量分泌唾液,同时口腔较小,吞咽能力尚未成熟,有时会出现流口水的现象。而到2岁半左右,乳牙基本出齐,口腔肌肉也较为发达,幼儿一般能够较好地控制唾液分泌,不再出现流口水的情况。如果唾液在口中不及时吞咽,不仅不卫生,还很容易导致说话不清晰,进而影响幼儿与人交流。因此,对流口水的矫正应及时进行。

2. 不能用简单的短语进行对话

经过两年半的成长,婴幼儿已经掌握了几百个词汇。按照正常语言发展,2岁多的宝宝已经能够掌握简单句的使用,并且简单句的字数从5个以内增加到6~10个。宝宝开始喜欢向父母提出各种问题,有一些宝宝甚至开始使用复合句,语言功能日趋完善。在这个阶段,成人基本能与宝宝进行无障碍交流。如果在这个阶段,宝宝仍然无法使用双词句或多词句,说明宝宝的语言发展比同龄人有所落后,应当引起家长重视。

3. 无法与其他幼儿交流

由于许多孩子在3岁后会进入幼儿园,会有更多时间与同伴和老师进行交流,因此在这个阶段,他们就需要开始培养与家庭以外的人进行沟通的能力。2岁以后的幼儿,与其他幼儿交往的机会大大增多,虽然这个阶段孩子多数情况下还是自说自话,但他们开始能够与其他幼儿进行交谈。

在与家庭成员进行沟通时,成人往往能够迅速理解幼儿的意图,也能够帮助幼儿把他所要说的话补充完整。但同伴不具备成人的这种语言能力,他们的语言也很可能是不完善的,并且难以理解对方断断续续的语言。因此,同伴沟通要求孩子具备更强的语言能力,包括能够更好地组织自己的语言,较为清晰地发音,理解对方的语言并做出回应,能够遵循轮流对话的一般规律。

如果这个阶段幼儿的语言难以被家庭成员以外的人理解,且难以与同龄人进行交流,家长需要考虑孩子是否社会交往的机会过少。应当注意观察孩子与其他小伙伴相处时的表现,看孩子是对其他同伴的活动感兴趣,还是只关注自己的活动。

二、2岁~3岁幼儿语言与交往发展的异常回应

2岁到3岁时,幼儿的语言能力会呈现迅速发展的态势。然而,正因发展速度较快,幼儿也可能出现一些语言发展跟不上思维发展的情况,或是出现发音不准确等问题。此外,还有一些宝宝可能因为各种原因出现语言发育迟缓的情况。如果幼儿出现了这些语言发展的异常,可以参考以下建议,针对幼儿的不同问题进行回应。

(一) 发音不准确、构音障碍的回应

幼儿在语言发展过程中通常会出现发音不准确的问题,具体表现在说话过程中有丢音、换音、添音和错音的现象。丢音是指幼儿在发音的过程中省略了某个发音。比如,有的幼儿将"花生"发成"哇嗯(wa eng)",就是丢失了声母;有的幼儿会把"奶奶"发成"哪哪(na na)"则是丢失了尾音。换音是指婴幼儿在发音的过程中将某个发音替代为别的声音。例如,婴幼儿经常会以非送气音如"d/g/b"来替代"t/k/p"等送气音,将"龟兔赛跑"说为"龟肚赛饱",或是将"芝麻开门"说成"芝麻该门"。添音是指婴幼儿在言语过程中增添了原音节中不存在的音,例如,幼儿在说"糖果"时,发成"tuang果",增加了"u"音。

错音则是幼儿发出一些本民族语言当中不存在的搭配或是不合理的发音,这与音段搭配的难度或是幼儿的不良语言习惯有关。例如"日头"发为"ra to"。

发音不准确是幼儿学习语言的一个必经阶段,主要是由于幼儿发音的生理器官发育不成熟,对于词义的理解和表达不深刻,通常在4岁左右就逐渐消失。如果幼儿4岁以后还出现大量的发音不准确现象,就有可能是属于构音障碍。

为了矫正幼儿不正确的发音,教育者应该做到如下四点。①

1. 呼吸控制训练

成人可以训练幼儿单独使用鼻子进行吸气、呼气训练,或是单独使用嘴进行吸气、呼气训练;深吸一口气之后,分几次将体内的空气呼出;或是变换口型进行短促的呼吸,或是绵长缓慢的呼吸。进行呼吸控制训练时,教育者可以使用吸管、小纸片、口哨、吹龙、泡泡玩具、气球等道具协助,提高呼吸训练的趣味性,放松宝宝的紧张情绪。

2. 分辨错误构音训练

首先应让幼儿了解错误发音的问题在哪里,然后再进行训练。例如,教育者可以使用小镜子,让幼儿观察发音的正确口型,并且将正确口型与自己的口型进行对比。其次,成人多次进行正确发音的示范,要求幼儿模仿并且辨认。另外,成人还可以采用一些图片、手势等辅助方式帮助幼儿强化正确的发音方式。

3. 指导发出正确的音

当幼儿了解自己发音的问题所在,成人就可以进行正确发音的指导了,应根据幼儿常见的发音不准确问题,进行有针对性的指导。例如,宝宝如果经常丢声母,那么就应该强化相关声母的发音,从发单音到发音节,再发双音节。为了增加趣味性,成人可以结合一些自编儿歌来进行发音教学,也可以通过变换声调、音量、节奏等让宝宝在变化中感受正确的读音。

4. 指导日常语言交流

除了专门的发音训练之外,日常生活的语言交流才是构成幼儿学习发音的最重要部分,成人应该在日常生活中多给幼儿机会,引导他注意正确的发音,使其反复练习,从而帮助幼儿掌握运用。

(二) 言语不流畅、口吃的矫正

幼儿在学说话的过程中,通常会经历一段言语不流畅的时期,一般从2~3岁开始,5岁左右这种情况逐渐消失。幼儿言语不流畅具体可以表现为重复、停顿、使用大量口头禅等。例如,宝宝在说"爸爸今天带我去游乐园"这句话时,可能会说成"爸爸……今天…嗯……今天带我去……去游乐园"。有的宝宝在讲述一件事情时,可能会用到"然后""嗯""接着"等这类的口头禅。

由于2岁~3岁是幼儿语言的爆发期,幼儿开始学习使用更复杂的短语、更长的句子,但是他们的语言发展还无法跟上他们的思维,因此可能在言语过程中需要一些停顿、重复,或是使用口头禅,让他们有更多的时间来组织和准备自己的语言。因此,5岁之前的幼儿出现这些情况是属于正常的现象。

不过,有时幼儿的这种言语不流畅现象过于严重,甚至伴有情绪紧张、社交退缩等心理行为问题出现,给幼儿带来了沟通和交流的障碍,这种状况就成为言语流畅度障碍,俗称口吃。导致幼儿出现言语流畅度障碍的原因很多,主要有遗传、疾病、气候、家庭环境、学校环境、惊吓或恐吓以及模仿等。其中,遗传是最主要的原因。研究表明,遗传原因导致的口吃所占比例为71%,剩余的29%是其他因素影响的结果。

当幼儿出现了言语不流畅的现象时,家长先不用过分担心,而是仔细观察幼儿的这种现象,究竟是属于正常的语言发展现象,还是需要纠正的"口吃",如果是后者,家长就要引起高度注意。

针对幼儿的口吃,有以下矫正策略。②

---

① 袁萍,祝泽舟.0~3岁婴幼儿语言发展与教育[M].上海:复旦大学出版社,2011:146.
② 周兢.0~6岁小儿语言教育[M].上海:上海科学技术出版社,2005:140.

1. 区分口吃与一般言语不流利的表现，切勿随意给孩子贴上"口吃"的标签

幼儿期是幼儿语言迅速发展的阶段，说话不流利是一种正常现象，家长不必过分紧张。当幼儿说话时出现找词困难，家长应主动提供所需的词语，帮助幼儿顺利完成语句，而不是任由幼儿吞吞吐吐。

2. 减轻口吃幼儿的交往压力，为他们创设适宜的言语学习环境

研究发现，处于繁忙、急躁的家庭环境中的幼儿，更容易出现言语不流畅的现象。这是因为成人语速过快，幼儿为了跟上成人的语速，反而容易说话磕巴。因此，成人在与幼儿对话时，应适当放慢语速。当幼儿说话不流畅时，不要指责或讥笑，而要耐心等待幼儿把话说完。此外，当幼儿意识到自己的言语问题时，可能会产生心理压力，从而出现退缩行为。这时，成人应鼓励幼儿说话，帮助他们放松心情，平时也不要过多纠正幼儿的语言。

3. 为口吃幼儿树立良好的言语模仿榜样

在口吃幼儿中，除了遗传因素外，有很大一部分是因为好奇而模仿成人的口吃行为。因此，家长在日常生活中要注意为幼儿提供正确的言语模仿榜样，做到语速适中、语调平稳、吐字清晰，避免模仿幼儿吞吞吐吐的语言现象，并及时制止幼儿的模仿口吃行为。

4. 采用恰当的强化技术，帮助口吃幼儿逐步改变口吃行为

强化技术的特点是：根据幼儿的言语能力，分阶段设定语言目标，强化其较为流利的口头表达。强化方式可以是言语鼓励、微笑点头、拍手等，逐步提高幼儿的口语流利度。

5. 让幼儿休息好，保证其身体健康

幼儿的身体状况和精神状况对其语言表达有一定影响。保持轻松愉快的心情和健康的身体，有利于幼儿与他人进行良好交流，增加学习语言的机会，也能帮助减轻口吃症状。

（三）语言发育迟缓的训练回应

幼儿语言发育存在着个体差异。有的幼儿 1 岁就开始说话，而有的幼儿要到 1 岁半才开始说话；有的幼儿 3 岁时就能说话流畅、使用丰富的词汇且语言准确，而有的幼儿说话则经常停顿，只能说有限的词语，表意也不够清晰。一般来说，女孩的语言发展通常先于男孩。事实上，只要幼儿并非语言发展远远落后于同龄幼儿，家长就不需要过分担心。然而，采取一些方法来促进幼儿的语言发展仍然是有必要的。

1. 为幼儿创造良好的说话环境

首先，家长要积极创设轻松、愉快的家庭环境，让幼儿能够自由表达自己的想法和意见，并得到积极的回应。其次，家长应为幼儿提供丰富的语言素材。除了购买图书、画报之外，父母花时间与幼儿对话、游戏，也能增加亲子交谈的机会，为幼儿提供大量日常生活中的常用语言。平时，家长可以多带幼儿去菜市场买菜、超市购物，并让幼儿与售货员、收银员沟通，这既能锻炼幼儿的胆量，又能增加孩子的语言和社交技巧。此外，有条件的家长可以经常带孩子参加社交活动，或去各地游览观光，这不仅能丰富幼儿的生活经验，还能增加他们的"语料"。这样，幼儿在与人交往中也能获取更多谈资。

2. 利用"亲子阅读"活动，引导幼儿积极地说

现在许多家长都非常关心幼儿的语言发展，注重亲子关系的培养，因此经常会与幼儿进行"亲子阅读"。然而，"亲子阅读"不仅仅是给幼儿讲故事，其中是否有一些其他技巧可以帮助幼儿掌握更多语言呢？例如，有的家长会在给幼儿讲故事之前，自己先通读一遍故事，找出其中可以提出的问题，或是观察图书插画上有哪些特别之处。这样，在进行亲子阅读之前，家长就可以先提出一些问题，或制造一些悬念，让幼儿通过猜想和思考提出自己对故事结局的不同观点，然后再给幼儿讲故事。在讲故事的过程中，家长也不必完全按照图书内容进行，可以边讲边提问，让幼儿联系自己的生活，甚至可以讲述家长自己的经历。这样，故事就能与幼儿的生活联系得更加紧密，幼儿也会更有兴趣去听。

育儿宝典

婴幼儿孤独症的辨别①

孤独症,也称自闭症,是一种婴幼儿期广泛性发育障碍,通常在3岁之前确诊。患有该病症的婴幼儿在沟通、社会交往和行为方面与同龄婴幼儿存在较大差距。目前,该障碍难以治愈,对社会和家庭都造成了严重的负担。近年来,国内外数据均显示,确诊的孤独症婴幼儿人数及比率呈不断上升趋势。在美国,1980年报道的孤独症发生率为1—4/10 000,1990年上升到2—7/1000,2007年为1∶150,而2012年最新报道的发生率已经上升到1∶88。我国各地孤独症诊断的医院也表明,近年来就诊的孤独症婴幼儿数量不断上升。

研究表明,及早对孤独症婴幼儿进行筛查和干预,后期能达到较好的康复效果。目前针对孤独症婴幼儿的筛查量表主要有孤独症行为量表(ABC)和克氏孤独症行为量表(CABS)。以下是克氏孤独症行为量表,供家长和教师参考。

表6-1 克氏孤独症行为量表(Clancy Behavior Scale)

	从不	偶尔	经常
1. 不易与人混在一起玩			
2. 听而不闻,好像有听力障碍			
3. 强烈反抗学习,譬如拒绝模仿或说话动作			
4. 不顾危险			
5. 不能接受日常习惯之变化			
6. 以手势表达需要			
7. 莫名其妙地笑			
8. 不喜欢被人拥抱			
9. 活动量过大			
10. 避免视线的接触			
11. 过度偏爱某种物品			
12. 喜欢旋转东西			
13. 反复怪异的动作或玩			
14. 对周围漠不关心			
题数			
加权	0	1	2
总分			

克氏孤独症行为量表共有14项,适用于2~15个月的婴幼儿,由家长进行填答,施测时间约为10分钟。量表采用三分法评分,即"从不""偶尔"和"经常"三种反应强度,记分方式为:"从不"得0分,"偶尔"得1分,"经常"得2分。

在国内,目前的使用标准是:总分14分以上,"从不"的项目少于三项,"经常"的项目达到六项及以上,合并作为初步判定孤独症的依据。对于智力正常者,总分10分以上则需引起注意,有可能是孤独症,必须进一步进行鉴别诊断。

---

① 梁纪恒,李淑英.特殊婴幼儿的教育鉴别与评估[M].天津:天津教育出版社,2007:156~157.

宝宝会"阅读"中自言自语，生造字词的现象分析①

1. 宝宝的牙牙学语是学习语言的基础。当宝宝开始注意到朗读中的韵律和节奏时，他们其实正在练习语言，尝试模仿你在朗读、唱歌或讲故事时的声音。这种类型的"学话"能够帮助宝宝学到更多词汇和语言的结构。

2. 宝宝能说出一些词。例如，当宝宝听到熟悉的儿歌时，他可能会开始插嘴说一个音或一个词。同样，当宝宝听到一个熟悉的故事时，他可能会在某个地方插嘴，说出接下来会发生什么。这是宝宝语言发展的重要阶段，显示出宝宝开始掌握故事的主线——现在发生什么，接下来会发生什么。

3. 积极鼓励宝宝的自言自语。请记住，语言、朗读和书写都是相互关联的，而其中最重要的因素是爸爸妈妈的反应。如果爸爸妈妈对宝宝的"牙牙学语"做出合适的反应，能够鼓励宝宝说得更多。支持性的反应能够让宝宝感受到自己的想法受到重视，并且鼓励宝宝产生积极的学习态度。

任务思考

1. 结合实例阐释 2～3 岁幼儿言语与交往发展的异常表现。
2. 结合实例阐释 2～3 岁幼儿言语与交往发展异常的回应方式。

实训实践

（一）运用本项目的知识分析案例

【案例一】小雅 2 岁了，最近妈妈发现小雅说话时总是在"我"和"你"两个字上停顿，并且表现出害怕说话的情况，被要求说话时，总是忍不住用手捂住嘴。请问，小雅的这种表现显示出她在语言发展方面存在什么问题？有什么方法可以帮助小雅妈妈纠正小雅的语言问题？

【案例二】君君 18 个月了，每天睡前，妈妈都会给君君讲故事。不过，最近妈妈发现，君君听故事时不像以前那样专心，经常把书翻来翻去，还会打断妈妈。有时，趁妈妈不注意，君君会把书上的图画撕下来，藏在自己的床底下。妈妈很着急。请问，我们应该怎样理解君君的这种表现？妈妈应该怎么做？

（二）个案观察分析

1. 任务名称：观察分析特殊宝宝的言语交往
2. 任务内容：结合家访和见实习机会，观察记录某一年龄段特殊宝宝言语与交往发展的具体表现，并作出分析。
3. 任务要求
（1）观察对象要典型，记录要真实、具体、客观。
（2）分析要依据所学的本项目知识，针对相对应的年龄段特点，分析有理有据，并提出教育建议。
4. 任务目标：应用本项目"识别与回应婴幼儿言语发展的异常表现"的有关知识，观察和分析特殊宝宝言语特点，锻炼理论联系实际、观察分析能力。
5. 任务准备：智能手机、笔、记录本等。
6. 任务实施过程
（1）复习项目内容，选择观察场景和角度。
（2）在真实的活动现场，选择一位特殊宝宝作为观察对象，做好拍摄和记录。

---

① 参考：Zero to three language tips

（3）从特殊宝宝的活动内容、交往伙伴、交谈内容和具体言语、动作、情绪等方面进行分析，并提出教育建议。

"观察0~3岁婴幼儿言语交往发展异常表现"实训实践任务单

时间	年　月　日　星期　午　时(分)~时(分)	地点	
婴幼儿年龄		性别	
任务名称			
任务内容			
观察记录			
分析与建议			

赛证链接

1. 婴幼儿图书阅读的敏感时期是(　　)。(1+X证书—中级母婴护理练习题)

A. 1~2岁　　　　　　B. 2~3岁　　　　　　C. 3~4岁　　　　　　D. 4~5岁

2. 是为儿童作的短诗，强调格律和韵脚，通常以口头形式流传的是(　　)。(1+X证书—中级母婴护理练习题)

A. 童谣　　　　　　B. 儿童诗　　　　　　C. 绕口令　　　　　　D. 儿歌

3. 处于吃书撕纸的阶段，选择布书，内容以认知为主是针对(　　)。(1+X证书—中级母婴护理练习题)

A. 1岁以内的婴儿　　　　　　　　　　B. 2岁以内的婴幼儿

C. 3岁以内的婴幼儿　　　　　　　　　　D. 4岁以内的婴幼儿

4. 学习语言的黄金时期是(　　)。(1+X证书—中级母婴护理练习题)

A. 0～1 岁   B. 1～3 岁   C. 2～4 岁   D. 3～6 岁

5. 为婴幼儿选择发展听说能力的图片,图片不提倡卡通图,要能与实际的物品配对,并让婴幼儿( )。(1＋X 证书—中级母婴护理练习题)

A. 容易混淆   B. 不易混淆   C. 容易辨认   D. 不易辨认

参考文献

［1］周兢.0～6 岁小儿语言教育［M］.上海：上海科学技术出版社,2005.

［2］梁纪恒,李淑英.特殊婴幼儿的教育鉴别与评估［M］.天津：天津教育出版社,2007.

［3］丁翎.在灿烂的阳光下——1～3 岁亲子游戏集萃［M］.厦门：厦门大学出版社,2010.

［4］本书编写组.0～3 岁婴幼儿早期教育家长指导手册［M］.福州：福建人民教育出版社,2010.

［5］李利.蒙台梭利解读儿童敏感期［M］.北京：化学工业出版社,2011.

［6］袁萍,祝泽舟.0～3 岁婴幼儿语言发展与教育［M］.上海：复旦大学出版社,2011.

［7］颜晓燕.早期阅读的整合教育［M］.厦门：厦门大学出版社,2011.

［8］协康会.小嘴巴学堂：婴幼儿口肌训练亲子活动［M］.香港：星岛出版,2012.

［9］吴立平.残疾儿童言语训练［M］.南昌：江西高校出版社,2010.

［10］张明红.0～3 岁婴幼儿语言发展与教育［M］.上海：华东师范大学出版社,2020.

［11］［美］威廉·西尔斯,马莎·西尔斯,罗伯特·西尔斯,詹姆斯·西尔斯,西尔斯亲密育儿百科［M］.邵艳美,唐婧译.海口：南海出版社,2009.

［12］颜晓燕.幼儿园剧本创编 100 例［M］.福州：福建人民出版社,2020.

［13］周兢,张义宾.基于语料库的汉语儿童语言发展评价与监测研究［M］.上海：华东师范大学出版社,2020.

［14］张明红.学前儿童语言教育与活动指导(第四版)［M］.上海：华东师范大学出版社,2021.

［15］张天军.学前儿童语言教育(第二版)［M］.上海：复旦大学出版社,2016.

［16］黄静.托育实习实训指导［M］.重庆：西南大学出版社,2022.

［17］人力资源社会保障部教材办公室组织编写.托育照护技能晋级指导［M］北京：中国劳动社会保障出版社,2023.

［18］周兢.汉语儿童早期阅读与读写活动的教育指导［M］.上海：华东师范大学出版社,2023.

［19］颜晓燕.学前儿童语言教育与活动指导(第四版)［M］.北京：教育科学出版社,2024.

［20］陈淑宜.陈淑宜奥尔夫音乐亲子教学实用课例精选［M］.北京东方影音公司,2011.

［21］国家卫生健康委.托育机构保育指导大纲(试行)［Z］.国卫人口发〔2021〕2 号,2021 - 01 - 12.

［22］国家卫生健康委.3 岁以下婴幼儿健康养育照护指南(试行)［Z］.国卫办妇幼函〔2022〕409 号,2022 - 11 - 19.

［23］National Center for Infants, Toddlers, and Families. Parent-Child Activies. http://main. zerotothree. org/site/PageServer?pagename＝ter_par_012_langact 2014 - 1 - 10.

［24］National Center for Infants, Toddlers, and Families. Learning two languages. http://main. zerotothree. org/site/PageServer?pagename＝ter_par_012_langfaq♯q5 2014 - 1 - 10.

图书在版编目(CIP)数据

婴幼儿活动设计与指导. 言语发展/陈雅芳, 颜晓
燕总主编;颜晓燕主编.--上海:复旦大学出版社,
2025.6.-- ISBN 978-7-309-17971-2

Ⅰ. G61

中国国家版本馆 CIP 数据核字第 20258GW093 号

婴幼儿活动设计与指导(言语发展)
陈雅芳　颜晓燕　总主编
颜晓燕　主　编
责任编辑/谢少卿

复旦大学出版社有限公司出版发行
上海市国权路 579 号　邮编:200433
网址:fupnet@ fudanpress.com　http://www.fudanpress.com
门市零售:86-21-65102580　　团体订购:86-21-65104505
出版部电话:86-21-65642845
上海新艺印刷有限公司

开本 890 毫米×1240 毫米　1/16　印张 8.75　字数 271 千字
2025 年 6 月第 1 版第 1 次印刷

ISBN 978-7-309-17971-2/G·2693
定价:38.00 元